JN409009

제3의 자유

제3의 자유

1쇄 찍음 / 2006년 6월 1일
1쇄 펴냄 / 2006년 6월 5일

지은이 / 이평재
펴낸이 / 김태봉
편　집 / 황은진, 김주영
삽　화 / NAMU
영　업 / 박상필, 김미란, 이준혁
등　록 / 제5-213호
펴낸곳 / 한솜미디어
　주소 / (우143-200) 서울시 광진구 구의동 243-22
　전화 / (02)454-0492, 팩시밀리 (02)454-0493
　HomePage http://hansom.co.kr
　E-mail hansom@hansom.co.kr

값 9000원

ISBN 89-5959-038-X 03330

제3의 자유

이평재 지음

한솜미디어

✿ 머리말

민주주의 성장, 성숙한 사회, 현대화, 민족의 정체성, 인권과 자유 등 이러한 용어들은 우리 일상생활에서 많이 사용되고 생활에 영향을 미친다. 하지만 진정으로 그 의미를 명쾌하게 정의하여 전체사회에 방향성을 제시하지 못하는 경우가 있다. 전체사회에 요구되는 시대의 정신은 전체사회가 추구해야 할 방향성이고 목표이다. 이러한 방향성과 목표에 부합되는 시대정신을 정의하기에 앞서서 전체사회는 상기에 나열된 용어들에 대한 개념을 정의하여야 한다.

시대정신을 말하면서 빠지지 않고 등장하는 용어는 바로 현대화, 민주주의 성장, 정체성, 변화와 개혁, 인권과 자유 등이다. 이러한 용어들에 대한 개념을 정의하지 않고는 시대에 요구되는 정신을 명쾌하게 정의하기도 힘들다. 그래서 전체사회는 정의되지 않고 정립되지 않은 개념들의 용어들을 사용하여 시대의 정신을 말함으로써 갈등하고 분열한다.

정의되지 않았기에 말하는 사람의 의도에 따라서 정의되고 설정됨으로 혼란스럽다. 총론이 설정되지 않은 상태에서 각론이 설정되면 각론은 방향 감각을 상실할 수 있다. 총론은 각론의 전체적인 틀을 제공하고 각론이 나아가야 할 길을 제시한다. 그래서 전체사회에 시대적으로 요구되는 시대정신은 그 시대의 각론의 방향성을 제시한다. 이러한 총론은 진실적인 실체에 접근하는 시대적인 보편성을 가져야 한다.

그러기에 전체사회는 이러한 용어들의 개념들을 정의할 실체가 필요하다. '환경의 순환사이클'과 '메아리공식'이라는 두 가지의 기초 이론으로 실체를 설정하기로 한다. 이를 통해서 이러한 용어들을 정의하고, 지금까지 인류가 살아오는 동안 발생되는 사회의 여러 현상들을 해석하고, 인간 내면의 의식세계와 결부시켜 향후 인류에게 닥칠 분쟁들을 피하기 위한 새로운 의식의 방향성을 설정할 수 있기 때문이다.

역사는 인간 의식의 결과물이다. 이러한 의식은 고정되는 것이 아니라 자기의 모순에 의해서 변화되고 창조되는 것이다. 이러한 변화 속에서 태동될 사회환경의 공간 속에서 우리는 생존해야 되고, 행복해야 된다.

필자의 목적은 우리가 생존하고, 행복하기 위한 사회환경을 창조하기 위한 방법론을 '환경의 순환사이클'과 '메아리공식'이라는 두 가지의 기초적인 이론을 통해서 제시하고자 하는 것이다.

여기서 이야기되는 철학적인 용어나 문장의 사용은 단지 두 가지의 기초이론을 설명하기 위함이며, 그러한 철학적인 이론, 혹은 문장을 해석하고 논쟁하기 위해서는 더더욱 아니다.

옛 성현들의 상상 속에 있던 실체가 과연 어떤 것이며, 이러한 두 가지의 기초이론이 그분들 속에서 상상한 실체이기를 바라는 마음을 필자는 솔직히 감출 수가 없다.

인류는 과학과 기술의 발달로 반자연화가 급격히 증가하고 있다. 이러한 반자연화는 인간의 물질에 대한 욕망과 희망의 충동을 채우기 위해서, 혹은 채우고 버려진 물질들에 의해서 가속화되고 있다. 이데올로기적 냉전을 벗어난 인류의 의식은 물질의 욕망과 희망이 분출되는 방향으로 흐르고 있다. 그래서 반자연화는 인간의 욕망과 희망을 채우기 위해서 가속화되고, 자연은 이제 그 유한한 한계를 드러내고 있다. 그 유한한 한계 속에서 절망할 인류의 미래를 예견하면서 인류는 그 절망 속으로 조금씩 나아가고 있다. 그 유한한 한계는 인류에게 새로운 충돌을 불러올지 모른다. 이러한 충돌은 생존을 위한 충돌이다.

반자연화는 자연이 허락하는 한계 내에서 가능하다. 그 한계를 벗어나면 자연은 반드시 인류에게 그 대가를 요구할 것이다. 인류가 반자연화를 자연이 허락하는 범위 내에서 행하도록 하기 위해서는 반드시 새로운 의식이 필요하다. 이러한 새로운 의식은 인류의 세계화 속에서 태동된 보편문화 속의 의식이다.

과거 물리적인 방법이 아닌 자연적이고 순리적인 관념적 통합의 세계화를 이룩하고, 그 속에서 태동한 보편문화 속의 의식은 인류애, 세계의 공동 운명체의 의식일 것이다. 이러한 의식의 보편문화 속에서 태동된 단일문명을 전체사회는 함께 공유하게 될 것이다. 새로운 의식은 민족과 국가 그리고 종교와 종교 사이의 경계의 벽을 낮추고 서로 그 실체를 인정하고 화합하는 문화를 도덕적이고 관습적으로 인정하게 할 것이다.

이러한 세계화 속의 보편문화로부터 태동된 새로운 의식, 그 의식으로부터 표현되는 자유의 특색을 '제3의 자유'라고 정의한다. 이러한 자유의 특색을 소생시킬 의식이 태동되고 유지되고 성장하기 위한 일련의 과정 속에서 요구되는 오늘날의 사회적인 환경과 의식을 이제부터 이야기 하고자 한다.

CONTENTS

제1장 환경의 순환사이클

- 문명의 태동
- 민족 정체성의 성립
- 실행적 사상
- 노자의 정치 철학과 실행적 사상
- 국가의 현대화

제3의 자유

문명의 태동

❖ 의식으로 본 문명 태동의 동기

인류는 수렵이나 채집생활을 하며 200여만 년을 본능적인 생활을 하며 살아왔다. 이때의 문화는 무의식적이고 우연적인 문화다. 동물과 식물처럼 무의식적으로 삶을 영위하면서 발생되는 문화다. 인류는 자연 속의 수많은 부분 중의 하나에 불과했다.

자연은 인류의 모든 부분을 지배했고, 자연의 순리는 인류 생존의 절대적인 존재였다. 이러한 절대적인 존재인 자연환경은 인간의 모든 의식의 지배자가 되었다. 이에 따라서 인류 초기 문명의 특성은 자연의 성격이 그 지역에 거주하는 문명의 특징을 나타냈고, 자연의 특성에 따라서 문명을 관리하는 제도와 사회적인 규범의 특징도 결정되었다.

인간이 구속 없는 자연적인 자유를 누리는 것은 과연 가능한가? 인간이 구속 없는 자유를 영위할 때 과연 행복한가? 인간의 근본적인 삶의 목적은 과연 무엇인가?

인간의 삶의 근본적인 목적은 행복하기 위해서 사는 것이고, 인간에 따라서 행복의 형태가 다를 뿐이다.

어떠한 자는 물질적인 추구를 하면서 사는 것이 행복한 것이고, 어떠한 자는 물질적인 것을 비난하고 정신적인 포만감 속에 사는 것을 행복한 것으로 여길 것이다.

인류의 역사 속에서 인간이 가장 자유스러울 때는 원시시대에 동물과 식물처럼 무의식적인 삶을 영위하면서 발생된 문화 속에서 사는 때였을 것이다.

하지만 그러한 자연과 인간의 완전한 일체감 속에서 사는 삶이 과연 행복하다고 할 수 있는가?

인간의 자유란 외부에서 억압이 없는 자연적인 상태일까? 사람들이 자유를 위하여 싸우게 하는 사회적 및 경제적인 요소는 어떠한 심리적인 상태에서 발현되는 것일까? 그런데 사람들은 자유를 유지하기 위해서 그토록 투쟁하면서도 도저히 감당할 수 없을 정도로 큰 부담이 되어 스스로 그것으로부터 도피하려는 생각이 일어나려는 일이 과연 있을까?

그리고 수많은 사람들에게는 자유의 관념이 삶의 중요한 가치로 인식되어 인생의 목표가 되는데, 다른 부류의 사람에게는 안정성에 대한 위협과 외로운 고독으로 인식되고 느껴지는 이유는 무엇일까?

여기서 좀더 능동적인 자유를 행하는 것과 수동적인 자유 즉, 자유를 구속하고, 복종됨으로 느끼는 인간의 행복의 의문점들을 나열하여 보자.

사람들은 의식의 내면 속에 자유를 얻으려고 하는 내면적인 욕구 외에 다른 사람에게 복종하려는 본능적인 욕구가 잠재되어 있는 것은 아닐까?

이러한 인간 내면의 의식이 없다면 오늘날 지도자에 대해서 절대적으로 복종하고 국가와 민족에 대한 의무감과 존경심으로 자신의 자유를 철저히 구속하고 삶의 목적 자체로 인식하여 절제된 생활 속으로 자신을 억압하는 것은 무엇 때문일까?

그것은 누구의 강요에 의해서일 수도 있지만, 자기 스스로의 의무와 양심과 같이 내면의 의식 속에 잠재되어 있는 양심적인 권위에 대한 복종일까?

사람은 자유를 구속하고 절대자에 대해서 복종하면서 만족을 느끼고 행복의 수단으로 생각하는 의식은 무엇 때문일까?

인간 내면의 의식 속에 권력에 대한 끝없는 욕망과 갈망은 무슨 요소에 기인하는 것이며, 이러한 욕구와 갈망이 발현되어 수많은 일들을 이룩하고 사건을 발생시킨 이유는 무엇일까?

인간의 내면 속에 존재할 수 있는 이러한 여러 가지의 의문들을 종합하고 귀합하여 볼 때 인간은 완전한 자유로부터 오는 고독감과 불안감 그리고 복종하려는 본능적인 욕구와 지배하려는 권위가 결합되어 4대 문명권이 형성되었다고 말할 수 있다.

인간은 절대적인 자연에 비해서 한없이 나약한 존재였을 것이다. 사회를 형성하고부터 인간은 더 많은 자유를 요구하려는 자와 좀 더 작은 자유에서 만족감을 느끼는 자도 있을 것이고, 좀 더 많이 먹고 물질적인 포만감을 가지기 위해서 많이 가진 자에게 도움을 주면서 사는 인간도 있었을 것이다.

더 많은 자유를 원하는 자는 지배력이 강한 자일 것이다. 그리고 그 지배력 앞에서 타인으로부터 자기의 생존을 보장받기 위해서 자신의 자유를 그 힘의 지배자에게 귀속시킴으로써 좀 더 안전함을 택하기도 할 것이다.

이렇게 여러 요인이 결합되어 사회를 형성함으로써 자연히 문명이 태동되었을 것이다.

인간은 문명이 탄생하고 그 문명의 영향으로 문화가 발생했다. 뒤에서 설명되지만 문화란 문명의 태동으로 인하여 만들어진 집단의 정체성, 혹은 모든 집단의 의식 전체에 의해서 만들어진 전체사회의 특징이다.

초기의 문명은 인간이 농사를 짓고 보관하는 그릇을 만들기 시작하면서 집단의 거주생활을 하게 되었다. 여기서 너와 나의 관계 속에서 사회가 형성되고 상호 자유의 충돌과 협력이라는 일련의 과정 속에서 독특한 문화가 형성되어진다.

인간은 이 세상에 태어날 때 다른 동물처럼 자연과 생명의 존속을 위한 적응성을 갖지 못한다. 그래서 다른 동물들보다는 오랜 기간 동안 보호자에 의해서 보호되고 의존하고 있다. 환경에 대한 반응도 자동적으로 조정되는 본능적인 모든 행동보다 매우 완만하여 변화의 과정이 눈에 띄지도 않는다. 또한 본능적인 준비가 되지 않았기 때문에 그것으로부터 일어나는 여러 가지의 위험과 공포를 모두 경험하고, 그리고 무의식으로 저장한다.

인간은 여러 가지의 경험을 통해서 무력함을 느끼고 이러한 무력감이 인간에게 발전을 가지고 오는 기반이기도 하다. 또한 이러한 무력감으로부터 오는 고독과 공포가 내면적인 무의식으로 저장되어 문명을 태동하고, 집단적인 생활을 하게 하고, 절대자에 대한 복종으로 자유를 도피하는 선택을 하게 하므로 사회의 집단을 만들었다. 즉 인간의 생물학적인 나약함과 본능적인 욕구가 바로 인간의 문화의 조건이다.

인간과 자유가 근본적으로 어떠한 관계에 있는 것인가는 고대나 현대에 있어서나 보편적인 우리들의 사회적인 가치 탐구의 실체다.

인간은 태어날 때부터 여러 가지의 행동 방침을 선택해야 하는 입장에 놓이게 된다. 동물은 본능적인 행위 즉, 신경의 자극에 따라서 행동하고 그 신경의 자극이 완료되었을 때 끝을 맺지만, 인간은 대상물에 대한 예정된 본능적인 자극에 따라서 행동하기 전에 마음속에서 여러 가지의 행동 방침을 생각해 보아야 한다.

기독교 성서의 낙원추방이라는 신화 속에서도 인간 역사의 시초는 인간이 자유를 선택하는 행위에 있다는 것을 말하고 있다. 그리고 신화는 인간이 갈등과 고독의 과정을 통해서 인간 내면의 의식적인 욕망을 분출하기 위하여 선택한 최초의 자유로운 선택의 행위가 얼마나 죄 많은 것이며, 또한 결과로부터 오는 인간의 고통을 강조한다.

인류 최초의 남자와 여자는 에덴동산에서 남·여 서로 간은 물론이요, 자연과도 완전한 조화 속에서 살아간다. 에덴동산은 남자와 여자 상호 간의 어떠한 갈등도, 자연과의 불일치도 존재하지 않은 완전한 평화로운 낙원이며, 일을 할 필요도 없다. 자고 싶을 때 잠을 자고, 먹도 싶을 때 먹는다. 어느 누구도 방해하지 않으며, 갈등과 고독을 통해서 선택해야 할 일도, 자유도 필요가 없다. 그러하니 모순으로부터 오는 그 어떤 갈등도 없으며 생각할 일도 없다. 그러나 금지된 것이 하나가 있었는데 그것은 지혜의 선악과를 따 먹는 것이다.

하지만 인간은 마침내 신의 명령을 어기고 자유의사에 의해서 선택적인 행동을 하게 된다. 즉, 인간은 자연의 일부분으로써 자연과 함께 하는 자연과의 조화를 파괴한다. 신의 명령을 거부하고 반항하는 일은 욕망의 분출을 억압하는 마음에서 자신을 해방시켜, 무의미한 존재로부터 인간의 수준으로 나아가는 일이다. 인간으로써 다른 객체들과는 다른 개성화를 이루는 것이다.

절대적인 권위에 반항하고 죄를 범하는 것은 인간의 관점에서 바라본다면, 최초의 자유의 행위이고 관념의 시작이다. 이로써 인간과 자연 간의 완전하고 순리적인 조화는 파괴되었다. 인간은 고독과 갈등을 통해서 처음으로 자유를 선택하는 행위를 함으로써 인간으로 향하는 첫걸음을 시작했다.

첫 번째 자유의 선택에 대한 결과는 자연과 인간 간의 조화가 분리됨으로써 고통을 수반하고 강조되어진다. 인간은 마침내 벌거숭이의 자신을 부끄러워하고, 인간은 자유를 선택했지만 고독하고 무력한 자기의 자신을 발견하고, 무엇인가를 두려워한다. 이젠 선택하고 결정된 자유는 하나의 재앙이 된다. 그는 에덴동산의 달콤한 속박으로부터 해방되어 자유롭지만, 자기의 자신을 지배하거나 선택된 자유에 의해서 만들어진 개성을 실현시키기에는 자유롭지 못하고 불안하다.

인간이 에덴동산에서 지혜의 선악과를 먹기 이전은 동물과 식물처럼 무의식적인 삶을 영위하면서 발생되는 문화 속의 인간이다. 하지만 최초로 자유의 의지에 의해서 죄를 범하므로 발생되는 문명은 인간의 자유의 특색에 의해서 발생되는 최초의 문명이다.

이로부터 인간은 동물과 구분되고 인류는 만물의 영장으로서 고독과 외로움 그리고 자유의 선택 사이에서 갈등하는 존재가 되었다. 그래서 인간은 생각하는 갈대와 같다.

인간은 얻어진 자유를 유지하는 데서 오는 고독감과 외로움을 달래고 안정감을 얻기 위해서는 절대자가 필요하게 되었다. 그래서 그 절대자에게 복종하고 그리고 절대자로부터 안전한 보호를 받음으로써 자기의 자유를 절대자에게 귀속시킨다. 고대의 절대자는 동양이나 서양 모두 신화에 그 존재의 기반을 두고, 그 절대자는 신화 속의 신과 동일시된다.

동양이나 서양이 모두 동일한 신비로움을 보이는 것은 자유로부터 오는 고독감과 외로움 그리고 거대한 자기의 외부 세계 앞에서의 초라함과 두려움으로부터 보호를 위해서 절대자에게 복종하고, 자유를 귀속시킴으로써 자유의 안전성을 보장받기 때문이다. 그래서 절대자는 신과 동일시된다. 그리하여 신비롭고 신화적인 절대자로 인식되도록 그려지고 만들어진다.

4대 문명권이 형성되면서 집단생활과 시장경제가 성립되었다. 고독하고 자기 만족적인 존재인 개인은 하나의 목적, 즉 사고파는 목적의 수단으로써 다른 사람들과 경제적인 관계를 맺게 되고, 작물을 더 빨리 더 많이 생산하기 위해 금속도구가 발달하게 되었다. 이로 인하여 정복민족과 피정복민족이 자연스럽게 형성된 것이다.

❖ 초기 문명의 특징

4대 문명의 발생지역은 기후가 따뜻하고 온화하여 농사가 잘 되었으며, 큰 강을 끼고 기름진 농지로 인하여 식량이 풍부하여 경제적인 자립의 기반을 갖추고 있다.

자연적인 영향을 극복하기 위해서는 대규모의 수리사업을 실시하여야 하고 이를 감독하고 관리하기 위한 강력한 권력과 이를 뒷받침하는 조직적인 활동, 즉 서로는 협동하고 단결하기 위한 조직의 기반을 갖추어야만 했다. 그래서 이러한 감독과 관리를 위해서 전제군주가 출현하였다.

이러한 자연적인 영향과 조직의 기반은 경제적으로 풍부하고 윤택한 경제생활을 하게 되고 문화가 다른 지역에 비해서 발달하게 되었던 것으로 추론된다.

전제군주의 출현과 풍부하고 윤택한 경제적인 활동은 도시를 형성케 하여 사람들이 모여 들게 되고, 청동기가 발명되고, 여러 가지의 농기구가 제작되어 생산이 늘어났다. 돛단배와 바퀴 등이 제작되어 교통의 수단도 발달되었다.

경제적인 윤택과 풍요를 보호하기 위해서 주변에 성을 쌓고 거대한 왕궁을 짓고 수만 명의 병사들이 절대적인 권력자의 왕을 호위하게 하였다.

국왕을 보좌하기 위해서 많은 신하가 있었으며 그들이 거주하는 도시에는 거대한 저택과 다양한 시설들이 생활을 편리하게 했다.

그러나 이러한 지배층들의 문명적인 혜택을 위해서는 수많은 사람들에 대한 가혹한 수탈과 이들의 거대한 경지를 경작하기 위해서 노예가 있었으며 이들을 혹사 시켰다. 그리고 지배층들은 더 많은 경제적인 부를 위해서 전쟁을 일으키고 정복된 지역에서는 노예와 공물을 획득했다.

이러한 조직을 관리하기 위해서 법률이 제정 되었다.

법률은 가혹하여 절대적인 권위에 도전하는 자는 무자비하게 진압하였고 그들의 권위는 신격화 되었다.

그들은 자신의 권위를 위해서 자연의 절대적인 힘과 동일시하기 위해서 수많은 신화를 만들었다. 그래서 이러한 신화들의 특색은 자연적인 환경의 특색을 반영한다.

그들의 권위를 위해서 궁전과 무덤은 거대했으며 자신의 몸을 화려한 장신구로 휘감아서 절대적인 권위로 보이게 했다.

은나라에서 왕이 죽었을 때 수십 명의 산 사람을 강제로 함께 묻는 순장제가 행해지고, 이집트에서 거대한 피라미드를 만든 것처럼 죽은 후에도 그들은 지위와 권력의 영속성을 보장받으려 하였다.

이렇게 태동되고 형성된 문명은 인간의 자유를 구속하고 질서를 유지하기 위한 제도를 만들었다.

이렇게 형성된 문화의 특징은 자연의 특징을 반영한다.

4대 문명의 위치적인 공통점은 자연적인 조건에서 일치감을 보여 준다. 모두가 물과 비옥한 토지, 온화한 기후 등 인간이 생활하기에는 최적의 환경을 갖추고 있다.

자연적인 환경은 곧 그 자연적인 특징과 부합된 제도를 만들었고, 만들어진 제도는 인간 구성원들의 질서를 유지하기 위하여 자유를 구속함과 동시에 자유의 안전성을 보장했다.

동일한 제도와 그 제도와 관리의 틀 속에서 사회의 구성원들은 자신의 자유를 스스로 구속하고, 그 제도와 틀로부터 자기의 자유의 안전성을 보장받고 생활하게 되었다. 그 때문에 다른 제도와 틀 속에서 사는 다른 사회의 인간들과는 시간이 흐름으로써 조금씩 그 특징이 구별되게 되었다.

다른 자연적인 환경과 다른 관리의 제도의 틀 속에서 오랜 기간 동안 각각 달리 생활하는 인간사회는 다른 자유의 특색을 선택하고 요구받음으로써 각각 다른 자유의 특색을 갖는 조직적인 집단들이 출현한다. 그리고 그러한 자유의 특색의 경험은 인간의 개인적인 무의식과 집단적인 무의식으로 오랜 기간 동안 유전적으로 전해지고 저장되어 집단적인 소속감인 민족의 정체성이 나타나기 시작했다.

민족의 정체성은 민족의 구성원 간에 공통으로 공유할 수 있는 의식이 있으며(이러한 의식의 형성은 불안과 고독 그리고 공포로부터 자유의 안전성을 보호받고자 자기의 자유를 귀속시킬 공통의 절대자의 특징, 그리고 자연으로부터 제공된 생존을 위한 음식과 경제적인 편리성, 기후와 날씨 등에 의해서 다양한 형태의 습성에 의해 형성된 의식), 그 자체가 일정한 형태를 가지고 특정한 대상을 인식하고 옳고 그름을 판단한다. 그리고 자기의 형태를 지키고 유지하기 위해서 자유의 의지에 따라서 선택적 행위를 하는 이성을 가진 집합체이다.

이러한 정체성은 도시국가를 형성했다.

형성된 도시국가는 다른 더 많은 경제적인 위치를 점령하고, 다르게 형성된 정체성의 민족과 구분되어지고, 결여된 힘과 이익을 얻기 위해서 다른 민족을 자기의 민족에게 융합시키고자 했다. 이로써 민족 간의 전쟁이 발생하고 지배자와 피지배자가 출현했다.

무력감에 빠진 민족은 자기 자신을 낮춰보려 하고, 약화시키려고 한다. 외부의 힘, 즉 다른 사람이나 제도, 또는 자연에 의존하려 한다. 확실하고 절대적으로 생각되는 질서에 복종하려 한다. 그리고 그러한 절대적인 존재에 의해 집단적인 성격의 전체인 문화적인 특성은 사라지고, 유지되어도 자유의 안전성을 보장받기 위해서 자유의 일부를 귀속시킨다. 정복된 민족은 자기의 위치를 스스로 낮추거나 정복자와 동일시하거나 하여 다른 민족과 동화되기도 한다.

그렇지 않을 경우, 즉 저항하는 민족을 다스리고 귀속시키기 위해서 자신을 하늘과 동일시하고 천명에 따라서 행하는 천황의 위치를 갖기도 했다.

그래서 양쯔강 유역에서 형성된 도시국가는 중화사상을 만들었다.

BC 2세기경에 발견된 것으로 알려진 주왕국의 사회에 대해 설명한 '주례(周禮)'에 의하면 천자가 거주하는 중앙의 주위에 9리의 성벽을 짓고 그 중심부에 왕이 거주하는 왕궁을 배치했다. 좌우로 천자인 왕의 선조를 모시는 '종묘'를 짓고 토지의 신을 제사 지내는 '사직'을 마련하였다. 또한 왕궁 앞뒤로는 왕이 정치를 하는 '조당', 상거래를 하는 '시장'을 배치하여 왕의 경제적인 활동과 물자를 공급하게 했다. 그래서 왕이 거주하는 수도는 신성한 공간으로 정치, 종교, 교역의 중심이자 세계의 중심이었다.

이와 같이 수도를 특별하게 신성한 공간으로 여기는 의식은 하늘과 동일시하는 천자인 왕이 거주하는 수도와 멀어지는 곳은 문화의 수준이 뒤떨어지고 천박한 지역으로 인식되는 차별적인 의식을 낳았다.

왕이 거주하는 곳에서 사방 1천리의 땅을 왕(王)의 기(機)가 영향을 미치는 곳으로 생각하고 수도에 버금가는 지위가 주어졌다. 왕기가 주어지는 곳의 외부는 500리 간격으로 아홉 개의 세계(九服)로 나누어 분할했다. '중화의 땅'의 경계는 여기까지였다. 그리고 그 주변은 문명화 되지 못한 '오랑캐의 세계'라는 위치가 부여되었다.

그리고 중화의 경계의 북쪽은 '북적'이라는 오랑캐로, 동쪽을 '동이'라는 오랑캐로, 서쪽을 '서융'이라는 오랑캐로, 남쪽을 '남만'이라는 오랑캐로 부르며 중화의 세계와 구분하여 차별적으로 대했다.

그래서 주변의 세계를 야만인으로 간주하는 한인의 사고방식은 그야말로 편견으로 가득 찬 것이며, 이러한 중화사상은 오늘날 동아시아의 일체화를 막는 큰 장벽이 되고 있다.

중화사상은 인간의 편견에 의해서 만들어진 단일문화를 주변의 보편문화로 인식케 함으로써 문화적인 편견을 가지게 하였다. 이러한 인식은 뒤에서도 설명하겠지만 동아시아의 실체를 완성하여 안정적인 상태를 만들지 못하고 불안한 상태로 남아있게 되는데 영향을 미치게 되었다.

민족의 정체성의 성립

❖ 환경의 순환사이클

인간을 관리할 제도가 나오고 그 제도에 의해서 인간의 자유는 구속되었다.

자유란 구속되지 않고 자기의 마음대로 하는 것을 자유라 한다. 자유는 인간의 주관적인 사상에 의해서 구속되고 지배된다. 자유를 구속하는 과정에서 인간의 의식은 형상화 된다. 자유를 구속하는 과정은 나의 자신이 하는 내면적 구속과 외부의 물리적인 힘에 의해서 하는 물리적 구속이 있다. 이러한 자유를 구속하고 특색을 나타내는 일련의 과정은 환경과 만남을 통해서 이루어진다.

인격의 발달과정에서 개성화와 의식은 항상 보조를 같이 한다. 의식이란 인간 인성의 구조에서 각 개인이 직접적으로 알 수 있는 정신의 유일한 부분이다. 개성화란 개인의 의식과 구분되거나 개별화 되는 과정이다. 의식화의 시작은 곧 개성화의 시작이다. 의식의 증가에 따라서 개성화도 완성되어 간다. 자기 자신과 주변 세계에 대한 자각이 없는 사람에게서는 개성화가 충분히 이루어질 수 없다. 의식의 개성화 과정을 통하여 새로운 요소가 생겨난다.

칼 구스타프 융(Carl Gustav Jung : 1875~1961)은 이것을 '자아(ego)'라 했고, 이는 인격의 동일성과 지속성을 규정한다.

이런 의미에서 개성화와 자아는 독특하면서도 늘 지속되는 인격으로 발전시키기 위해 서로 긴밀한 관계를 유지한다. 인간은 자아가 유입된 경험을 의식하도록 허용하는 범위 안에서만 개성화를 달성할 수 있다.

인간의 의식은 인지하고 행동하는 의식의 세계와 무의식의 세계로 크게 구분되어 지고, 무의식의 세계는 인간이 태어나서 경험이 바탕이 된 프로이트의 무의식의 세계와 어떤 개인의 경험보다 앞서 존재하는 초인격적 본질인 융의 집단적인 무의식이다.

무의식의 세계는 의식의 세계를 지배한다.

우리 의식의 형성은 세상에 태어나서 사회적인 경험을 통해서 형성되고 완성되어 간다. 이러한 의식의 특색은 자유의 특색으로 나타나고 의식은 자유를 지배하고 구속한다. 개인적인 자유의 특색은 개인적인 의식의 특징에 따라서 모두가 다르게 나타난다. 이러한 개인 자유의 특색의 총체적인 합의 특색이 그 민족의 외면적인 정체성이고 가치이다. 이러한 외면적인 정체성에 의해서 창조된 사회적인 가치를 문명의 정체성으로 정의한다.

문명의 정체성은 의식으로부터 구속되고 조절된 자유의 특색으로부터 창조된 예술적 가치, 문학적 가치, 과학적 가치, 경제적 가치 등 사회 전반적인 모든 가치를 포함한 정성적인 가치의 합이다.

전체사회는 내부 구성원 간에 공통의 공속(共屬)의식이 있으며, 외부로부터는 그 자체가 일정한 윤곽을 가진 독립된 집합체다. 그래서 국가사회의 특징인 정체성은 가족·지역사회·학교·조합·기업 등 여러 형태의 집단이나 조직을 구성 부분으로 포용하고 보다 큰 무리를 이루고 있는 사회다.

이러한 전체사회의 특징의 가장 기본단위는 인간의 의식이다. 인간의 의식은 전체사회의 환경에 영향을 미침과 동시에 영향을 받는다.

인간의 자유는 의식으로부터 구속되고, 지배를 받는다. 의식의 지배를 받는 각각 자유의 특색의 정성적 총체적인 합이 사회의 특색이고 그 민족과 국가의 정체성을 나타낸다.

뒤에서 설명되지만 인간의 의식은 사회환경 속에서 문화·규범·제도 등의 규제를 받고 직접 또는 간접적으로 타인과 관계를 가지고 생활하는 경험이나 행동으로부터 형성되고 관련되어진다. 인간의 의식은 결국은 사회환경에서 성장하고 지배를 받는다고 말할 수 있다.

하지만 우리는 성장과정에서 받은 수많은 경험을 모두 다 의식하고 있지 않다. 이는 어떤 개인이 어릴 때부터 사회적인 환경의 공간 속에서 쌓아 온 수많은 의식적인 경험이 무의식 속에 축적되어 억압됨으로써 그 사람의 생각, 감정, 행동에 영향을 주는 것이다.

프로이트는 의식이란 정신 전체에 작은 부분에 지나지 않으며, 빙산의 일각과 같고 정신의 대부분은 의식의 표면 밑에 존재해서 의식에 영향을 주는 것으로 생각했다.

무의식은 내 안에 존재하고 있는, 나도 모르는 부분이다. 무의식은 의식의 행동 방향성을 결정하는 역할을 한다. 의식의 내면에 잠재해 있다가 의도되지 않은 상황에서 의식을 지배하여 행동하게 함으로써 나를 놀라게 한다. 우리는 이럴 때 "우발적인 행동 혹은 나도 모르게 하는 행동이다"라고 변명하지만, 이것은 사회적인 환경의 공간 속에서 경험의 축적으로 의식의 내면 속에 잠복해 있는 무의식이 발현되는 결과이다.

어떤 한 노인이 젊은 시절 절도와 도둑의 많은 경험을 하고 오랜 기간 수감생활을 한 후에 출감하여 새사람이 되어 안락한 가정도 꾸리고 직업도 가졌고 사회적인 명성도 얻었다. 그런데 어느 날 일본에서 절도범이 잡혔다. 그 절도범은 놀랍게도 그 노인이었다. 절도의 규모는 작은 좀도둑에 불과했다. 아마도 그 노인 안에는 오랜 기간 동안에 깨끗한 의식이 범죄와 연관된 어두운 무의식을 억압해 왔던 탓으로, 무의식의 불만이 잔뜩 쌓여 있던 중 해소되지 않은 무의식이 자기도 모르는 사이에 에너지를 키워서 결국은 밖으로 튀어나오고 만 것이다.

내재하는 에너지의 변형과 교류를 연구하는 역학적 심리학의 창시자인 프로이트에 따르면 인성 전체가 세 가지로 구성되어 있다고 한다.

하나는 충동과 감정에 따라서 에너지를 집중할 대상을 선택하는 이드(Id)와 이드에 의해서 집중된 충동을 억제하는 양심

(도덕적, 사회적인 질서의 내면화)인 초자아(Superego), 그리고 이러한 이드와 초자아를 조절하고 완화하는 또 다른 요소 자아(Ego)로 구성되어, 이들은 협력하고 상호작용 함으로써 사람이 효율적이고 만족스럽게 환경에 대처하게 한다.

프로이트의 무의식은 경험을 바탕으로 하는 개인적 무의식이다. 이는 개인이 유아기에 경험했던 내용이 의식에 의해 억압되어 형성된 것이다. 하지만 융은 인간이 경험하기 이전의 선험적인 원형에 의해서 지배되는 무의식을 집단적 무의식이라고 정의함으로써 개인적인 무의식과 구별했다.

융은 옛사람들의 의식적 경험은 상징을 통해 집단 무의식으로 전승된다는 것이다. 집단적 무의식은 전혀 의식되는 일이 없는 것이지만, 인격 전체를 지배하고 종족적으로 유전된 것이며 개인적 경험을 초월한 것이다.

집단 무의식은 무의식의 한 부분으로서 누구에게나 공통되는 일반적인 내용을 담고 있다. 즉, 개인 무의식이 '어떤 개인이 어릴 때부터 쌓아온 의식적인 경험이 무의식 속에 억압됨으로써 그 사람의 생각, 감정, 행동에 영향을 주는 것'인데 견주어 집단 무의식은 '옛 조상이 경험했던 의식이 쌓인 것으로써 모든 사람들에게 공통된 정신의 바탕이며 경향'이라는 것이다.

전체사회의 특징은 개인 구성원 간의 공통 의식의 독립된 집합체이고 대상을 판단하고 인지하는 이성을 가진 것으로 인류 전체의 단위로 바라볼 때 독립된 객체이다.

프로이트가 인간의 성격 속에서 작용되는 무의식적인 힘의 움직임과 그것이 외부의 영향에 의존하고 있다는 발견을 통해서 알 수 있듯이 인간 인성의 특징은 결국은 전체사회의 특징에 따라서 영향을 받아서 성립되고 성숙되어 간다는 사실이다. 이러한 의식의 성장은 사회환경에 영향을 받아서 성장되지만 생리학적으로 영향을 받는 수동적인 관점보다는 사회의 환경 변화에 적응하는 사회심리학적인 능동적인 관점으로 성숙되어 간다.

심리적인 힘은 삶의 외적 조건에 의해서 형성되는 것이지만, 그것은 또한 자체의 역할을 가지고 있다. 즉, 그것은 형태는 바뀌지만 결코 근절할 수 없는 인간적인 욕구의 표현이다. 인간의 사회적 성격은 사회의 구조에 대한 인간의 본성 및 인간의 본성을 관리하는 이성적 요소가 동적으로 적응하는 과정의 결과로서 생긴다. 사회적인 조건이 변화하면 사회적인 성격이 변화하여 새로운 욕구와 소망이 생긴다는 것이다. 이러한 새로운 욕구가 새로운 사상을 낳아서 사람들로 하여금 저마다 그와 같은 사상을 쉽게 받아들이게 한다. 이와 같은 새로운 사상이 이번엔 새로운 사회적인 성격으로 규정되어 새로운 인간의 자유를 규정하여 그 특색을 변화시킨다.

따라서 인간 내면의 인성은 사회적인 조건에 대한 소극적인 결과가 아니라, 인간 본성의 생물학적인 신체적 조건 반응의 에너지 안정화를 통한 경험적인 요소와 역사적인 발전 과정에서 진화된 사회적인 환경에 능동적으로 행위 한 요소에 기인한 결과이다. 이러한 결과는 인성의 내적 무의식의 가치로 축적되어 인식을 지배하고 자유의 특색을 결정한다.

개인의 관념적 사상은 학문의 자유와 양심의 자유를 낳는다. 이것은 생각하는 자유다. 생각하는 자유는 행동하는 자유로 전이된다. 생각하는 자유가 행동하는 자유로 집중된 에너지를 방출하는 과정에 있어서 프로이트는 "인간은 근본적으로 반사회적인 존재이다"라고 말했다.

따라서 사회는 인간을 교화 시켜야 하며, 또한 생물학적인 충동에 대하여 어떤 직접적인 만족을 주어야 할 것이다. 그러나 사회는 이러한 인간의 욕망을 억제하고 그리고 순화시킨다. 이와 같이 인간의 자연적인 여러 가지의 충동이 사회에 의해서 억제되는 결과, 이러한 억압된 충동은 문화(본문에서 '문명'이라 칭함)적인 가치로 변화하게 되는데, 이러한 억압으로부터 문명적인 행동으로의 전환을 '승화'라고 불렀다. 만일 억압의 도수가 한계 이상에 달하게 되면 개인은 신경질적으로 변하게 되고, 그래서 억압의 도수를 낮추면 문명적인 가치로 '승화'하게 된다.

이러한 조절의 기능은 실행적인 사상에 의해서 이루어진다. 실행적인 사상은 행동하는 자유를 태동시킨다. 이것은 문명적인 가치로 '승화'되는 것이다. 한 나라의 사상의 자유의 허용 범위와 특색은 그 국가의 정체성을 나타내고 그 국가의 역사와 전통을 담으며 그 나라의 지정학적인 위치, 안보, 경제적인 특성에 따라서 다르게 허용되고 제한된다. 그리고 자유라는 행위로 그 특색이 나타난다.

환경이 관념적인 사상을 만들고 그 일부가 실행적인 사상으로 전이되어 행동하는 자유로 표현됨으로 사상은 자유를 구속한다. 사상은 자유라는 행동으로 표현되고 그 표현의 특색에 따라서 그 사회의 특성과 정체성이 결정됨으로 그 자유의 특색이 바로 민족의 정체성이자 아시아적인 가치이고, 한국적인 가치이고, 이러한 가치가 문화의 특색을 결정한다. 자유의 태동의 원천이 환경(역사와 전통, 문화, 지정학적인 특성)이기에 환경은 시대의 변천에 따라서 변경됨으로 민족의 정체성도 변화되고 각색되어 새로운 정통과 정체성은 창조되어야 한다. 그래서 실행적인 사상은 국가의 정체성을 지키기 위해 행동하는 자유의 한계이고 범위이며, 국가의 가치관이기도 하다. 그리고 이를 인지하고 행동하는 개인, 동일한 이익 및 사고를 가지고 공동의 목소리를 내는 단체의 실천적인 사상이기도 하다.

의식의 표현은 개인의 단위에서 가족, 지역 사회, 조합, 동일한 이익의 단체, 공동의 학문 연구 단체 등과 같은 단체의 단위로부터 나온다. 의식으로 표현되는 것은 경제 및 문화에 활발하게 적응하는 과정에서 나타난다. 비로소 개인이나 단체의 모든 행동과 감정을 자극시키는 수많은 강력한 충동이 발달하고, 발달된 충동은 의식할 수도 있고 못할 경우도 있겠지만, 그것이 발현되면 곧 만족을 요구하게 된다.

이렇게 발현된 충동의 모든 것이 만족을 제공하지는 않는다. 나와 혹은 단체에서 받은 강력한 충동의 요구를 나와 단체의 의식에서 수용되지 못할 때 필연적으로 갈등이 발생한다. 발생된 갈등을 통해서 개인이나 단체의 발현된 충동은 외계와의 결합을 통해서 불만족스럽더라도 만족스럽게 결합을 하여야 한다. 그것이 큰 결합이든 작은 결합이든 이렇게 결합된 새로운 의식은 사회와의 상호작용을 하게 될 것이다.

인간은 끊임없이 자신의 욕구를 만족시킬 대상을 선택하게 되고 모든 대상물 중에 선택된 대상에 에너지를 집중하여 인식하는 과정을 '전이'라 한다. 전이된 에너지는 '승화'를 통해서 해소되고 안정화 되도록 유도해야 한다.

'전이'와 '승화'의 과정은 내가 존재한다는 증거이다. 인간이 존재한다는 것은 끊임없이 자기의 욕구와 희망을 해소하기 위한 대상을 선택하고 있다는 것이다.

인간의 모든 의식은 경제 및 사회의 문화활동을 통해서 충동을 받고 그리고 발현되고, 외계와의 결합을 하기 위해서 갈등하고 결합하고 사회환경의 공간에 투영되어서 사회와의 상호작용을 하게 된다. 상호작용 된 사회환경은 새로운 관념을 만들고 새로운 자유의 특색을 창조하게 될 것이다.

환경은 관념적인 사상을 만들고 관념적인 사상은 실행적인 사상을 만들고 자유를 창조한다. 창조된 자유는 갈등을 만들고 갈등은 새로운 관념을 만든다. 새로운 관념은 환경에 투영되어 새로운 환경을 만들게 될 것이다.

이것을 환경의 순환시스템이라고 하며, 아래와 같은 수학적인 부등식으로 전개된다.

환경 〉 관념적 사상(개인, 단체(이익의 집단, 공동의 관심 영역의 문화적인 집단, 정치의 집단, 학문의 집단 등 독립적인 의식을 갖는 집합체적인 객체) 〉 실행적인 사상 〉 자유의 특색 〉 갈등 및 분열 〉 새로운 관념

환경 → 관념적 사상 → 실행적인 사상 → 자유의 특색 → 갈등과 분열 → 새로운 관념

환경의 순환사이클

▲ 환경의 순환사이클

❖ 주자학과 환경의 순환사이클

민족의 정체성은 독립적인 객체로 작동된 환경의 순환사이클에 의해서 다른 민족과 구별되는 독자적인 특색을 가지게 되므로 성립된다.

환경은 자연적인 환경과 사회적인 환경으로 구별된다. 환경의 순환사이클에서의 환경은 사회환경을 말한다. 사회환경은 그 환경 속에 존재하는 모든 인간의 의식을 지배하고 영향을 끼침으로 인간과 사회의 상호작용으로 태동된 역사의 근원이 된다. 그리고 사회환경은 결국 자연환경으로부터 태동된다. 그래서 자연 환경은 모든 만물의 생성의 근원이 되며 사회환경의 기초적인 형태를 제공한다.

고대에서의 자연적인 환경은 보편적인 환경과 같다. 즉 절대적인 존재이고 자연의 질서는 천륜과 같다. 노자는 도를 자연을 따른다고 하여 천체의 만물을 생성하는 근원으로 보았다.

자연의 장은 모든 생명체나 무생물체나 생성시키고, 성장시키고, 소멸시키고, 포용하고 다시 새로운 생명체나 무생물체를 생성시키는 모든 삼라만상의 존재의 절대적인 근원이다. 그래서 사회환경도 자연에서 생성되어 성장하고 소멸하여 자연의 장 속으로 사라지게 될 것이다. 그리고 자연의 틀 속에서 생성되고 성장하는 사회환경은 사람의 인성을 개성화 시키고 성숙하게 한다. 결국 사람의 인륜도 자연의 질서에 영향을 받는다.

주자학에서는 '이'와 '기'로 세상이 이루어졌다고 말한다.

세계에 나타난 실제적인 현상은 '기의 세계'에 속한다. '기

(氣)'는 물질을 형성하는 바탕이다.

세상에 존재하는 모든 삼라만상은 '기'가 뭉쳐서 이루어졌다고 했다. 사람의 신체도 음양오행의 '기'가 뭉쳐서 이루고 있는 것이라고 했다.

그런데 '기'로 이루어진 만물들은 어떤 규칙과 질서를 따르고 있다. 모든 만물이 그렇게 있도록 하는 이유와 원인의 존재적인 근원을 '이(理)'라고 했다. 그래서 '이'는 신비스럽게 보이는 자연의 순리와 조화와 같은 자연의 법칙으로 생각된다.

성리학자들은 '이'는 존재적인 근원으로, 사물의 존재를 규정하는 근본원리이며 더욱이 도덕적 법칙, 인륜을 가르치기 위한 규범으로 자연의 법칙과 사회의 규범을 포함하고 있는 것이다.

주자학에서는 우주와 인간의 근본 구조는 같다고 생각했다. 이것은 하늘의 기운이 변화하면 인간의 신체에 어떤 영향을 준다고 생각함으로써 인간과 자연이 서로 교감한다는 '천인감응설'을 변형하여 하늘과 사람은 서로 통하고 유사하다는 '천인합일론'이다.

주자학에서는 인간의 본성을 맹자가 말한 사단, 즉 '인', '의', '예', '지'인 도덕성으로 본다.

이것은 하늘과 사람이 서로 통하고 하늘의 근본 덕목이 사람의 심성 속에 내재하여 있다고 생각한다. 우주의 본성은 인간의 도덕성의 근원이며, 이러한 도덕성은 우주본성의 발현으로 보았다. 그래서 우주의 본성에는 사람의 도덕성의 의미가 있고, 사람의 도덕성에는 우주의 의미가 있다 라고 설명한다. 이렇게 맹자가 제기한 천인상통을 받아들였다.

주자학자들은 천지는 만물을 끊임없이 생성시키는 덕을 가진 존재라고 생각했다. 그래서 인간의 본성은 우주의 원리에 근거한 '본성은 천리이다' 라고 하고 맹자의 성선설을 받아들여 '본성(性)=천리(理)=선(善)'이라는 이론의 체계를 만들었다.

환경의 순환사이클에서 인성은 결국 환경에 의해서 생성되고 성장되는 것이다.

사회환경은 자연환경으로 생성되고 생성된 환경은 인간에게 다양한 경험을 제공하고, 그러한 경험은 인간의 개인적 무의식 상태로 축적되어 인성을 완성시킨다. 그래서 인간의 인성은 환경이 제공한 다양한 특성으로부터 오는 경험적 축적의 결과이기에 환경은 인간의 인성을 지배한다. 이러한 인성의 전체가 전체사회의 정체성을 결정한다. 이것이 민족의 정체성이다.

그래서 우리의 인성도 사회적인 제도와 규범인 실행적인 사상에 의해서 생성되는 자유의 실제적인 형체도 결국은 무형의 존재인 환경으로부터 온다.

무형의 존재인 환경은 모든 만물을 끊임없이 만들고 길러주는 덕을 가진 존재이다. 그리고 대상을 인식하고 판단하는 이성의 주체다. 사회적인 환경을 이성의 주체로서 인식할 때 인본주의 정치문화가 이루어진다.

이성의 주체가 아니라 객체로 인식되어진다면 사회적인 환경으로부터 생성된 인간의 인성, 그 인성에 의해서 형성된 전체사회의 특징을 실행적인 사상인 '법과 제도'라는 물리적인 방법에 의해서 억압한다. 이럴 때 관념적인 사상의 집합체인 전체사회와 실행적인 사상의 주체인 국가와의 부조화가 발생한다. 여기서 우리는 서로 미워하고, 분노하고, 증오하고, 불신한다. 그렇기 때문에 실행적 사상은 관념적 사상으로부터 나와야 한다. 이것이 순리적인 흐름이며, 인본주의 정치문화의 시작이다.

결국 인간의 오만과 욕심이 이러한 순리를 무시할 때 전쟁이 발생하고 분열이 발생한다.

모든 실제적인 형체를 완성시키는 무형의 존재인 환경이 '이(理)'라면 실행적 사상에 의해서 생성되는 자유의 실제적인 형체는 '기(氣)'이다.

환경에는 자연적인 환경과 사회적인 환경이 있다. 자연은 사회적인 환경의 기본적인 틀을 제공한다. 오늘날 과학의 발달로 반자연적인 현상이 증대되지만, 그러한 자연에 대한 도전도 자연이 허용하는 범위까지이다. 자연의 순리가 변화된다면 그것은 인간사회의 종말을 의미하기 때문이다. 세상에 변하지 않는 것은 아무것도 없다. 하지만 변하지 않는 것이 있다면 그것은 자연의 순리이다. 실체적인 실제만이 변하지 않는 영원성을 갖는다.

따라서 우리는 실체적인 진실의 세계로 가기 위한 현대적 국가(개념은 뒤에서 설명됨) 건설을 통해서 인류 통합의 세계로 나아가야 한다.

❖ 퇴계 이황과 환경의 순환사이클

퇴계 이황은 사람을 움직이는 마음에는 두 가지의 형태가 있다고 생각했다.

이것은 사단과 칠정이다.

'사단'은 사람의 마음속에서 존재하는 선천적인 도덕적인 감정으로 모두 선하다. 칠정은 사람이 대상물을 선택함으로써 표현되는 사람의 자연적인 감정을 말한다. 그래서 칠정은 기뻐하기도 하고 성내기도 함으로써 선하지만은 않다.

퇴계 이황은 인간의 마음이 이렇게 두 가지의 형태로 존재하는 것은 발현되는 출발이 다르기 때문이라고 했다. 그래서 인간이 이렇게 두 가지의 마음이 존재하는 이유는 두 가지의 존재하는 근원이 있어서 하나는 '기'에서 발현하는 것이고, 또 하나는 '이'에서 발현하기 때문이라고 한다.

이것을 '이기호발론(理氣互發論)'이라고 한다. 이것은 많은 논쟁을 만들었다.

기대승(奇大升)과 퇴계 이황(李滉)의 논쟁의 발단은 '이'가 과연 발동하는 근원인가에 대한 문제와 사단이 '이'에 속하는 것인가, 아니면 '기'에 속하는 것인가에 대한 문제이다.

표현의 자체도 '이'와 '기'는 별개의 구분되는 개념으로 인식되기 때문이다. 주자학에서는 '이'는 존재적인 근원이며 '이'와 '기'는 따로 떨어질 수 없는 존재라는 원리이다.

여기에 대한 퇴계 이황은 인간의 순수한 본성은 하늘로부터 물려받은 것으로 '선'하다.

사단은 신체적인 갈증으로부터 오는 욕구와 개인의 욕망적인 감정은 다른 것이며, '이'에서 나온 사단은 '선'하고 '기'에서 나온 칠정은 선과 악이 혼합되어 있다고 생각하는 것은 잘못된 것이고 오해라고 했다. 그래서 퇴계 이황은 '이'와 '기'는 서로 떨어져서 존재하는 것이 아니고 주자학의 원리를 인용하여 표현을 바꾸었다.

'이발'의 표현을 '이발이기수지(理發而氣隨之 : 이가 발하고

기가 그것을 따른다)로 바꾸고, '기발'의 표현을 기발이이승지(氣發而理乘之 : 기가 발하고 이가 거기에 탄다)로 하였다. 이렇게 함으로써 퇴계 이황은 '이'와 '기'가 따로 떨어져 있지 않다는 것을 나타냈다고 하겠다.

환경의 순환사이클에서 환경인 '이'가 발하므로 그로 인해서 자유라는 실제적인 형상인 '기'가 나타나고 그 실제적인 형상은 '이'인 무형의 존재인 환경에 따른다. 그래서 환경의 순환사이클은 '이발이기수지(理發而氣隨之)'이다.

자유의 특색이 환경에 따르지 않는 것은 천륜을 위반하는 것과 같은 것이다. 뒤에서 설명하겠지만 개혁과 변화를 위한 우리 사회의 수많은 갈등과 분열도 '이발이기수지(理發而氣隨之)'의 원칙에 따르지 않음이요, 그리고 인간의 오만과 욕심에서 오는 것이다.

무형의 존재인 환경 속에서 경제 및 문화가 활발하게 활동하는 과정 중에 발생된 지적, 물적인 강한 충동은 자유로 표출되고, 발생된 갈등은 다른 외계와의 결합을 통해서 불만족스럽더라도 만족스럽게 결합을 하여야 한다. 그것이 큰 결합이든, 작은 결합이든 이렇게 결합된 새로운 의식 혹은 관념은 사회환경과 상호작용을 하게 될 것이다. 그래서 상호작용된 결과로 인해서 환경('이')은 발생된 자유의 특색이나 혹은 새로운 관념과 문명들('기')에 의해서 올라타서 나아가게 될 것이다.

발현된 '기'의 방향에 '이'가 올라타서 '기'의 방향대로 '이'가 나아가게 되는 것이다. 그리고 방향성을 가지고 변화된 '이', 즉 환경은 새로운 만물을 끊임없이 만들고 길러주는 덕을 지닌 무형의 존재로써의 역할을 하게 된다.

그래서 '이발이기수지(理發而氣隨之)'와 '기발이이승지(氣發而理乘之)'는 서로 분리되는 것이 아니라, 서로 결합되고 상호작용 되어서 새로운 역사를 만들고, 세상의 만물을 잉태하게 한다.

문명과 문화의 개념은 뒤에서 설명되지만 문화적인 가치와 문명적인 가치를 혼돈하거나 개념의 부재는 불필요한 갈등을 양산시킨다. 이것은 사단 칠정을 별개의 마음의 형태로 바라보고 작동되는 것처럼 표현된 초기의 '이기호발론(理氣互發論)'적 사고로부터 오는 것인지도 모른다.

'이'와 '기'는 개념의 차이는 존재해도 항상 함께 하며 상호조화 속에서 만물을 생성하고 성숙된 사회로 나아가게 한다.

❖ '이'와 '기'의 상호조화와 민족의 정체성

'이'와 '기'의 상호작용의 집단이 세상의 만물을 만들고, 역사를 만들고, 문화와 문명을 만들고, 민족의 정체성을 만든다.

유교에서 모든 복과 화는 하늘이 내리는 것으로서 하늘은 곧 성품이요, 성품이 드러남을 바르게 행하는 것이 도라고 하였다.

환경의 순환사이클이 독립된 객체로서의 단위가 오랜 시간동안 작동되고 역동성을 가지게 될 때, 민족의 독특한 정신과 문화와 문명을 만든다.

독립된 객체란 환경의 순환사이클을 작동시키는 데 있어서 독자성을 가지는 것을 말한다.

현재 그 독립된 객체로서의 단위는 단일민족의 국가는 국가의 단위가 하나의 독립된 객체이고, 다민족 국가에서는 민족의 단위가 독립된 객체이다.

단일민족의 국가에서 국가는 국가를 관리하기 위한 법과 제도에 의해서 전체사회는 관리된다. 그래서 국가와 민족의 정체성은 다민족으로 이루어진 국가보다는 독창적이지만 폐쇄성을 가진다.

국가가 곧 민족이고 민족의 정체성이 국가의 정체성에 지대한 영향을 준다.

단일민족의 정체성인 관습과 도덕이 국가의 법과 제도를 만든다. 국가와 민족은 같은 동질성을 가진 독립된 객체로써 문화와 문명을 만든다.

하나의 독립된 객체로써 작동된 환경의 순환사이클에 의해서 형성된 민족의 정체성은 관념적 사상에 영향을 주고, 민족의 정체성을 나타낸 관념적 사상을 실행적인 사상은 고려하기 때문에, 이러한 국가의 민족성은 상당히 배타적인 문화의 속성을 가지게 된다. 뒤에서 설명되지만 외부의 문화를 받아들이고 이것을 자기의 것으로 '승화'시키는 문화의 창조적인 역동성이 작아진다. 북한의 주체사상이 그들 국가의 통치사상으로 통용될 수 있는 것도 이러한 배타적인 민족정신으로부터 왔는지도 모른다.

다민족 국가에서 민족의 정체성은 민족 단위의 도덕과 관습에 의해서 자연발생적으로 그들의 문화가 유지된다. 이러한 민족의 정체성이 자연적으로 다민족국가에서 존속하기 위해서는 서로 상호존중하는 사회적인 환경이 존재하여야 한다. 뒤에서 설명되겠지만, 국가의 질서를 유지하기 위한 법과 제도인 실행적인 사상은 이러한 자연발생적인 민족 단위의 환경의 순환사이클이 자연스럽게 작동될 수 있도록 인정하고, 역사적인 시간 속에서 국가적인 통합을 이루어야 한다.

실행적 사상은 무형의 존재인 '이(理)'와 무형의 존재로부터 오는 실제적인 형체인 자유의 특색인 '기(氣)'의 조화로움을 위해서 존재하는 가치다. 그래서 실행적 사상은 '이'와 '기'의 상호 조화 속에서 만물이 생성되게 하는 가장 중요한 매개체이다.

실행적 사상

❖ 관념적 사상과 실행적 사상

실행적 사상은 환경으로부터 태동된 인간의 의식을 조율하는 기능을 한다. 인간의 의식은 무한히 넓은 세상이다. 우주의 공간보다도 더 넓고 크다. 이렇게 크고 넓은 인간의 마음은 환경 속에서 성숙되어 간다. 환경의 경험이 의식적이든 무의식적이든 인간의 내면의 세계에 영향을 미친다.

유교에서는 모든 복과 화는 하늘이 내리는 것으로서 하늘은 곧 '성품'이요, 성품이 드러남을 바르게 행하는 것이 '도'라고 하였다.

인간의 성품은 환경으로부터 오는 것이며, 그 성품이 드러남을 바르게 행하도록 하는 것이 실행적인 사상이며, 그 실행적인 사상을 인지하고 바르게 행하는 것이 인간의 '도'이며, 국민의 도리다.

환경이 관념적인 사상을 만든다면, 실행적인 사상은 관념적인 사상을 관리하고 조율한다. 이 때문에 관념적인 사상이 실행적인 사상으로 전이하는 과정에서 '승화'가 일어난다.

실행적인 사상은 대상을 인지하고 판단하는 능력을 가진 이성의 주체다. 이러한 이성의 주체인 실행적인 사상은 관념적인 사상으로부터 온다. 이슬람의 문화와 유럽의 그리스도의 문화적인 차이는 즉, 개개인의 관념이 모인 전체사회의 차이는 개인 관념으로부터 태동될 자유의 특색을 관념이 모인 전체사회의 이성이 옳음과 그릇됨으로 판단될 수 있도록 판단 기준의 범위를 설정하고 자유를 조절한다. 그래서 실행적인 사상은 개인의 관념적인 사상이 모여서 이루어진 전체사회의 특색으로부터 태동되어야 한다. 전체사회의 이성의 본질은 사회적인 관념적 사상이라 하고, 본문에서는 이를 관념적인 사상으로 표기하여 개인의 관념적인 사상과 구별한다.

관념적인 사상은 생각하는 자유이므로 개인적인 관념적 사상과 개인적인 관념적 사상이 모인 전체사회의 본질인 사회적인 관념적 사상으로 구분된다. 하지만 실행적인 사상은 행동하는 자유의 범위를 설정하므로 이를 인지하고 행동하는 개인의 실천적인 사상으로 전체사회의 모든 사람에게 동일하고 평등하게 적용된다.

실행적인 사상은 관념적인 사상을 인도하고 방향을 설정하는 것이며, 실행적인 사상과 관념적인 사상은 완전히 구분되어 서로 관계없는 것이 아니라 상호조화를 이루어야 하는 것이다.

세상의 만물이 '이'와 '기'의 상호조화 속에서 생성되고 성장하고 소멸되듯이, 이러한 모든 것들이 조화를 이루게 하는 것이 실행적인 사상이다. 즉 실행적 사상은 보이지 않는 무형의 존재를 보이게 하는 유형의 존재로 만들기 위한 매개체이다.

실행적인 사상이 관념적인 사상에 기초하고 그에 순응함은 인본주의 정치의 근원이다. 민주주의 근간인 인본주의 정치의 문화는 실행적인 사상의 실체가 관념적인 사상임을 인지하고 그에 따름에 겸허해져야 한다. 혹 '이'와 '기'의 상호조화가 불합리해질 때, 혹은 자연적인 환경이 관념적인 사상의 변화를 요구할 때, 전체사회의 외계의 변화가 관념적인 사상의 변화를 급히 바랄 때, 어쩔 수 없이 실행적인 사상이 관념적인 사상의 변화를 요구하더라도 이러한 요구가 인본주의로부터 와야 한다.

이럴 때를 우리는 개혁이라 한다. 그래서 개혁의 주체는 시대적으로 요구되는 사회의 시대정신(시대성의 이데아)에 대해 관념적인 사상이 인정해야 함을 인식해야 한다.

❖ 실행적 사상의 형태 (객관적인 실행적 사상/주관적인 실행적 사상)

실행적인 사상에는 두 가지의 형태가 있다.

환경의 순환사이클의 작동으로 인하여 자연적으로 발생된 도덕과 관습에 의해서 개인의 관념적인 사상을 조율하여 '행동하는 자유'의 특색을 만드는 것을 객관적인 실행적 사상이라 하고, 국가가 국민의 생명과 자유의 안전성 보장과 국가의 장기적인 비전에 따라서 편리성으로 만들어진 법과 제도를 주관적인 실행적 사상이라 한다. 그래서 인본주의 정치를 그 근본으로 하는 민주주의 성장은 주관적인 실행적 사상이 객관적인 실행적 사상으로 점진적이고 지속적으로 이행하는 일련의 과정이다.

다민족국가는 다양한 민족문화가 국가의 법과 제도에 의해서 일정부분 관리되지만, 자생적으로 민족의 문화적인 도덕과 관습도 유지된다.

단일민족의 국가는 민족문화의 관습과 도덕에 의해서 통제되는 객관적인 실행적 사상 그리고 편리성 및 경제적인 가치와 국가의 안보적인 차원과 외부환경에 영향을 받아서 제정된 법과 제도에 의해서 자유가 조절되는 주관적 실행적인 사상이 일치성을 가진다. 즉, 환경의 순환사이클의 작동이 함께 움직인다.

단일민족국가는 정체성의 대결이 없다. 사회는 안정적이다. 하지만 민족 간의 문화적인 소통이 없어서 문화의 특색은 독창적이지만 포용력이 약하다. 인간의 인성과 심리 상태가 비슷하다. 싫어하는 대상이 존재하면 다함께 싫어하고, 좋아하는 대상이 있으면 또 다함께 좋아한다. 이데올로기적 사고에 빠지기가 싶다. 위기가 있을 때는 단결해서 극복한다. 국가는 곧 민족이고, 민족은 곧 국가다.

단일민족의 주관적인 실행적 사상은 객관적인 실행적 사상의 범주 내에서 의존적이므로 그 속에서 해석되고 이해되는 경향 속에서 정치문화가 형성되면, 이러한 정치문화는 폐쇄적인 민족성을 만든다. 민족의 정체성이 곧 국가의 정체성으로 인식되어 세계화에 개방적인 문화를 만드는데 지장을 주기도 한다. 국가의 위기와 정치적인 위기가 도래하면 민족이 위기의 중심에 있다. 모든 것은 민족의 정체성으로 해석되고 그 민족의 정체성에 일치성을 보이지 않으면 거부된다. 그리고 그렇게 되도록 주관적인 실행적 사상은 만들어 가고, 객관적인 실행적 사상은 폐쇄적인 도덕과 관습의 문화를 만든다. 모든 다양한 문화가 민족이라는 핵 속으로 빨려들 때 모든 것은 부정이 된다. 자기의 것이 최고이고 자기의 민족이 제일 위대하다. 타인의 문화는 오랑캐 문화일 뿐 어떠한 의미도 없다. 민족의 제일주의를 만들어 낸다.

에리히 프롬은 "인간은 타인을 지배하고 복종시키고자 하는 사디즘적인 경향과 타인에게 복종 하고자 하는 매저키즘적인 경향이 내면에 존재하고 있다. 그것은 표면적으로는 모순되어 있는 것처럼 보이지만 동일한 요구에 근거한다. 그래서 인간은 항상 시계추처럼 능동적인 측면과 수동적인 측면을 왕복한다"라고 말했다.

사디즘적인 경향은 타인을 자기의 사람으로 만들어서 복종시키고, 자기의 의지대로 생각하고 행동하도록 만들어 버린다. 타인의 고통과 그로 인하여 지르는 비명의 소리에 기쁨을 느낀다. 그래서 타인에게 고통을 주고 타인의 고통스러움을 보고 즐긴다.

메저키즘적인 사람은 자기 자신을 유지하고 지탱하기 위한 의지가 약하여 자기 자신을 벗어버린다. 그리고 자기 자신을 벗어버리고 타인에게 귀속됨으로써 안정감을 찾는다. 절대자의 품속에서 혹은 절대적인 조직에 소속됨으로써 자신의 안정감을 찾는다.

이것은 죽음의 본능에서 발현되는 산물이라는 것을 시사했다. 그래서 프로이트는 메저키즘적인 의식과 사디즘적인 경향은 모순되고 대비되는 것처럼 보이지만 항상 함께 적용되고 발견된다는 것을 강조했다.

파시즘적인 지배자나 정치집단이 실행적인 사상으로 혹은 감상적인 민족적 휴머니즘으로 다양한 민족의 문화가 민족이라는 핵 속에 빨려들게 할 때 다른 문화는 오랑캐의 문화가 되고 거부된다. 폐쇄적인 민족의 문화에 의해서 민족의 구성원들은 민족이라는 절대적인 명분 앞에 매저키즘적인 복종을 하게 되고 다른 민족에게는 사디즘적인 경향을 띠게 된다. 민족 앞에 굴복하고 다른 민족에게는 우월적인 지배를 위해서 단결한다. 그리고 팽창하여 전쟁을 시도하고 지배하게 된다. 이것은 주관적인 실행적 사상이 객관적인 실행적 사상을 민족이라는 절대적인 명분을 만들어서, 민족이라는 대상을 매저키즘적이고 사디즘적으로 생각되도록 사회적인 환경을 만들어버린다. 전체사회의 이성은 민족이라는 대상을 그렇게 인식하고 판단하게 한다.

세계의 역사 속에서 전쟁의 주체는 민족 단위였고, 민족국가에서 전쟁이 시작됨은 우연성으로만 판단할 수는 없다.

다민족국가에서의 민족의 문화적인 정체성은 관습과 도덕에 의한 자연적인 환경의 순환사이클이 작동되는 형태에 의해서만 유지되어진다.

주관적인 실행적 사상은 객관적인 실행적 사상을 지배하고 유도하여 그들 속에 존재하는 객관적인 실행적 사상의 변화를

환경 → 관념적 사상 → 실행적인 사상 → 자유의 특색 → 갈등과 분열 → 새로운 관념 (→ 환경)

단일민족국가의 환경의 순환사이클

▲ 단일민족국가의 환경의 순환사이클

시도해도 독립된 객체로 자연적으로 작동된 환경의 순환사이클에 의해 생성된 도덕과 관습은 후대에 유전적으로 전해져서 존속된다.

자연적인 환경의 순환사이클의 작동으로 형성된 민족의 문화적인 정체성은 물리적인 힘에 의한 주관적인 실행적 사상에 굴복되거나 지배되지는 않는다. 민족문화를 만든 환경의 순환사이클이 독립적으로 작동된 객체의 자발적인 의지와 판단에 의한 선택으로 이루어지지 않는다면 주관적인 실행적 사상이 객관적인 실행적 사상을 지배할 수 없다는 것이다. 지배된 민족의 전체사회의 이성도 민족이라는 대상을 매저키즘적이고 사디즘적인 두 가지의 측면으로 인식하고 판단하고 있기 때문이다.

그래서 다민족국가는 소통의 미학이 통하지 않는다면 언젠가는 분열된다. 이것이 역사의 진리이고 역사가 우리에게 가르치는 하나의 교훈이다.

다민족국가는 각각 독립적으로 작동되는 환경의 순환사이클에 의해서 형성되는 민족의 정체성이 모여서 국가의 정체성을 만든다. 민족의 정체성이 국가의 정체성을 만들지 못할 때는 분열한다. 그래서 다민족국가는 뒤에서 설명되지만 실체의 국가와 허상의 국가가 존재한다.

다민족국가가 실체의 국가로 될 때는 개방적인 국가의 형태로 창의적이고 역동성을 지닌다. 하지만 허상의 국가가 될 때는 분열과 붕괴의 위험성도 함께 내포된다. 이러한 가능성은 우리가 현대와 근대, 중세, 고대의 역사 속에서 경험한 소중한 인류의 자산이다. 이러한 인류의 소중한 자산은 우리가 유토피아의 세계로 나아가기 위한 인류 공동체의 정신을 소생시킬 수

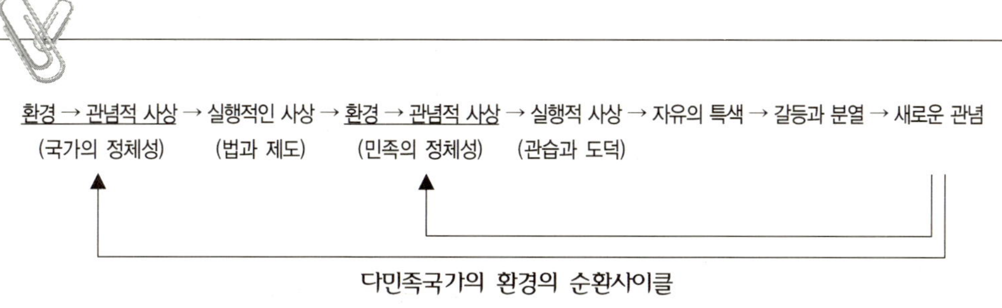

▲ 다민족국가의 환경의 순환사이클

있다는 가능성을 함께 제시하는 양면성의 가치를 보여 준다.

객관적인 실행적 사상인 도덕과 관습은 주관적인 실행적 사상인 법과 제도에 의해서 유지되는 것보다는 훨씬 큰 생명력을 가진다. 법과 제도는 일시적이고 한시적이다. 필요에 따라서 존속했다가 필요성이 없으면 곧 사라진다. 법과 제도는 물리적이지만 도덕과 관습은 자연적이다. 도덕과 관습은 상당히 약해 보이지만 강한 생명력을 지니고 있다. 영속적이면서도 항구적이다. 부드러우면서도 강력한 힘을 가진다. 법과 제도는 이성의 주체가 아니지만 도덕과 관습은 이성의 주체다. 그래서 도덕과 관습에 의한 전체사회는 주관적인 이성으로 대상을 인식하고 판단한다.

법과 제도는 보편성을 가지지 못하기에 많은 갈등과 문제점을 가진다. 그래서 끊임없이 사회는 갈등하고, 분노하고, 분열을 하고, 미움과 증오, 불신하고, 사랑하고, 기쁨을 느낀다. 하지만 이러한 모든 것은 일시적이다. 곧 있다가 사라지고, 사라졌다가 또 나타난다. 하지만 관습과 도덕은 전체사회의 보편적인 가치를 가진다. 그래서 한없이 약하지만 무한히 강한 존재다.

나의 모든 인성과 인생의 목표를 제공하고, 그 속에서 아버지를 만나고 어머니를 만나고 친구와 형제자매를 만났다. 그리고 함께 사랑했고 인생을 공유했다. 한없이 부드럽지만 어떠한 물리적으로 강력한 힘을 가진 법과 제도에 맞서 당당히 싸워 승리했고, 그리고 그 강인함을 세상에 말했고 역사에 기록했다.

그래서 민족의 문화는 수천 년간 어울리지 않은 다른 법과 제도와 동침을 했지만 결코 비굴하지도 않았으며, 물리적인 힘에는 언제나 당당했고, 그리고 생명력을 유지했고, 독립된 객체로써 환경의 순환사이클을 작동했다. 하지만 자연의 순리 앞에는 항상 겸손했으며 부드러웠다. 그리고 우리를 따뜻한 이성으로 감쌌다.

환경의 순환사이클이 독립된 객체로서 정립이 되고 확정되어질 때 어떠한 물리적인 힘에 의해서 환경의 순환사이클이 해체되거나 파괴되지 않는다는 사실을 역사의 기록을 통해서 우리에게 말했다. 독립된 객체로서 작동되는 환경의 순환사이클을 인위적인 힘에 의해서 파괴되고 와해시키고자 시도했던 역사는 결국은 오늘날 우리에게 불행의 역사로 남아 있다.

민족의 정체성을 말할 때, 하나의 독창적인 문화와 문명을 말할 때, 우리는 그 독창성과 다른 민족의 문화와 정책성의 구분됨을 말할 때, 과연 “환경의 순환사이클이 독립적인 객체로서 역사 속에서 작동되었는가?”에 대한 의문이어야 한다.

독립된 객체로서 환경의 순환사이클이 역사 속에서 작동되지 않았다면 그것은 결국 다른 독립된 객체로서 작동되는 환경의 순환사이클에 부속되어서 그 시스템 속으로 자신의 정체성은 사라지고, 그리고 그 속에서 자신들의 정체성은 정립되어 갈 것이다. 그러므로 이러한 민족의 정체성은 다른 민족의 정체성으로 편입된다.

하지만 민족의 정체성이 완성되어지고 역동적인 환경의 순환 사이클이 작동되는 독립된 객체는 한없이 약해 보이지만, 어떠한 물리적인 힘에 의해서는 굴복되지 않는다는 역사의 기록 앞에 우리는 겸허해져야 한다.

노자의 정치 철학과 실행적 사상

이 장에서는 이상재가 노자의 도덕경을 기초해서 설명한 원문의 내.용 중 필요한 부분을 발췌해서 환경의 순환사이클과 그것을 작동시키는 중요한 매개체인 실행적인 사상을 설명하고자 한다.

이는 노자의 '도'의 사상과 함께 고려하여 설명함으로써 그 의미의 전달의 편리성 및 실행적인 사상의 두 가지의 형태로 작용되게 하는 객관성과 주관성 사이에서 발생되는 사회적인 혼란을 함께 고려하고자 함이다. 그리고 노자의 생각 속에 존재해 있는 '도'의 실체적인 존재가 혹시 환경의 순환사이클과 상통하는 것이라면 그 의미를 독자들에게 전달하고 싶은 희망으로부터 그 원문의 일부분을 발췌해서 사용하고자 한다.

❖ 노자의 '도'와 환경의 순환사이클

노자의 '도'는 쪼갤 수도 없고, 분리될 수도 없는 것으로써

'유'와 '무'가 혼일되어 있는 근원적인 존재이다. '도'는 모든 그 자신이 절대자에 의해서 창조되지 않은 것으로써 다른 것에 의해서도 영향을 받는 법이 없이 스스로 존재하는 존재자이다. 그래서 스스로 존재하는 자존적인 존재자로서의 '도'는 스스로 독립해서 있으며, '도'의 실체적인 활동에 의해서 그 스스로 유동적으로 변화할 뿐 어떤 타인에 의해서도 변화하지 않는다.

어떤 다른 요소(현상적으로 존재하는 사물과 사물 간의 관계)나 타자가 '도' 이외에 정립된다면, 이때의 '도'는 '도'일 수 없다. 따라서 '도'는 어떤 형상이나 그 현상의 운동에 의해서 규정되거나 정립되지 않는다.

'도'는 스스로 존재하는 실제로서 무 형상의 형상이며 무 동작의 동작이다. 그러면서 도는 모든 만물을 무한히 활동케 하고, 모든 형상을 이루고 만들게 하는 현상적인 사물의 근원적인 존재이다.

그것은 소리도 없고 형태도 없어서 감각적으로 포착할 수가 없다. 오직 스스로 독립하여 존재하면서도 항상 그대로 변함이 없다. 모든 것에 영향을 미치면서도 다함이 없어서 모든 만물의 근원이라고 말할 수 있다.

이것은 스스로 독립하여 자존하면서도 변함이 없는 절대성을 가지며, 그 스스로가 모든 것의 근본이 된다는 것이다. 그러므로 이것은 시간적으로 시작과 끝이 없으며, 순환적인 존재로써 운행에 끝이 없이 진행한다. 그래서 노자는 '도'는 천하의 시작의 원인, 즉 절대적인 근원자가 된다고 한다. 그래서 도는 노자의 철학의 중심적인 개념이며 모든 존재의 근원이다.

그것은 세계를 구성하는 근원적인 존재이며, 우주가 생성되고 만물의 운동 변화의 법칙으로 작용되어, 만물을 생성시키고 인간이 행동하는 기준으로 작용된다. 그런데도 이러한 도는 원래 이름이 없는 것으로 이름을 붙여서 말할 수가 없다. 그래서 무명이다. 그래서 노자는 "나는 그것의 이름을 알지 못한다. 그래서 나는 그것을 억지로 '도'라고 했다"라고 했다.

노자는 도를 "억지로 형용해 보자면 포용하지 않는 것이 없으며, 그러니 모든 곳에서 유행하여 그치는 바가 없다고 하겠으며, 그러자니 끝이 없이 무한하다고 하겠다. 그러니 다시 되돌아온다고 하겠다"고 말했다. 이것은 도의 유동적인 활동을 말한다. 그리고 이러한 유동적인 활동에 의해서 모든 만물을 생성하고 소멸시키는 모든 것은 존재적인 근원이 된다고 하겠다. 그리고 도의 작용의 존재력을 근원으로 확산과 수렴을 반복하면서도 그 과정을 벗어남이 없는 절대성을 지닌 존재이다.

이러한 도의 절대적인 활동은 상대적인 현상들이 존재하는 근원이 되는 것이다.

인간이 존재하고 매저키즘적이고 사디즘적인 인간의 본성이 문명을 만들고, 환경의 순환사이클을 작동하여 문화를 만들었다. 매저키즘적이고 사디즘적인 인간의 본성은 '원형'적인 것이다. 이것은 경험에 의해서 형성되는 것이 아니라, 경험 이전에 인간의 내면에 잠재되어 있는 정신적인 본성으로 '원형'적인 것이다(여기서 문명은 실행적 사상에 의해서 태동된 자유의 전체사회의 특색이라면 그 자유의 특색에 의해서 오랜 기간 동안 형성된 전체사회의 환경의 특색을 문화라 한다).

환경의 순환사이클은 존재도 없으며 형체도 없다. 있으라고 해서 있는 것도 아니며, 없으라고 해서 없는 것도 아니다. 하지만 환경의 순환사이클은 인간이 집단의 생활을 하는 순간 자연스럽게 존재하면서 만물을 생성하는 존재의 근원이다. 환경의 순환사이클은 절대자에 의해서 생성된 것도 아니며, 자신과 전혀 다른 그 무엇에 의하여 영향을 받는 법이 없이 스스로 존재하면서 만물을 생성한다. 그래서 자존적 존재로서의 환경의 순환사이클은 스스로 독립된 객체로서, 인간이 끊임없이 대상물을 찾는 '전이'의 과정을 통해서 '승화'하는 과정 속에서 스스로 변화하는 것이다.

노자는 사물을 인식하는 주관으로써의 인간의 마음과 인식의 주관의 대상인 물질은 모두 끊임없이 변화를 지속함으로써 그 현상을 유지한다. 그래서 이렇게 변화를 지속하는 인식주관의 마음과 인식주관의 대상인 물질 사이에서 이루어지는 지식은 또한 고정불변일 수는 없다. 인식의 주관의 자체로만 보더라도 바라보는 대상의 자체는 끊임없이 변화하는데, 사람의 의식이 변화하는 대상 물질의 순간을 인지하여 지식을 형성하는 한 거기에는 근본적으로 한계를 가질 수밖에 없다. 그래서 우리가 한순간을 인지하여 형성된 지식과 의식은 온전한 본래의 모습으로 구성된 것이 아니라, 임의로 구분하여 형성화 시킨 부분적인 모습에 불과한 것이다. 즉 세상에서 변화되지 않는 것은 아무것도 없다.

무형의 환경의 순환사이클의 작동으로 '이(理=無)'와 '기(氣=有)'의 상호작용 속에서 만물을 소생시키고, 그리고 성장시키고, 스스로 사멸시키는 모든 존재의 근원이다. 환경의 순환사이클의 작용은 자신이 지닌 존재력을 바탕으로 하여 확산과 수렴을 반복함으로써, 한 번은 확산되고 한 번은 수렴되는 과정을 통해서 만물을 형상화 시킨다. 그래서 환경의 순환사이클은 이러한 존재의 근원을 있는 그대로 있을 때 가장 보편적인 문화를 만든다.

❖ 노자의 존재와 인식 그리고 실행적 사상

1) 노자의 존재와 인식

노자는 근원적인 존재로서의 도는 감각이나 한순간을 포착하여 구성된 지식에 의해서 인식되는 것이 아니라, 우리의 마음이 도에 일체화를 이룸으로써 도는 깨달아질 수 있음을 강조한다. 이것은 우리가 한순간을 포착한 지식에 의해서 구성된 의식의 한계를 넘어서는 것임을 말하는 것으로 볼 수 있다. 존재하는 사물의 근원자로서의 도는 지식이나 이성에 의해서 정의되거나 한정될 수 없는 그 어떠한 것이 아니다. 일상적인 지식에 의해서 파악된 도는 한낱 지루한 단어에 불과한 것이다. 그래서 순간적인 지식으로 도를 말하는 것을 불허한다.

그러므로 노자는 "도라고 말할 수 있는 도는 언제나 도가 아니며, 이름이라고 말할 수 있는 이름은 이름이 아니다"라고 한다. 즉, 도는 어떠한 정의도 불허하는 존재로서 '무'의 세계이므로 어떠한 이름을 붙여서 정의하거나 개념화 할 수 있는 것이 아니며 무엇이라고 말할 수 있는 것도 아니다.

도를 개념화 하여 인지할 수 없는 이유를 노자는 "보려고 해도 볼 수 없기 때문에 이름하여 '夷(이)'라고 하고, 들으려 해도

들을 수 없기 때문에 이름하여 '希(희)'라고 하며, 잡으려 해도 얻을 수 없기 때문에 이름하여 '微(미)'라고 하니, 이 세 가지는 따져 말할 수 없는 것이다. 그러므로 뒤섞이어 하나됨이라고 하는 것이다"라고 했다.

도는 전체로써 혼일한 상태의 존재이므로 어떠한 개념이나 이름으로써 무엇이라고 한정해서 규정할 수 없으므로 다만 무라고 하는 것이다. 따라서 도는 존재이지만 무는 아니다. 그러나 무가 아무것도 존재하지 않는다는 말은 아니다.

노자가 무지를 말했다고 해서 모든 지식을 부정한 것이라고 생각할 수 없다. 노자가 무지를 말한 것은 한순간을 포착하여 구성된 지식인 인식 주관으로, 분별지를 절대적인 것으로 착각하는 사람들에게 진실적인 것을 가르치고 깨우쳐 주기 위함이다.

그래서 노자는 지식을 습득하는 학문의 방법과 도를 깨우치는 방법은 서로 다르게 구분한다. "학문을 하면 날마다 더해 인식주관인 지식은 더해 가지만, 도를 깨우치면 날마다 줄여야 한다." 한순간의 사물을 바라보고 구성된 인식주관의 지식이란 일체의 외물에 관한 분별적 지식이다. 그러므로 학문을 한다는 것은 대상 사물에 관한 특성들을 인식함으로써 경험적 지식과 사유 분별하는 능력을 쌓아가는 것이라고 할 수 있다. 그러나 도를 깨우치기 위해서는 이러한 것은 오히려 방해가 된다.

도를 깨우치기 위해서는 이러한 인식 주관으로 구성된 경험적 지식과 사유 분별로부터 자유로워야 한다. 도는 인식주관으로 이루어진 지식으로부터 자유로워질 때 분별지를 덜어내는 것이라고 할 수 있다. 우리의 의식의 영역으로부터 분별지가 제거되면, 우리는 일체의 선입관이나 편견으로부터 자유로워진 의식을 가지고 인식의 오류에서 해방될 수가 있다. 그래서 노자는 우리의 의식을 거울처럼 맑게 하라고 한다.

이것은 우리의 의식이 거울처럼 맑게 되면 사물을 있는 그대로 보게 되며, 그래서 자기의 자신의 모습도 좀 더 선명하게 보이고 느낄 수가 있기 때문이다. 이러한 속에서 사물의 특성을 바라보고 체득된 경험적인 지식은 참지식이 되고 좀 더 객관화된 분별지를 가지게 될 것이다.

그래서 사람이 도를 깨닫게 되면 문 밖을 나가지 않아도 천하를 인지할 수가 있으며, 창문을 통해서 밖을 보지 않고도 천하의 도를 알 수 있다. 우리가 대상 세계를 향하여 멀리 나아가면 나갈수록 더욱 더 멀어지고, 외부 세계에 대하여 알려고 할수록 모르는 것이 더 많게 된다. 그러므로 성인은 돌아다님이 없이 모든 것을 알며, 보지 않고도 이해하며, 무위로써 모든 것을 성취하는 것이다.

2) 실행적 사상

환경의 순환사이클을 보려고 하지 말고, 들으려고 하지 말고, 잡으려 하지 말고, 있는 그대로 있으면 보편적인 문화를 만들 수 있다. 보편적인 문화는 전체사회가 가장 편안한 문화다. 그러한 편안한 문화는 순리적으로 환경의 순환사이클이 작동될 때 태동한다. 환경의 순환사이클은 존재하지 않으면서도 존재하고 만물을 생성하는 존재의 근원이다. 이러한 존재의 근원이면서 무형의 존재인 환경의 순환사이클은 환경 '이(理=無)'의 지배를 받아서 인간의 정신적 실체가 형상화 된다.

형상화 되는 것은 유(有)한 것이다. 그래서 무와 유는 구분되는 것이 아니라 상호조화를 이루는 것이다. 이러한 상호조화로부터 세상의 만물은 소생한다. 환경의 순환사이클은 실행적인 사상에 의해서 관리되고 방향성을 가진다. 주관적인 실행적 사상은 인간이 물리적인 힘에 의해서 환경의 순환사이클을 관리하고자 한다. 순리적인 작동은 가장 자연스러운 것이다. 도가 크고 하늘이 크고 땅이 크고 인간도 크다.

노자는 이 세계에 큰 것이 네 가지가 있다고 했다. 그 중에서 인간이 그 하나를 차지한다. 인간은 땅을 본받고, 땅은 하늘을 본받고, 하늘은 도를 본받고, 도는 저절로 그러함을 본받는다. 저절로 그러함은 '자연'밖에 없다. '자연'만이 저절로 그러하며, 도는 그러함을 본받아 저절로 그러함이 되어질 때 '도'는 참다운 '도'가 되는 것이다.

그 당시의 세상 만물은 인간, 땅, 하늘의 조화로부터 형성되고, 이러한 조화가 '도'의 세계이다. 이러한 조화가 자연의 이치를 따르면 아무런 탈이 없는데 인간이 분별하려 하기에 '도'의 세계를 만들지 못한다. '도'를 평가하려 할 때 '도'는 이미 '도'가 아니고, 인간이 지식을 가지고 세상을 인식하려 들 때 이미 '도'는 '도'가 아니다.

환경의 순환사이클이 가장 순리적으로 작동될 때 객관적인 실행적 사상인 도덕과 관습을 만든다. 도덕과 관습은 전체사회가 오랫동안 만들어 온 전체사회의 이성의 집합체다. 가장 자연스럽게 형성된 도덕과 관습 속에서 전체사회는 가장 자유로울 수가 있다. 이러한 도덕과 관습은 객관적인 실행적 사상이다.

'도'가 자연의 이치를 본받아 저절로 그러함으로 '도'가 될 때 가장 자연스럽게 도덕과 관습은 형성되고, 그리고 그 도덕과 관습만으로 인간의 자유를 조절한다. 이것이 가능하기 위해서 노자는 마음을 비우고 배를 채우며, 의욕을 줄이고 뼈를 튼튼히 하여, 늘 백성들이 무지(無知)하고 욕심이 없게 만들며, 지식인들이 제 멋대로 주장할 수 없게 만들어야 한다고 했다.

자연의 '도'를 본받아 성인이 나라를 다스리는 방법이 '무위'이다. '무위'는 억지로 하지 않는 것이다. '무위'는 주관적 지식으로 대상 사물을 간섭하지 않는 것이다. 주관적인 실행적 사상이 배제되고 완전한 객관적인 실행적 사상에 의해서만이 환경의 순환사이클이 작동되는 것을 의미한다. 환경의 순환사이클의 완전무결한 객관화가 노자의 '도'의 세계이다.

분별지가 완전히 사라진 상태에서 환경의 순환사이클이 자연스러움으로 작동될 수 있는 상태에서 모든 만물이 생성되고 성장하고 사라지면서 도덕과 관습이 만들어진다.

'무위'의 정치사상이 현실화 되기 위한 조건으로 백성들이 무지하고 욕심이 없을 때 가능하다는 것은 실행적인 사상이 완전히 객관화되기 위한 조건이기도 하다. 완전무결한 객관화를 이루기 위해서 무지의 미덕을 노자는 강조했다.

태초에 아담과 이브가 지혜의 선악과를 먹는 순간부터 인간의 자유는 구속되었듯 인간이 지식을 갖고 존재하는 대상을 인식하고 판단하는 순간부터 주관적인 실행적 사상이 생겨난다.

아는 자는 박식하지 않고 박식한 자는 잘 알지 못한다. 학문을 하면 날로 지식이 더해진다. 그러나 '도'를 실천하면 날로 지식을 덜어낸다. 덜어내고 또 덜어내어 무위(無爲)에 이르면, 아무것도 하지 않으나 하나도 하지 않은 일이 없다. 이는 노자가 말하는 성인의 무위 정치의 철학이다.

민주주의 성장은 환경의 순환사이클을 작동시키는 가장 큰 주체인 실행적인 사상을 주관적인 관점에서 객관적인 관점으로 변환해 가는 지속적인 일련의 과정이다.

국가의 현대화

현대화의 의미는 무엇인가?

전체사회는 현대화를 외치고 그리고 현대화라는 단어로 전체사회의 구심적인 역할을 수행하는 명분을 제공했지만, 진정한 현대화의 개념을 무엇으로 정의할 수가 있을까?

역사의 진보와 현대화와의 관계는 비례적인가, 아니면 별개의 개념인가?

국가 발전의 긍정적인 측면의 방향으로 발전하면 현대화에 접근하는 것이고, 그렇지 않으면 현대화에 멀어지고 역사는 퇴보하는가?

유럽의 단일문명화가 현대화로 인식될 만큼 20세기는 유럽의 문명과 비유럽의 문명이 구분되어서 현대적인 국가와 개발도상국가가 구별되었다.

유럽의 문명은 곧 현대화라는 등식이 성립되었던 20세기와는 다르게 21세기는 복합문명이 점점 더 탄력을 받고, 그리고 그 문명의 가치와 힘은 유럽과 비유럽이 외형적으로는 균형을 이루어 가고 있다.

오늘날 현대화로 정의된 사회적인 특징과 현상들이 미래에는 현대화로 정의되지 못하고 역사 발전 과정의 순간적이고 찰나적인 사회현상으로 인식될지도 모른다.

그렇다면 역사의 발전 과정 속에서 현대화의 개념을 어떻게 정의하여야 할까?

오늘날 사회적인 현상의 특징들을 결정하는데 '현대화'의 개념은 중요한 역할을 하였다. 인류 역사 발전의 방향성을 결정하는 총론적인 틀을 제공한다. 그래서 현대화의 개념이 어떻게 인식되고 있으며 현대화의 개념을 어떻게 인식할 것인가?

현대화는 사회적, 정치적, 문화적인 현상들과 연관되어 있으며 이러한 현상들의 상관관계 속에서 세 가지의 관점에서 구분한 라우 궉궁(劉國强, Lau Kwok-Keung)의 제안을 정리한 '현대 신유학의 철학적 의미와 문제점, 송영배(現代 新儒學의 哲學的 意義와 問題點, 宋榮培)'를 통해서 간략히 정리하고자 필자가 생각하는 현대화의 개념을 이야기하려고 한다. 이는 개념의 논쟁을 만들기보다는 환경의 순환사이클의 작동의 합리성을 설명하고 이해시키고자 하는 것이다.

첫째, '현대화'는 외재적인 현상과 내재적인 현상으로 구분하여 이해하고 해석한다.

외재적인 현상은 산업화, 도시화, 민주주의화, 보편적 교육, 쾌속 통신 시스템 등등의 외재적으로 나타나는 사회의 현상들이 어느 정도 달성되었는가에 따라서 이해하려는 것이다. 이는 물질과 과학 그리고 외부적으로 인정되는 의식의 수준, 즉 교육의 정도에 따라서 이해하려 한다. 이에 반해서 내재적인 현상은 현세의 물질적인 욕구와 희망에 따라서 특징지어지는 의식적인 특징이나 이들의 도덕적 가치관 등이 현대화에 대한 내재적인 이해의 방식이 될 것이다.

둘째, 현대화를 인류역사의 발전 과정상에 있어서 '결정론적'인 역사 발전으로 이해할 것인가 아니면 '비결정론적'으로 이해할 것인가에 대해 서로 상반되는 입장으로 부분하는 것이다.

마르크스의 유물사관에 의하면 주관적인 인간의 의식이나 노력은 '현대화'를 실현시키는데 있어서 중요한 요소이나, 결정적인 요소는 아니고 부차적인 것에 불과하다. 결국 '현대화'의 실현은 특정 사회의 생산력의 발전에 의하여 '결정론적'으로 규정되는 객관적이고 필연적인 사회현상의 흐름인 것이다. 그래서 주관적인 의식은 객관적인 생산관계의 발전으로 인한 변화의 부수되는 부차적인 현상이다.

이에 반해서 역사의 '비결정론적' 발전을 강조한 막스 웨버는 자연을 개조하고자 하는 인간의 의지와 노력의 산물인 과학에 대해서 가치중립을 선언한다. 과학은 자연적인 존엄성의 관점에서 자유로워지고 활동은 무제한적인 범위로 확대되었다. 이로써 자연의 가치와 과학의 가치는 별개로 구분되어 자연과 인간과의 조화는 약화되는 결과를 낳게 되었다.

셋째, 현대화를 '가치지향적'인 관점으로 이해할 것인가, 아니면 도덕적 가치에 자유로운 '가치중립적' 현상으로 이해할 것인가에 대한 문제이다.

역사 발전을 마르크스주의의 경우에서처럼 역사 자체가 지니는 모순으로부터 기인한 "피할 수 없는 사회변화의 과정"으로 이해한다면 우리의 의지와는 상관없이 전통사회는 필연적으로 현대사회로 흡수되어야 한다. 그러나 가치지향적인 관점에서 보자면, 현대화는 단순히 '도구적 이성의 확대재생산'일 수만은 없는 것이다. 그것은 '보다 나은 풍요로운 삶'을 위한 변화의 과정일 것을 요구한다.

'전통'과 '현대화'의 대립이 '절대적'인 것이 아니다. 보다 더 나은 특성 있는 질적인 삶을 위해서, '전통'은 무조건 폐기되어야 할 것이 아니라, 전통의 값진 부분은 '현대화' 속에 보존되고 발전되어야 하는 것이다.

필자는 현대화를 의식의 현대화와 물질적인 현대화로 구분하고자 한다. 이러한 물질적인 현대화와 의식의 현대화의 상호작용으로 경제가 발전되고 문화가 성숙된 방향으로 성장하고 세상은 끊임없이 변한다. 변하지 않는 것이 있다면 그것은 자연의 순리이다. 자연의 순리가 변함은 바로 지구의 종말이 될 것이다.

자연은 변하지 않으면서도 세상의 모든 것을 포용한다. 그리고 변하지 않는 자연의 순리의 법칙 안에서 우리는 끊임없이 변한다. 자연의 법칙 외에 변하지 않는 것은 아무것도 없다. 사회환경도 지속적으로 변한다. 변화의 원동력은 '이(理)'와 '기

(氣)'의 상호조화로부터 온다. 세상의 만물은 이러한 조화로부터 생성되고 성장하고 소멸되어 자연의 장 속으로 사라진다. 그리고 자연은 보이는 것이든, 보이지 않는 것이든 새로운 생명력을 제공한다. 이러한 조화가 역행될 때 세상은 요동치고, 분노하고, 절망하고, 증오하고, 슬퍼한다.

현대화란 '이(理)'와 '기(氣)'의 상호조화로부터 세상의 만물을 생성하고 성장하고 소멸시키는 것이다. 즉 독립된 객체로 작동되는 환경의 순환사이클이 좀 더 자연적으로 움직이면서 변화가 끊임없이 이루어지는 사회를 현대화된 사회라고 말할 수 있다. 그래서 현대화된 사회로의 변화는 환경의 순환사이클을 작동하는데 있어서 국가는 주관자의 입장에서 객관자의 입장으로 변화되는 것을 의미한다.

국가가 법과 제도(실행적 사상)로 관념적 사상과 자유를 목적적이든, 의도적이든, 효과적이든, 주관적이고 능동적으로 관리를 하게 된다. 하지만 현대화로의 변화는 이러한 국가의 기능이 주관자적인 입장에서 객관자적인 입장으로 변화를 시도하기 때문에 사회는 여러 가지의 혼돈이 온다.

이러한 국가의 기능의 변화는 경제적인 측면에서 국가 주도형의 개발과 발전은 시장의 기능이 강화됨으로 시장 중심으로 바뀌게 된다. 의식의 팽창의 폭이 크게 증가하여 자유의 특색이 다양한 형태로 나타나게 되어 종래에 가치적 기준으로 이해할 수 없는 다양한 개성들이 표출되고, 이를 바라본 전체사회의 이성은 혼돈한다. 그래서 사회는 혼돈하고 방황하게 되는 것이다. 이것은 환경의 순화사이클의 작동이 국가의 주관적인 관점에서 객관적인 관점으로 변화되는 과정에서 발생되는 혼란이다.

특정한 사상이나 또는 최고 권력자에 의해서 혹은 국가의 주도로 의도적이든, 목적적이든, 효과적이든 세상이 변화되는 것은 현대화된 사회라고 볼 수 없다.

우리는 역사의 발전과 사회의 진보를 말한다. 진정한 역사의 발전과 사회의 진보는 새로운 의식이 세상에서 태동되어야 한다. 새로운 의식이 태동되어 그 의식이 세상의 만물을 형성하는데 한 축으로 성장될 때 우리는 새로운 세상이 태어났음을 인식하게 될 것이다.

진정한 역사의 발전과 사회의 진보는 새로운 의식의 태동에서 오는 것이며, 지금의 역사의 발전과 사회의 진보는 뒤에서 설명될 제3의 자유를 창조하기 위한 의식의 성숙 단계에 있다고 보아야 할 것이다. 그래서 새로운 의식이 태동되지 않는다면 역사는 돌고 돌 것이다. 똑같은 의식 속에서 수단과 방법만을 달리할 뿐이다. 그 수단과 방법이 그릇되면 국가는 쇠락으로 가고 그리고 잘되면 성공할 것이다. 그래서 역사는 그 의식의 범위 안에서 돌고 도는 것이다.

인류의 역사에는 새로운 의식이 태동될 때마다, 그리고 새로운 문화의 정체성이 태동되거나 완성될 때마다 피의 역사가 시작되었고, 피에 의해서 정착되고 완성되어 갔다. 피를 흘리지 않고는 세상의 역사는 이루어지지 않았다

하지만 현대화된 사회는 새로운 의식도 '이(理)'와 '기(氣)'의 상호조화 속에서 태동하여 성장하고 소멸되어 갈 것이다. 이러한 사회적인 환경을 이룬 사회가 의식의 현대화가 이루어지는

사회라고 할 수 있다. 우리가 진정으로 현대화를 이루었다면 과거 조선시대의 문화의 정체성의 변화를 추구해야 할 시기에 변화하지 못하므로 일본에 의해서 강제로 변화를 강요받았거나, 민주주의라는 새로운 의식의 출현으로 질곡의 역사를 경험했던 우리는 앞으로 새로운 진보된 사회로의 진행 혹은 변화를 한다 해도 '이(理)'와 '기(氣)'의 상호조화 속에서 가능할 것이다. 이것이 의식의 현대화를 이룬 사회이다.

개혁은 물리적인 힘에 의해서 문화와 문명의 변화를 추구한다. 경제적인 목적과 국가의 발전을 위해서 그러한 부분이(물리적인 힘(법과 제도)에 의해서 문화와 문명을 변화시켜야 할 부분) 굉장히 많은 사회는 현대화된 사회라고 볼 수 없다.

환경은 관념적 사상을 지배하고, 관념적 사상은 실행적 사상을 지배하고, 실행적 사상은 문명을 만든다. 그러한 문명은 문화를 바꾼다.

우리가 사는 세상은 실행적인 사상에서 사상적 자유와 양심의 자유가 확대되는 의식의 허용 범위에서의 팽창이 결코 행복할 수만은 없다. 우리 스스로 자유의 확대나 팽창을 두려워하여 절대자에게로 자기의 자유를 귀속시킨다. 자유의 허용 범위의 폭이 확대됨은 곧 의식의 확대를 의미한다. 의식이 확대되어 자유의 폭이 팽창되었다 해도, 고독감과 자유를 유지하기 위한 자기 자신의 의지에 대한 회의감으로 스스로 자유를 절대자에게 귀속시킨다.

의식의 확대, 즉 자유의 팽창이 행복감을 우리에게 주는 절대적인 조건은 아니다. 자연으로 우리가 돌아간들 인간의 고독감과 불안, 자유의 안전성에 대한 공포심은 무한한 양심의 자유로 자연과 함께한들 그것이 현대의 인간에게 행복을 줄 수 없다. 인간은 사회환경에 길들어져 있고, 과학 문명의 혜택으로부터 오는 행복감을 포기할 수는 없다.

우리들의 오늘날 행복은 좀더 많은 자유로운 의식과 그 의식이 여유로움을 느낄 수 있는 물질적인 혜택이다. 물질적인 혜택이 정신적인 행복감으로 꼭 온다고 볼 수는 없다. 하지만 분출되는 신체적인 욕망과 소망이 안정성을 찾을 때 정신적인 행복이 온다.

프로이트는 신체적인 생리학적인 욕망과 소망을 인간의 본능이라고 했다. 이러한 본능이 에너지를 분출할 때 분출된 에너지는 안정감을 찾아야지만 우리는 행복감을 느낄 수가 있다. 신체적인 생리적 본능은 성욕도 있지만 음식을 먹어야 살기 때문에 식욕도 있다. 신체적인 욕망의 본능은 경험적인 무의식의 자아에 의해서 조절되고 억압될 수 있지만, 우리의 인간은 그러한 자아의 기능에만 의지하는 것은 위험하고 부족하다. 신체적인 생리적인 욕망과 충동에 의해서 분출되는 에너지를 제압하고 안정감을 주기 위해서는 경험적으로 축적되는 자아 기능의 활성화와 물질적인 충만감이다.

어찌 우리가 본능으로부터 분출되는 에너지를 제압하기 위한 물질적인 욕망의 본능을 사회의 경험으로부터 성장된 자아(ego)의 기능에만 의존하고 물욕을 버릴 수가 있는가. 순간적으로 분출되는 본능의 에너지에 안정감을 줌으로써 오는 행복감을 포기하라고 한들 포기될 수 있는 것도 아니기에 우리는 제공해 주는 풍요로운 물질을 생산해야 한다. 이것이 사회주의가 실패한 근본 원인 중의 하나이다.

우리들의 삶의 목적은 결국 행복하기 위해서 있다. 국가의 존재도 나의 행복을 위할 때 진정한 존재의 가치가 있다고 할 것이다.

우리가 자유를 귀속시키는 데는 자유의 안전성의 보장을 위해서 국가에게 나의 자유의 구속을 승인한다. 그리고 경제적인 안전성을 확보하기 위해서 경제의 절대권자에게 자유의 일부를 또한 귀속시킨다. 국가에서 우리의 자유를 구속하는 데 있어서 정당성과 합리성의 관점이 의식의 현대화라면, 경제적인 안전성을 위해서 경제의 절대권자에게 자유를 귀속시키든, 아니면 개인의 독립된 자유로 물질을 추구하든, 팽창된 의식에 비례하여 물질적인 여유로움을 제공하여 주어야 한다. 이것을 이룬 상태가 물질적인 현대화를 이룬 사회이다.

의식의 현대화는 경제의 성장과 국가의 발전을 위한 방향으로 문화의 합리적인 변화를 추구하는 과정이라면, 물질적인 현대화는 의식의 현대화를 지원하게 될 것이다.

경제의 크기도 의식과 비례한다. 의식의 확장은 다양성을 추구하게 하고 그러한 다양성은 소비의 확대로 이어져 경제의 크기를 크게 할 것이다. 의식이 편협하거나 공간이 작은데 물질이 넘치면, 넘치는 물질은 의식 속에서 소비되지 못하고 비건전하고 부도덕한 방향으로 소비되기도 하고, 의식의 공간이 크고 다양한데 물질의 공급이 이에 미치지 못하면, 과소비가 되기도 하고 사회는 욕구불만으로 가득 차기도 한다. 그래서 물질과 의식의 여유로움은 상호 비례 관계 속에서 발전되어야 한다.

하지만 경제가 성장되기 위한 가장 근본적은 시장의 규모는 의식의 공간이 제공한다고 볼 수 있다면 의식의 공간은 경제성장의 근본 바탕이 되는지도 모른다. 하지만 분명한 것은 의식의 발달과 물질의 제공은 서로 조화를 이루어야 한다는 것이다. 그래서 '이(理)'와 '기(氣)'의 상호조화 속에서 정신문화와 물질문화의 풍요로움을 이루는 사회가 현대화된 사회라고 말할 수 있다.

그래서 의식의 현대화와 물질의 현대화의 상호조화 속에서 만물을 소생시키는 사회가 선진국이라 할 수 있을 것이다.

제2장 문화와 문명

문명의 정체성과 문화의 정체성

문화 속에서의 문화와 문명

문화동질권과 문화권역

환경의 혼돈

변화와 개혁 그리고 혁명

사회환경과 자연환경

문명 간의 관계

몽고제국에 의한 문명의 교류

유럽의 성장

문화권의 이동

제3의 자유

문명의 정체성과 문화의 정체성

앞에서 우리는 환경의 순환사이클이 역사 속에서 독립적으로 작용될 때 민족의 정체성이 성립됨을 설명했다. 이러한 민족의 정체성은 2가지의 형태로 구분된다. 그래서 민족의 정체성은 문화와 문명의 정체성으로 구분된다.

인류사는 문화의 역사다. 인류의 발전사는 고대의 4대 문명이 태동하여 수많은 문화와 문명을 만들고, 그리고 그 문화와 문명이 유지 발전되기도 하고, 역사의 기록 속으로 사라지기도 했다. 문명과 문화의 개념에서도 차이가 있었다. 우리는 그럼에도 불구하고 문화와 문명의 본질, 주체, 변화에 관해 현재 어떠한 형태로 받아들이고 있고 합의를 이루고 있는가?

첫째, 단일문명과 복수문명의 구분이다.

문명이라는 개념은 18세기 프랑스 사상가들이 '야만'의 개념과 반대되는 뜻으로 발전하였다. 고대 중국에서는 '중화의 땅'과 그 주변의 지역으로 구분하여, 주변에 사는 지역을 '오랑캐의 세계'로 그리고 중화의 땅은 '문명의 세계'로 구분하였다.

프랑스 철학자 몽테뉴는 "인간은 자신과 다르고 이해 할 수 없는 것에는 '야만'이라는 이름을 부여한다"고 말했다. 이는 스스로를 '중화', '중국'으로 여기고, 주변 세계를 '야만'으로 즉, 오랑캐로 간주하는 한족은 그야말로 편견적인 의식 자체이며, 그들은 야만의 세계에 둘러싸인 문명의 세계였다.

문명의 사회는 정착생활을 하면서 그들 스스로 그들의 경제, 자연환경, 그리고 의식에 부합된 제도를 만들고 질서의 유지를 위해서 자유를 합리적으로 구속하는 사회의 운영의 시스템을 가지고 있다는 점에서 원시사회 또는 동물들과는 구별된다. 동물들에게는 그들의 자유를 구속할 어떠한 장치도 없으며, 오로지 그들의 욕망과 희망에 따라서 행동한다.

문명의 개념은 특정 사회를 평가하고 판단하는 기준을 제공하여 왔고, 그리고 왜곡된 판단에 의해서 잘못된 역사가 이루어지기도 했다.

19세기의 제국주의가 전 세계를 지배할 때 그들의 명분은 단일문명, 즉 유럽의 단일문명은 보편적인 문명이며, 비유럽의 문명은 보편적인 유럽의 문명에 의해서 단일문명화 되어야 하고 되어질 것을 강요했다.

일본이 아시아를 침범했을 때 절대적인 일본 천황의 문화와 문명으로 미개한 아시아를 문명화시켜야 한다는 것은, 그들의 오만과 민족의 사디즘적인 욕망에 의해서 아시아를 그들의 가치 기준인 문화와 문명으로 단일화 하고자 한 것이다. 그들의 문화와 문명을 단일문명과 문화로 인식시키고자 민족의 사디즘적인 사고로 복수의 문화와 문명을 인정하려 하지 않고, 그것을 그들의 기준에 따라서 판단하고 그리고 침략의 수단으로 삼았다.

단일문화와 문명은 인류사회가 보편성을 인정할 때 가능하다. 이러한 보편성은 자연적이고 객관적인 상태에서 복수문화와 문명이 도덕과 관습적으로 인정해야 한다는 것이다.

전 세계의 문명의 단일화를 물리적인 힘에 의해서 추구하는 것은 불가능하다. 문화와 문명은 환경의 순환사이클이 역사 속에서 독립적인 객체로서 작용되므로 성립된 그 민족의 정체성이다. 민족의 정체성은 전체사회의 총체적인 생활의 방식과 의식이다.

총체적인 생활의 방식은 역사 속에서 독립적인 객체로서 만들어져 온 경제적인 활동의 방식(농경사회/유목생활 등), 음식, 언어, 주거환경 그리고 생각하는 사고이다. 이러한 독립적인 활동에 의해서 만들어진 전체사회의 의식의 형태, 즉 대상물을 판단하는 이성의 가치와 특색이 민족의 정체성을 나타낸다.

전체사회가 대상물에 대해서 옳고 나쁨을 판단하는 기준이 전체사회의 이성의 가치이고 특징이다. 이것이 전체사회의 도덕이고 관습이며 그들이 인류사회에서 존재하는 가치이자 이유이다. 그래서 다양한 형태의 복수 문화와 문명이 서로의 실체를 인정하고 존중하면서 소통하여 보다 나은 문화와 문명의 세계로 나아가야 한다.

지금 인류에게는 다양한 형태의 문화와 문명이 형성되어 있다. 전체사회가 형성시킨 문화와 문명은 독립된 객체로 환경의 순환사이클이 역사 속에서 작동됨으로 인하여 '이'와 '기'의 조화에 의해서 생성되고 성장하였다.

동양과 유럽의 문화의 차이도 독립된 객체로 작동된 '이'와 '기'의 조화가 다르기 때문에 생긴 문제이지 문명과 비문명의 차이의 문제는 아니다. 이러한 차이는 인간의 오만과 욕망이 만들어 낸 결과이다.

20세기 과학과 정보통신의 발달로 인해서 반자연적인 현상이 사회를 지배하고 새로운 문명을 만든 경우도 많아지고 있다. 반자연적인 현상은 기술의 발달로 인해서 자연을 정복하고자 하는 우리의 욕망과 희망의 의지에 의해서 표출되는 현상이다.

고대에 자연의 질서가 사회를 지배하고 그 순리에 따라서 삼라만상의 물질을 잉태하고 그리고 인간이 세상의 수많은 일들을 계획하고 설계하던 시대에는 자연의 파괴에 대한 문제점은 없었다. 그때의 자연은 인간에게 무한한 에너지와 자원을 공급해 줄 것으로 믿고 있었다.

하지만 오늘날 반자연화의 상태는 어느 정도의 설정된 범위 내에서 진행되어야 한다. 자연 속에 우리가 있고 우리 속에 자연이 있기 때문이다.

그래서 뒤에서 전개되겠지만 자연도 인류의 전체사회의 개념으로 보아서 사유의 자연과 공유의 자연으로 구분되어야 한다.

둘째, 문명과 문화의 개념의 문제다.

문화는 문명의 실체다. 문화는 문명의 실체이기에 문화와 문명은 구분되어 해석되는 것은 아니다. 서로가 상호작용 함으로써 생성되고 성장하는 전체사회의 이성의 집합체다.

새뮤얼 헌팅턴은 '문명의 충돌'에서 문화와 문명의 개념에 대해 여러 학자와 사상가들은 다음과 같은 방법으로 이해하고 설명한다고 말했다.

"19세기 독일의 사상가들은 기계, 공학, 물질적인 요소와 결부되어 있는 문명(civilization)과 한 사회의 가치관, 이상, 지적으로 높은 수준에 있는 예술적, 윤리적 특질과 결부되어 있는 문화(culture)를 엄격히 구분했다.

이러한 구분은 독일 사상에 지금도 뿌리 깊게 남아 있지만 독일 외부에서는 거의 수용되지 않았다. 일부 인류학자들은 이 관계를 역전시켜 문화는 원시적이며 항구적인 비도시사회의 특징인 반면, 더 복잡하고 발전되고 도시적이고 역동적인 사회는 문명을 향유하고 있다고 주장하였다. 그러나 문화와 문명을 구분 지으려는 노력은 폭넓은 동의를 얻지 못하였으며, 독일을 제외한 지역에는 독일처럼 '문화'를 그 저변의 '문명'으로부터 분리하려는 것은 불합리하다 라고 생각했다.

도슨이 이해하는 문명은 '특수한 민족의 업적인 문화적 창조성의 특수하고 독창적인 과정'의 산물인 반면, 뒤르켐과 모스에게 있어 문명은 '그 안에서 개별적 민족문화는 전체의 특수한 형태에 지나지 않는, 다수의 민족들을 포괄하는 일종의 윤리적 환경'이다.

슈펭글러는 문명을 '문화의 피치 못할 운명(발달한 인류의 종이 누릴 수 있는 가장 외현(外現)적이고 인위적인 상태), 하나의 결론, 과정물을 승계한 완성물이다'라고 보았다.

윌러스틴이 정의하는 문명은 모종의 역사적 총체를 형성하면서 이런 현상의 이형(異形)들과 공존하는(반드시 동시적이지는 않더라도) 세계관, 관습, 구조, 문화(물질문화와 정신문화 모두)의 특수한 연쇄다.

어찌 보면 19세기 독일의 사상가들이 정의한 문명과 문화의 개념의 구분을 제외하면 거의 비슷한 개념으로 해석되고 있으며, 표현의 방식만이 다를 뿐이다.

하지만 인류가 객관적이고 자연적으로 판단하고 인정한 보편적인 문화와 문명이 존재하지 않는 한 문화나 문명은 높고 낮음을 판단할 수 없는 것이며, 그렇게 판단하는 것은 사디즘적인 민족 단위, 전체사회의 오만으로부터 오는 것이다.

문화와 문명은 국가나 혹은 민족의 전체사회를 대변하는 정체성이다. 민족의 정체성은 실제적으로 나타나는 현상적인 정체성과 그 현상이 나타나게 하는 실체적인 정체성이 있다.

실제적인 현상의 정체성은 자유의 특색으로 나타난다. 유럽과 동양인의 자유의 특색은 다르다. 그리고 동양인이라도 서남아시아, 동남아시아, 동아시아, 서아시아, 중앙아시아별로 또한 다르고, 그리고 국가를 형성하는 민족마다 다르다. 유럽도 또한 마찬가지다.

이러한 실제적인 현상으로 나타나는 정체성은 문명의 정체성이고 실제적인 현상의 특색의 전체를 문명이라 한다. 이러한 실제적인 현상의 특색인 문명의 정체성은 사회환경의 공간으로 투영되어 새로운 사회환경을 만든다. 사회환경은 문명을 태동시키는 근원이며 실체다. 실제적인 현상과 그 현상을 나타나게 하는 무형의 실체는 구분되어서 설명되어야 한다.

실제적인 현상으로 나타나는 문명을 태동하게 하는 무형의 실체의 정체성은 문화의 정체성이고, 그 실체의 특색 전체가 문화다. 그래서 문화는 형체는 없지만 문명을 태동시킨 실체이기 때문에 '이(理)'와 같으며, 문명은 문화에 의해서 실제적인 형태로 나타나는 '기(氣)'와 같다.

문화는 오랜 기간 동안 역사 속에서 '환경의 순환사이클'이 독립적인 객체로 활동하면서 축적된 관념의 합과 같다. 즉 태동된 문명의 가치의 합, 혹은 갈등으로부터 오는 변증법적인 미학으로 태동된 관념과 사회적인 모순의 상태와 모순적인 분열로부터 오는 관념, 외부적인 강한 영향과 소통으로부터 오는 관념의 합이다. 그래서 문명이 시대적인 것이라면 문화는 역사적인 것이다.

문명적인 습관과 관습은 있다가도 없고, 없다가도 있을 수 있지만, 문화적인 습관과 관습은 인위적인 힘에 의해서 존재하는 것도 아니며, 자연적으로 있다가도 없고, 없다가도 있을 수 있는 것이 아니다.

예를 들어보자. 대한민국의 전체사회가 인정하는 새해를 양력으로 우리의 경제적인 편리성에 입각하여 몇 십 년 동안 사용했지만, 새해의 풍습은 음력으로 대한민국의 전체사회의 관습과 도덕적으로, 자연적인 상태로 마음속에 지워지지 않고 남아 있다. 그래서 결국은 새해의 기준을 다시 양력에서 음력으로 변경하게 되었다. 양력의 새해로 인해서 발생된 새해의 풍습이 새해풍습의 문명적인 가치라면, 음력의 새해풍습은 대한민국의 전체사회의 새해풍습의 문화적인 가치다.

대한민국 전체사회의 식생활문화 중에서 젓가락 방식이 있다. 이 젓가락의 식생활 방식은 누가 있어라 해서 있을 수 있는 것이 아니고, 없어라 해서 없어지는 것이 아니다. 이것은 대한민국 전체사회의 자연적이고 보편적인 음식의 문화다. 하지만 근래에 나타나는 식생활 방식 중에 식당에서 가위로 김치를 절단하는 것은 누군가가 혐오감을 제공한다는 이유로 없어져라 하면 없어질 수 있는 식생활의 문명이다. 이것은 편리성에 의해서 근래에 태어난 식생활의 방식이다.

특정한 전체사회에서 나타나는 자연적이고 보편적인 문화는 우연적이고 순간적인 것이 아니다. 역사 속에서 독립적인 객체로써 환경의 순환사이클이 작동되어진 결과이다.

문화는 문명의 실체이므로 문화는 문명을 포용한다. 문화가 포용할 수 없는 문명은 그 전체사회에서 가치를 상실한다. 이단이고 배척된다. 포용할 수 있는 문명만 사용되고 창조된다. 하지만 창조된 문명은 문화의 정체성을 바꾼다. 문명과 문화는 상호조화로 새로운 문명을 만들고 창조한다.

한국과 북한은 문화는 같지만 문명은 다르다. 북한의 내면적인 생활의 모습과 행동의 양태 및 음식의 식생활 등은 남한과 문화적인 동질성이 있다. 이는 다른 전체사회가 가지고 있지 않으며, 오직 남한과 북한만이 공유하는 문화적인 동질성이다. 하지만 문명적 가치로는 남한은 유럽과, 아니 차라리 일본과 더 많은 동질성을 느낀다.

우리는 우리 민족과 다른 민족을 구별할 때 우리와 다른 그 어떤 것이 존재하고 있다는 것을 감각적으로 느낀다. 그것은 한두 마디의 말로써 표현되기 어려운 전체사회의 특징이다. 그러한 전체사회의 특색에 비추어서 분명한 것은 북한과 남한이 동질의 문화를 가진 같은 민족임을 느낀다. 그러한 동질성의 문화는 오랜 기간 동안 독립적인 객체로 환경의 순환사이클이 작동된 결과로 인하여 생성된 것이다.

하지만 남한의 문명은 북한의 문명과는 분명히 다르게 보인다. 그러한 상이한 문명은 외부적으로 보이는 자유의 특색에 의해서 느낄 수 있고, 또 그러한 문명의 차이를 우리는 부담스러워 한다.

외부적으로 다르게 보이는 차이가 문명의 정체성이라면, 내면적으로는 같은 동질성을 확인하게 되는 것이 문화의 정체성이다. 문화의 정체성의 동질감은 오랜 시간 동안 이루어져 온 것임을 또한 우리는 인지한다. 지금 한민족은 1개의 문화동질권에 2개의 문명권이 독립된 객체로 환경의 순환사이클이 작동되고 있다.

세계의 역사를 연구하고 세계문화의 차이점을 이해하고 문화의 정체성과 문명의 정체성의 경계선에서 발생되는 충돌은 어느 문화권역의 문명 간의 충돌인가로 해석되어야 한다. 문화의 범위와 그 특성을 구분할 때 "나는 혹은 전체사회는 어느 문화권에 소속되어, 그 속에서 나의 혹은 전체사회의 존재의 근원과 가치를 인정받기를 원하는 태생적인 본능을 느끼고 있는가?"에 따라서 문화동질권과 문화권역으로 구분될 수 있다.

문화 속에서 문화와 문명

❖ 개요

한 민족의 문화의 독창성의 정도와 그 깊이의 값을 논할 때 우리는 분명히 느낄 수 있다. 역사적인 시간과 다양한 사건들이 배제될 수 없다는 것이다.

사회의 독창적인 의식이 역사 속에서 태동된 환경의 순환사이클('이(理)'와 '기(氣)'의 상호조화 / '이발이기수지(理發而氣隨之)'와 '기발이이승지(氣發而理乘之)'의 상호조화)에서 태동되고 이러한 현상의 요소들을 수학적인 공식으로 분석할 때 다음의 요소들로 정의될 수 있다.

이것은 문화를 정량적인 값으로 표현하기 위해서가 아니라, 정성적인 가치로써 문화에 영향을 미치는 요소를 파악하고 해석하기 위함이며, 한 사회의 깊이와 폭을 이해하고 나타낸다.

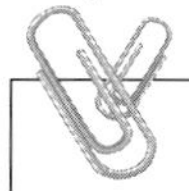

$$f(x)=\left(\sum_{x=1}^{n}\times\alpha\right)\times T(\text{시간}) \quad \text{—— 공식 (1)}$$

▲ 메아리공식

f(x)(문화적 정체성, 혹은 민족 및 국가의 정체성, 혹은 사회환경의 특징이나 그 환경의 폭과 깊이)는 환경의 순환시스템이 역사 속에서 독립적인 객체로 활동하므로 축적된 문명의 총체적인 합인 문화의 정체성 및 문화의 가치이며, 사회적인 환경의 특징이다.

이러한 값의 증가는 관념의 태동과 전체사회에 투영되고 그리고 새로운 자유를 창조하는 과정 속에서 성장한다. 하나의 관념이 사회적인 환경의 공간에 메아리처럼 울려 퍼지면서 성장을 한다. 그래서 공식 (1)을 '메아리공식'이라 한다.

❖ 메아리공식 요소들의 개념

1) 태동된 관념의 'x'

'x'는 갈등으로부터 오는 법증법적인 미학으로 태동된 관념과 사회적인 모순의 상태와 모순적인 분열로부터 오는 관념, 외부적인 강한 영향과 소통으로부터 오는 관념, 그리고 우연적이고 자연적으로 태동된 관념, 새로운 예술 장르의 태동으로부터 오는 관념과 같은 관념의 객체다.

이러한 객체는 객체의 단독으로 혹은 객체들 간의 상호작용으로 사회환경에 투영되어 문화와 문명의 상호조화 속에서 변화한다.

의도적이든, 효과적이든, 목적적이든 이러한 객체가 사회환경에 투영되기 위해서는 매개체가 필요하다. 이러한 매개체는 의식과 의식을 전달해 주는 역할을 한다. 전달된 의식은 개인적인 무의식 상태와 집단적 무의식 상태로 혹은 의식의 상태로 인간의 내면에 축적되어 문화와 문명을 변화시킨다.

과거의 매개체는 주로 문화와 문명 간의 조우 그리고 정보의 전달이 1차원적이어서 그 속도는 매우 늦다. 하지만 정보의 전달이 고도로 발달된 지금은 매개체의 역할도 역동적이어서 문화와 문명의 변화 속도도 과거에 비해서는 폭발적이다 라고 할 수 있다.

과학적으로는 검증될 수 없다 할지라도 위의 공식에서 알 수 있듯이 의식의 전달의 매개체와 문화 정체성과의 관계는 정비례적인 관계임을 알 수 있다.

아마존강의 유역에서 원시인이 아직도 존재함은 그들의 의식의 고립성이 아직도 원시적인 상태로 머물게 했다. 정보 전달의 매개체가 없기 때문이다.

문명과 문화의 발달과 사회의 깊이와 폭, 혹은 문화와 문명 간의 각각 객체별로의 동질성도 의식의 전달인 매개체에 의해서 이루어지고 그리고 동질성의 문화권과 문명권을 만들었다. 이러한 의식 전달의 광폭이 현대에는 크게 확대됨으로 의식의 세계화는 실행적인 사상(법과 제도)의 합리성에 의해서 우리는 가능성을 가지게 될 것이다.

2) 관념의 크기나 수 'n'

'n'은 환경의 순환사이클이 독립된 객체로 역사 속에서 활동하면서 새로 태동된 관념의 수나 혹은 정성적인 크기를 의미한다.

새로 태동된 관념의 크기가 크면 사회에 미치는 충격 또한 크다. 그래서 사회환경에 투영된 충격과 충동은 일상생활 속에서 자연적이고 우연적으로 발생된 수많은 문명적인 사건들보다는 문화적인 충격이 훨씬 크다.

인위적이고 물리적인 힘, 즉 법과 제도로 사회환경의 공간에 투영시켜 문화의 실체를 변화시키는 것이 개혁이다. 개혁은 사회환경의 공간에 강한 충격으로 투영되어 문화를 변화시킨다.

3) 변동성의 매개체 '*a*'

'*a*(변동성의 매개체)'는 새로운 관념을 태동시키게 하는 촉진제의 역할을 하는 매개체이며, 동시에 태동될 문명과 관념의 방향성을 나타낸다.

문화의 촉진제는 문화와 문화와의 조우로 인한 충격과 충동에 의해서, 또는 정보통신의 발달과 과학의 발달로 인해서 정보의 교류의 활성화 또는 문명의 충돌 등으로 인한 새로운 관념의 태동 등이다.

문명 혹은 문화의 충돌은 실행적 사상인 법과 제도에 의해서 돌출된다. 문화의 정체성의 내부에서 자연적으로 발생되는 내제적인 자유의 충돌, 또는 문화와 문화와의 조우에 의한 외제적인 충돌이다.

문화권 내에서 자유의 충돌과 이로 인해서 태동된 관념에 의해서 문화의 정체성이 변화하는 것은, 환경의 순환사이클이 순리적인 작동으로 인하여 자연적인 문화의 정체성의 변화 과정이라면, 문화와 문화와의 충돌 또는 교류를 통해서 문화의 정체성이 변하는 것을 문화 간의 조우라고 한다.

자기의 모순에 의해서 자연적으로 발생되는 관념들에 의해서 문화의 정체성이 변하면 보편적인 도덕과 관습을 만든다.

문화 간의 조우는 전쟁에 의한 조우와 교류를 통한 조우가 있다. 정보통신의 발달로 오늘날은 문화의 변화가 빠르지만 과거에는 문화적인 조우가 일어나는 데 상당한 시간이 흘렀다. 그러한 시간과 공간의 분리는 문화의 정체성의 변화에 얼마나 많은 시간이 역사 속에서 흘렀는지를 알 수 있다. 이러한 문화적인 정체성의 변화를 기준으로 역사의 시대는 구분되어야 하는지도 모른다.

문화의 변화는 변화의 방향성을 갖게 된다. 그래서 역사는 항상 진보하는 것은 아니다. 방향성에 따라서 퇴보하기도 하고 발전하기도 한다. 진보된 방향으로 문화의 방향성이 설정된다면 그 국가나 민족은 보다 나은 풍요로움과 행복한 생활을 누리는 현대화의 국가로 발전해 가지만, 문화의 변화의 방향이 퇴보된 방향으로 설정된다면 그 국가나 민족은 쇠락의 길을 걷게 될 것이다.

전체사회가 어떠한 방향으로 변화를 추구하고 진행할 것이며, 그리고 지금 추구하고자 하는 방향으로 전체사회는 진행되고 있는가를 보아야 한다. 이러함으로써 시대적으로 요구되는 사회적인 환경의 이데아 세계로 조금씩 성장되어 갈 것이다.

이데아는 시대적으로 요구되는 시대성의 이데아와 영원불멸의 이데아로 구분되는 이중적인 가치를 인정할 때 전체사회의 이성은 좀 더 현명하고 현실적인 감각을 갖게 될지도 모른다.

정보통신의 발달로 인한 정보 전달의 역동성 및 문명의 접촉과 전달, 문명과 문명 간의 조우로 인한 문명 간의 유사성과 의식의 교류, 사회환경으로부터 태동된 의식의 집합체인 전체사회의 질서와 그 질서의 관리를 위한 법과 제도 및 효과적이든, 목적적이든, 합리적이든, 의도적이든 사회에 유행하는 종교를 포함한 사상 등의 조절에 대한 방향성 등이 문화 성장의 방향성을 결정하게 될 것이다.

사상과 종교는 사회환경 속에서 발생된 다양한 관념과 사건들을 조절하고 가치 판단의 기준을 제공한다. 그것은 문화가 진보하든지 퇴보하든지 방향성을 제공한다. 종교나 사상이 국가의 사회환경에 대해서 절대적인 영향력을 행사하는 문화가 지배하는 사회라면, 사회환경 즉 문화의 변화는 종교나 사상이 추구하는 방향으로 문명은 조절된다.

그래서 유럽에서는 예술적인 가치로 평가되는 남녀의 사랑 방식에 대한 표현도 비유럽의 국가, 특히 이슬람의 문화권에서는 외설로 평가될 수 있다. 이것은 문화의 정체성에 있어서 차이가 나기 때문이다.

태어나는 특정 문명에 대한 대상을 문화적인 이성으로 인식하고 판단할 때 그것은 외설적인 문명이다. 그래서 문화적인 이성은 태어나는 새로운 문명을 그릇된 것으로 판단하게 된다. 이러한 판단의 기준은 결국 사회환경의 변화의 방향성에 많은 영향을 미치고 그 영향은 개인적 무의식 상태로 축적되어 의식을 지배하게 될 것이다. 개인적 무의식으로 축적된 경험들은 의식을 지배한다. 그래서 문화적인 정체성은 그 문화의 특징

속에 성장한 사람의 인성을 지배하여 자유의 특색을 결정하게 한다.

특정인에 의해서 시대적으로 요구되지 않은 의도된 특정한 사상은 자기모순에 의해서 자연 발생적으로 태동되어 질 수밖에 없는 새로운 관념의 태동을 억압한다. 기존에 가지고 있던 의식까지도 파괴하고 변질시킨다. 이러한 사상은 사회환경의 성장을(-a 상태) 축소시킨다. 그래서 문화의 폭과 깊이가 축소되고 다양한 사상과 의식이 편협된 방향으로 흐름으로써 국가의 발전을 저해한다.

역사는 항상 발전하는 것이 아니라 퇴보하는 경우도 있다. 역사의 발전은(+a상태) 시대적으로 요구되는 새로운 환경의 공간을 지속적으로 생성, 성장, 유지, 소멸하고 새로운 환경으로 진보하므로 또 다른 사회적인 환경의 공간을 지속적으로 생성하는 과정이다.

변동성의 매개체(a)는 태동된 관념의 방향성을 결정하고, 새로 태동된 객체가 갖고 있는 의식의 확대에 필요한 중요한 요소이다.

자연적이고 객관적인 의식의 확대는 개개인의 개성의 표출을 다양화시킬 수가 있으므로 창조의 활동이 다양하게 발생되고 국가는 현대화되고, '이(理)'와 '기(氣)'의 상호조화로 세상만물이 태동함으로 경제는 부강하게 될 것이다.

4) 환경의 순환사이클이 작동된 역사적인 시간 'T'

'T'는 역사적인 시간 혹은 환경의 순환사이클이 작동되는 시간이다.

현재 문화의 정체성을 형성시키기 위해서 독립된 객체로 환경의 순환사이클이 역사 속에서 작동되어 소생된 다양한 관념이 영향을 미치는 시간이다.

칼 구스타프 융(Carl Gustav Jung : 1875~1961)은 "인간은 경험하기 이전부터 형성된 원형의 집단적 무의식이 있다"고 했다. 문화의 정체성의 형성은 오랜 역사적인 시간을 통해서 자기모순의 부정과 인정의 과정 속에서 발생되는 새로운 관념의 객체들이 사회환경에 투영되어서 형성된다. 이러한 시간은 민족의 정체성이 집단적 무의식과 같은 '원형'처럼 인식하게 하여 유전되는 것처럼 인식하게 하는 역사적인 시간이다.

융은 신체적인 조건도 유전되지만 정신적인 것도 유전적인 성질을 가지고 있다고 했다. 집단무의식은 융이 일반적으로 '원시적 이미지'라고 부르고 있는 잠재적 이미지의 저장고이다.

인간은 이러한 이미지들을 과거의 조상으로부터 대대로 물려받고 있다. 과거의 조상이란 인류로서의 조상뿐만 아니라, 인류 이전의 선행인류 및 동물의 조상도 포함한다. 조상이 경험했던 것과 마찬가지 방식으로 세계를 경험하고, 세계에 반응하도록 하는 소질 혹은 잠재적인 가능성으로 전달된다. 이것을 집단적인 무의식 혹은 '원형'이라 했다.

환경의 순환사이클이 독립된 객체로서 작동되어 문화의 정체성이 형성되는 역사적인 시간 'T'는 '원형'처럼 인식했던 '전체사회의 정체성'을 형성시킨 요소가 전달되는 시간이다.

정신적인 유전은 민족의 문화적인 정체성이 유지되고 만들어지기 위한 환경의 순환사이클이 작동된 시간의 결과인지도 모른다. 환경의 순환사이클이 작동되는 역사적인 시간 동안 수많은 조상들의 관념들이 반영되고 전달되어서, 문화적인 정체성이 형성됨으로 인하여 인간 정신이 유전으로 인식되었는지도 모른다. 원형의 중심에는 콤플렉스가 있다. 콤플렉스는 과학적으로도 유전적인 측면이 있다. 호르몬의 분비에 의해서도 작용을 받는데 이러한 생리학적인 경우는 유전적인 측면이 있다고 한다.

융은 "원형은 무한히 많이 존재한다. 경험들의 무한한 반복은 우리의 정신적인 인자 속에 그것들을 새겨 놓는다. 그것은 내용이 있는 이미지의 형태가 아니며, 내용이 없는 형태로만 존재하다가 특정 유형의 지각과 행동 가능성을 나타낼 뿐이다"라고 썼다.

결국 '원형'이 발현되는 특징은 자유의 특색으로 나타난다. 자유의 특색을 통해서 우리는 그 민족 혹은 전체사회의 문화적인 정체성을 느낄 수가 있다. 문화의 정체성은 수많은 문명의 영향을 받은 관계로 인해서 나타난다. 문화적인 정체성이 형성되기 위한 문명의 영향이 미치는 역사적인 시간은 식(1)의 'T'이다.

유전학적으로 밝혀진 '원형'의 특징들을 제외하고 융이 말하는 원형의 유전적인 성질은 환경의 순환사이클이 작동되어서 이루어지는 시간적인 요소 'T'에 의해서 영향을 받고, 문화의 정체성의 변화의 요소는 자기모순의 인정과 부정으로 인한 결과로 발생되는 새로운 관념에 의해서 지배된다.

문화의 정체성은 항상 변해 왔고 지금도 변화는 진행 중이다. 이러한 변화는 자기모순의 긍정과 부정을 통해 새로 태동된 관념들이 역사적인 시간(T) 속에서 작동된 결과이다.

인간의 의식 속에서의 소속감

❖ 인류 전체사회 속에서의 소속감

인류의 역사에서는 수많은 전쟁을 했다. 인간은 자기의 소속감을 가장 많이 느끼는 존재 속에서 전쟁을 했고 삶과 죽음을 선택했다. 자기가 가장 많이 느끼는 소속감은 종교일 경우가 있고, 민족일 경우가 있고, 국가일 경우가 있다. 인간은 항상 어디에 소속되어 있지 않으면 안 되는 불안한 존재이다. 이러한 소속감에 느끼는 소속원들 간의 연대성 및 친밀성은 '원형'적인 요소이다. 이러한 '원형'적인 요소가 없었다면 인간은 전쟁을 할 필요가 없으며, 상호 충돌도 없을 것이다.

소속감에서 오는 연대성이 전쟁으로 이어지는 경우는 너무도 많다. 우발적인 사태 등의 위험으로부터 오는 생존의 보호본능을 위해서 연대감을 갖는 소속원들 간의 단결이, 약속하거나 계획이 없어도 본능적으로 단합되어 위험으로부터 탈출하고자 한다. 소속감에 대한 이러한 원형적인 요소는 자기 존재의 확인으로부터 오는지도 모른다. 인간은 항상 자기의 존재를 확인하고 그 뿌리에 대한 애착을 갖는다. 그리고 그 존재의 확인은 자기가 속한 소속감으로 연결되어 가장 많은 소속감을 가지는 곳에서 삶과 죽음을 택한다. 그러한 소속감은 문화적인 영향과 자기 자신의 근원적인 존재의 확인으로부터 온다.

자기 존재의 근원을 민족으로 보느냐, 아니면 종교적인 것으로 보느냐에 따라서 소속감의 '원형'의 형태는 달라진다. 하지만 이러한 존재의 근원적인 영향도 문화적인 영향을 받아야 한다는 것이다. 문화적인 영향을 받지 않으면 '원형'적인 소속감은 약해진다. 사람에 따라서 다르지만 문화적인 영향을 받은 곳에서 우선적인 소속감을 느낄 수도 있다. 가장 많이 문화적인 영향을 받은 곳에서 느끼는 소속감으로는 인류의 전체사회의 단위에서 바라 볼 때 종교와 민족이다.

민족은 같은 문화적인 정체성을 만들었기 때문에 민족 전체사회는 공유의 가치가 가장 많은 곳이다. 종교는 인류의 문화를 만들어 온 가장 큰 요소이다. 민족과 종교는 인류의 독특한 문화적인 정체성을 만든 가장 기본적인 요소이며, 이러한 원인으로 인해서 민족과 종교는 '원형'적인 요소로 인식되어 왔다. 하지만 실제 인간의 마음속의 원형적인 요소는 자기의 존재를 확인 받을 수 있는 '소속감'이다. 민족적인 감정도 종교적인 감정도 소속감으로부터 온다.

융은 '원형'을 존재하지 않는 상태로 있다가 대상을 인식하고 판단하여 반응을 일으키는 형태로 나타난다고 했다. 결국은 민족의 정체성으로부터 긍정적인 문화의 영향을 가장 많이 받으면 자기의 존재를 민족으로 인식함과 동시에 민족적인 감정이 원형의 형태로 자리 잡고, 혹은 종교의 문화로부터 긍정적인 문화의 영향을 가장 많이 받으면, 자기의 존재를 종교로 인식함과 동시에 종교적인 감정이 원형의 형태로 자리를 잡게 된다. 그리고 전쟁이 나면 '원형'처럼 작용된 민족이라는 소속감에 혹은 종교라는 소속감에 의해서 그 속에서 삶과 죽음을 선택하게 된다.

소속감은 자기 자신의 존재의 가치와 근원을 확인하는 행위이다. 우리의 소속감은 항상 확대될 수도 있고, 축소될 수도 있다. 소속감에서 존재의 가치와 근원을 확인한다. 그래서 우리는 경험하기 이전부터 '원형'적으로 좋은 소속감을 갖기를 원한다.

좋은 소속감이란 사람에 따라서 다르다. 정신적인 상태의 만족감을 느낄 수 있는 소속감을 최고로 느끼는 사람이 있는가 하면, 물질적인 욕망을 만족하면서 그 속에서 최고의 소속감을 느끼기도 한다. 좋은 명문의 가문을 원하고, 자기가 희망하는 학교에서 공부하고 문화적인 영향을 받아서 희망하는 학교의 인원이 되어서 그 학교에 소속된 일원이 되기를 원하기도 한다. 그래서 그 속에서 자신의 존재의 근원을 확인하고 타인으로부터 자신의 가치를 인정받기를 바란다. 국가의 영광을 위해서 나의 한 몸을 다 바치는 국가의 영웅들도 국가의 영광 속에서 자신의 존재의 근원과 가치를 인정받기를 바라는 소속감 때문이다.

정신적인 만족감이 있는 곳이든, 명예로움이 있는 곳이든, 물질적인 곳이든, 어느 곳의 '소속감' 속에서 자신의 존재의 근원과 가치를 타인에게 존중받기를 원하는가는 사람에 따라서 다르지만, 사람은 반드시 어느 곳에는 소속되어 있어야 한다는 것이다.

나의 자유의 안전성을 보장받고 자기의 자유를 구속해도 좋다고 스스로 승인해 준 국가의 영광 속에서 자기의 존재의 가치를 확인받고 싶지 않겠는가? 그래서 소속감은 '원형'과 같은 것이다.

수많은 전쟁 중에 민족 간의 전쟁 그리고 종교와 종교 간의 전쟁, 민족 내부에서의 종교적인 문화의 충돌 등에서 알 수 있듯이 결국은 자기의 무의식에 가장 많이 긍정적인 문화의 영향을 끼친 곳에서 가장 많은 소속감을 느낀다는 것이다. 그래서 종교와 민족의 단위에서 발생되는 전쟁이 인류의 역사에서 가장 많은 것은 우연적인 것이라 할 수 없다.

문화적인 영향을 받아서 형성된 민족적 감정 자체를 원형적인 요소로 인식하는 것은 문화적인 영향이 무의식에 미치는 영향을 고려하지 않음으로 오는 인식의 오류이다. 결국은 '소속감의 원형'은 문화적인 영향을 받아 무의식 상태로 저장되어야지만 완성되어진다. 이러한 인식의 오류가 민족의 굴레에서 우리를 고통스럽게 하고, 소통을 막으며, 인류의 불행의 역사가 시작되었다. 민족의 정신에 역행하면 역적이 되고, 자신의 민족정신을 지키기 위해서 목숨을 바친다. 소속된 문화의 정체성은 자신의 생명보다도 더 소중하다.

인류의 불행의 역사는 '소속감'에서 오는 존재의 근원과 가치의 확인을 위한 팽창이다. 그 근원적인 요소가 민족과 종교였다. 이것은 분명히 인식의 오류이다. 소통은 다양한 문화를 경험하게 하여 이러한 인식의 오류를 바로 잡으면서 의식을 팽창시켜 새로운 의식을 만들게 될 것이다.

소속감으로부터 오는 '원형'을 본 책에서는 '태생적 본능의 원형'이라 한다. 이러한 태생적인 본능은 누가 있어라 해서 있는 것도 아니고, 누가 없어라 해서 없어지는 것도 아니다. 태어날 때부터 우리는 '원형'의 상태로 물려받았기에 그 속에서 나의 존재의 근원과 가치를 타인으로부터 인정받기를 원하는 욕망과 희망의 대상이다.

❖ 단위별 전체사회 속에서 소속감

인류 전체사회의 단위에서 바라볼 때 자기 존재의 근원과 가치를 타인으로부터 인정받기를 바라는 가장 원초적인 태생적 본능이 민족이라면, 국가나 혹은 민족 단위의 단위별 전체사회 속에서 자신의 존재의 근원과 가치를 타인으로부터 존중받기를 바라는 원초적인 태생적 본능은 가족 단위일 것이다.

그래서 바라보는 관점에 따라서 원초적인 태생적 본능을 다르게 느끼는 것은 '소속감'이 팽창되고 확장되기 때문이다. 가족이라는 소속감도 혈연적인 경우가 대부분이지만 문화적인 영향을 받아서 가족이라는 소속감을 느끼는 경우도 있다.

결혼하기 전에 부부는 남으로 살아왔지만 결혼을 하게 되면 가족이 된다. 그리고 이혼을 하면 다시 가족의 관계는 성립되지 않고 남으로 변한다. 이것은 가족이라는 존재는 가족 문화의 인식에 의해서 만들어지는 것이고, 처음부터 존재하는 것은 아니다.

우리는 아이에게 사랑을 느낄 때 기르는 정과 낳은 정이 있다. 그런데 사람에 따라서 다르지만 아이를 낳은 정보다는 기르는 정을 더 크게 느낀다고 말하는 사람이 있다.

낳은 정이 혈연적인 관계로 인해서 느끼는 소속감이라면, 기르는 정은 문화적인 영향을 받아서 느끼는 소속감이다. 그래서 가족이라는 단위의 소속감도 문화적인 영향 속에서 어느 정도 영향을 받을 수 있다는 것을 의미한다.

우리가 태어나고 성장하는 과정 속에서 가장 많은 문화적인 영향을 받는 곳은 가족이다. 그리고 자기의 모든 존재의 근원의 기초 단위이다. 그래서 가족 단위의 소속감은 운명의 공동체이며, 가족이 곧 자신의 존재이고, 자신의 존재가 가족이라고 느끼는 가장 강한 소속감을 가족 속에서 느낀다. 하지만 대가족화에서 핵가족화 등으로 혈연적인 가족의 소속감도 문화적인 영향에 따라서 조금씩 그 범위는 축소되어 가고 있다. 혈연적인 가족의 소속감은 축소되어 가고 있고, 그에 비해 문화적인 영향을 받아서 형성되는 문화적인 가족의 소속감은 조금씩 확대되어 가고 있다.

어떤 전체사회는 인구는 감소되어 가는데 노인 인구는 늘어가고 있다. 이것은 향후 복지국가를 건설하는데 심각한 영향을 초래하게 된다. 가족을 부양하기 위해서 노동을 하고 그리고 노동의 대가로 얻게 되는 수익은 가족을 위해서 지출된다. 인간은 가족의 문화적인 삶과 좀 더 풍요로움을 누리기 위해서 더 많은 수익을 위해 노력한다. 이러한 노력과 열정의 결과로 얻게 되는 수익은 가족을 위해서 지출하는 것은 당연하고, 그리고 노동의 보람이다.

하지만 다른 가족의 단위로 지출이 확대되는 것은 생존권의 차원으로 해석한다. 자기의 수익은 가족 단위의 생존권을 보장하기 위한 노동의 대가로 얻게 되는 수익이고, 이러한 수익은 가족의 생존권을 보장하는 것이다.

전체사회가 사회보장제도를 유지하기 위해서는 전체사회의 인구 감소는 필연적으로 가족의 단위와 개념이 확대될 수밖에 없는 상황을 만들게 될 것이다. 그래서 문화적인 영향의 가족 단위는 확대되고 혈연적인 가족의 단위는 축소되어야 하는 지도 모른다. 문화적인 가족의 개념이 존재치 않고 혈연적인 가족의 개념 속에서 요구되는 사회복지의 비용은 필연적으로 사회복지의 무용론과 국민연금의 불필요성을 전체사회는 요구받게 될 것이다.

물질적인 것 이전에 문화적인 차원으로 해석되어 물질과 문화의 혼합적인 형태에서 이러한 전체사회의 요구에 대처해야 하는지도 모른다. 물질적인 것은 단시간적이지만 문화적인 것은 역사적인 시간을 요구받게 된다. 문화적인 성숙도가 형성되지 못한 상태에서 물질적인 고갈은 근본적인 대책을 수립하지 못하고 방황하게 될 것이다. 문화적인 바탕 위에서 수립된 실행적인 사상은 보편성을 가지게 되지만, 문화적인 바탕이 없는 상태에서 수립된 실행적인 사상은 거부되고 저항을 받게 된다.

이것은 가족 단위의 소속감의 '원형'적인 특징이 발현되는데 있어서 요구되는 부분에 변화를 추구하여야 한다는 의미이다. 이러한 원형적인 태생적 본능을 변화시키기 위해서는 환경의 순환사이클이 자연적이고 순리적인 상태에서 작동되어 환경의 공간 속으로 투영되는 관념들에 의해서 역사적인 시간(T) 속에서 이루어져야 한다는 것이다.

태생적인 본능을 느끼는 문화의 정체성은 작동된 환경의 순환사이클의 역사적인 시간(T) 동안 유전적으로 정신이 후세에 전달된다. 융은 이것을 집단적인 무의식이라 했다. 과거에 한 번 형성된 원형적인 특징은 매개체(*a*)의 역동성의 부족으로 오랜 기간 지속되었지만, 오늘날 정보통신의 발달은 매개체(*a*)에 역동성을 부여하여 사회적인 환경의 공간 속으로 투영되는 새로운 관념은 활발한 활동을 하게 했다. 그래서 유전적으로 전해져 내려오는 집단적 무의식 속의 '원형' 발현의 특색의 변화도 가능하고, 그리고 그 기간도 점점 단축되고 있다.

문화동질권(1차적 문화권)과 문화권역(2차적 문화권)

문화의 동질권역은 문화의 정체성이 같은 동일한 실체임을 느낀다. 문명의 실체는 문화다. 문화로부터 문명적인 사고가 태동된다면 현재의 태동된 문명이 동일한 문화에 그 근거를 둔다.

이것은 같은 멜로디의 음악을 락으로 표현할 때와 뽕짝으로 표현할 때는 분명히 다르지만, 그 음악의 본질은 같은 멜로디에서 왔음을 우리는 느낀다. 락으로 표현된 아리랑은 경기민요의 아리랑과 다르지만 우리는 모두 아리랑이라 부른다. 아리랑은 동일한 문화의 동질권이라면 그 표현의 방법을 다르게 한 락의 아리랑과 경기민요의 아리랑은 다른 문명이다.

문화의 동질권에 포함된 문명들은 하나의 동일한 실체이다. 문명적으로 구분되어 있어도 문화적인 정체성에는 일치감을 전체사회는 인지하고 있다. 문명적으로 구분되어 별도의 자유의 특색을 느낀다 해도 그러한 문명의 실체는 결국은 동일한 문화에 의해서 태동되었기 때문이다. 이러한 문명들에 소속된 전체사회는 문화적 실체에 대해서 1차적인 태생적 본능을 가진다.

1차적인 태생적 본능을 가진 문명들의 실체는 문화의 동질권이다. 그래서 문화적인 동질권에 포함된 문명은 하나의 동일한 실체를 가진다. 완성된 실체가 주관적인 실행적 사상에 의해서 일시적으로 분리된 상태이다. 객관적인 실행적 사상이 실체가 완성된 동질 문화권에 있는 전체사회는 동일함을 인정하고 있으며, 서로는 1차적인 태생적 본능을 가지는 소속감을 가지고 있음을 서로 인정하고 있다. 그렇기 때문에 문화의 동질권의 문명은 하나의 완성된 실체이다. 이러한 완성된 실체는 분열되어 있어도 서로 결합하기 위해서 노력한다.

남한과 북한은 동일한 문화에 같은 민족이지만 문명이 다르다. 1차적인 태생적 본능을 가지기에 동일한 문화동질권에 포함된 2개의 문명이 존재한다. 하지만 문화의 정체성은 같다. 그래서 하나의 완성된 실체이다. 완성된 실체가 환경의 순환사이클을 작동하고 관리하는 주관적인 실행적 사상에 의해서 2개의 문명이 태동되어 일시적으로 분열된 상태에 있다. 하지만 객관적인 실행적 사상은 아직도 서로 공유하고 있으며, 다른 문화권에 있는 전체사회가 느끼지 못한 공유의 문화적인 정체성이 있다.

1차적인 태생적 본능은 문화의 정체성과 민족이 같지만 문명이 다르게 느끼는 태생적 본능이다. 같은 민족에 문화의 정체성도 같고 문명도 같다면 인류 단위의 전체사회에서 바라볼 때 그러한 단위별 전체사회의 서로는 원초적인 태생적 본능을 가진다. 문명이 같음은 객관적인 실행적 사상과 주관적인 실행적 사상이 모두 같기 때문에 항상 같은 문화와 문명을 경험하고

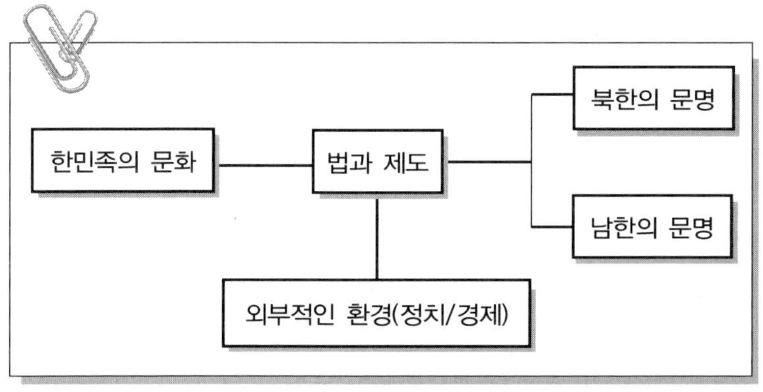

▲ 한민족의 문화동질권

무의식에 저장된다. 그래서 전체사회는 서로 운명의 공동체 의식을 가진다.

전체사회에 일어나는 모든 일은 전체사회의 모두에게 해당되는 모두의 일이다. 하지만 1차적인 태생적 본능을 가지면 공유하는 문명이 다르다. 그래서 객관적인 실행적 사상은 고유하나, 주관적인 실행적 사상이 다르다. 그래서 문화동질권에 있는 다른 전체사회의 문명에는 1차적인 태생적인 본능을 가지게 된다.

이슬람의 문화권역은 2차적인 태생적 본능을 가진다. 즉 이란인은 이란인이면서 이슬람의 문화권역에 포함된다. 사우디아라비아는 사우디아라비아인이면서 이슬람의 문화권역이다. 터키는 터키인이면서 이슬람의 문화권역이다. 터키의 민족은 돌궐족이다. 하지만 문화는 중동인과 같은 이슬람의 문화권이다. 이슬람의 문화권에 포함된 문명은 2차적인 태생적 본능을 가진다. 문화적인 실체만이 같을 뿐 국가도 전체사회의 구성원의 특징도 다르다. 그래서 특정한 전체사회의 문명은 이슬람의 문화권에 포함된 문명들에 대해서는 2차적인 태생적 본능을 가진다. 그래서 이슬람의 문화에 포함된 문명들에 대해서 느끼는 소속감은 1차적인 태생적 본능을 가지는 문화의 동질권에 포함된 문명들 간에 느끼는 '소속감'보다는 약하다.

2차적인 태생적 본능을 가지는 문화의 동질권의 문명은 간혹 변화를 시도한다. 이것은 전체사회가 느끼는 소속감에 대한 변화이다. 2차적인 태생적 본능으로 느끼는 의식의 전환이다. 이것은 그 전체사회에 있어서는 새로운 의식이며, 역사의 전환이다. 이러한 대표적인 나라가 이슬람의 문화권에서 유럽의 문화권으로 이동을 준비하고 열망하는 터키, 유럽의 문화권에서 비유럽의 문화권인 아시아로 변화를 시도하는 호주, 남미의 인디아적 요소를 가지는 문화권에서 유럽적인 문화권으로 인식되는 북미로의 이동을 원하고 시도하는 멕시코, 정교의 문화권에서 크리스트교 문화권인 서구로 오랜 기간 동안 이동을 진행 중인 러시아다.

2차적인 태생적 본능으로써 느끼는 문화권에 대한 소속감은 약하다. 그러나 그 문화권의 실체로부터 오늘날의 문명이 왔다. 그들의 존재를 그 문화권에 찾는다. 하지만 2차적인 태생적 본능을 가지는 문화권의 문명에 대해서 운명의 공동체적인 의식은 1차적인 태생적 본능을 가지는 문화동질권보다는 약하다. 소속감은 1차적인 태생적 본능과는 확연히 구분되고 약하다. 문화의 정체성에 있어서 일치감을 가진다고 해도 소속감에서 느끼는 태생적인 본능은 2차적이다. 그들의 전체사회는 이미 구분되어 별개의 환경의 순환사이클을 작동하는 독립된 객체로 살아왔고, 오랜 기간 문화적인 소통으로 인해서 이루어져

왔다.

2차적인 태생적 본능은 오랜 기간 동안 문화적인 상호교류와 영향이 다른 독립된 객체로 작동되는 환경의 순환사이클에 영향을 미치고, 이러한 문화적인 경험이 무의식에 축적되고 융의 '의식의 유전'과 같은 관점으로 후세에 전달되어서 느끼는 태생적인 본능이다. 그래서 문명적 실체에 대한 하나의 동경과 같은 것이다.

2차적인 태생적 본능은 문화적인 영향으로 인하여 생긴 소속감이다. 위에서 설명한 것처럼 태생적인 본능인 '소속감'은 문화적인 경험을 통해서 이루어진다는 것이다. 아무런 문화적인 경험이 없다면 이미 이들은 처음부터 환경의 순환사이클이 독립된 객체로 작동되어 왔기 때문에 아무런 공동체적인 의식을 느낄 수도 없고 느낄 필요도 없다.

문화의 동질성을 가지면서 1차적인 태생적 본능을 가지면 문화의 동질권이라 부른다. 그 대표적인 것이 한국의 남한과 북한이다. 이슬람은 다양한 민족이 포함되어 있다.

문화에 영향을 받아서 태동된 문명을 같은 문화적인 동질성을 지닌 문화권역이라 부른다. 문화권역에 의해서 영향 받은 문명 상호 간은 2차적인 태생적 본능을 가진다. 2차적인 태생적 본능을 가진 국가들은 동일한 문화권역에 포함된 문명권이라 한다.

터키는 이슬람의 문화권역에서 유럽의 문화권역으로의 편입을 시도하는 문화권역 변화국이다. 하지만 이러한 문화권역의 변경이 2차원적인 태생적 본능의 변경을 전체사회의 이성이 인정하여야 하는 문제점을 가지게 된다. 문명의 실체는 문화이기에 결국은 다른 문화권역으로의 변경은 문명의 변화가 뒤따르게 되고, 그리고 그 변화를 요구하게 된다.

유럽이 문화권을 2차적인 태생적 본능을 가지는 문화권으로 인정하기 위해서는 최소한 이슬람 문화권에 느끼는 정도의 동등함 이상의 태생적 본능을 가지는 소속감을 가져야 한다. 태생적인 본능으로 느끼는 소속감은 문화적인 정체성에서 느끼는 감정만큼이나 중요하다. 문화권역의 이동은 문화적인 이질감도 없어야 하지만 태생적인 본능도 함께 이동되어야 한다. 태생적인 본능이 상충된다면 결국은 문화적인 이질감을 극복하기는 어렵다.

태생적인 본능은 문화적인 특징이 무의식 상태에 축적된 영향에 의해서도 크게 좌우되고 결정된다는 사실이다. 하지만 태생적인 본능은 인간의 마음 가장 깊숙한 곳에 자리하고 있는 '원형'적인 것이기 때문에 가장 늦게 이동할 것이다. 문화 정체성의 이동이 먼저 일어나고 그리고 태생적인 본능의 이동이 시작될 것으로 예상한다. 하지만 인간의 욕망과 희망에 따라서 의식은 변화하기에 그 변화의 순서는 일정한 것은 아니다. 그래서 문화권의 이동은 첫째, 문화의 이질감의 극복을 위한 문명이 태동되어야 하고, 이러한 문명은 문화적으로 인정되어 태생적인 본능으로 연결되어야 한다. 인간의 소속감은 '원형'적이지만 변화는 문화적인 영향에 의해서 팽창되고 축소될 수 있다는 것이다.

환경의 순환사이클은 정보통신의 발달로 인하여 상기의 식 (1)에서 볼 수 있는 a(변동성의 매개체)가 역동적이다. 그래서 문화 정체성의 변화 속도는 과거와 다른 속도감을 느끼지만,

그래도 북한과 남한은 분명히 문화적인 동질성을 가지고 있으며 그러한 문화적인 동질성은 분명히 하나의 1차적 문화권이다. 그 문화권은 남한과 북한의 문명의 실체임을 대한민국의 전체사회는 부정할 수가 없고, 그리고 1차적인 태생적 본능을 가진 완성된 하나의 실체이다.

북한과 남한은 문화적인 이질감이 아니라 문명적인 이질감이 크다. 문명의 이질감은 조금씩 문화적인 이질감으로 확대되어 가고 있다. 그래서 유교 문화권 속에서 느끼는 2차적인 태생적 본능을 느끼는 곳으로 확대될 지도 모른다. 그 속도는 정보통신의 발달로 인해서 그리고 의도적이든 목적적이든 효과적이든 절대적인 권력자에 의해서 확대되고 그 속도는 점점 빠르게 진행될 가능성도 있다.

'울밑에 선 봉선화'를 노래하면서 남한과 북한의 전체사회는 분명히 동일한 문화권임을 느끼고, 그리고 그러함을 어느 누구도 의심하지는 않는다.

동일한 문화권은 문명을 지배한다. 통일 후에 요구되는 합리적인 문화와 그 문화를 바탕으로 태동될 법과 제도의 적절성은 예측 가능하고, 그리고 분명하다. 그것은 시장경제와 자유민주주의라는 것이다. 이러한 의식은 통합의 의식으로 확대되어야 한다.

통합의 의식이 민족에만 의지되어서는 안 된다. 1차적인 태생적 본능이 실체임을 확인하는 과정이라면 통합을 위한 의식이 필요하다. 민족은 태생적인 본능을 확인하는 기능만을 담당할 뿐 통합의 기능을 가진 의식은 아니다. 민족을 '통합을 위한 의식'으로 착각한다면 그것은 또 다른 분열을 만든다.

환경의 혼돈

새로운 사회로 진화하는 과정에는 항상 정신적인 혼란의 시기가 도래한다. 이러한 혼란의 시기에는 사회의 방향성이 중요하다. 검증되지 않은 사회적인 이론이나 사상이 휴머니즘과 결부되어 새로운 문화의 성장의 방향성을 지배하게 될 때, 사회는 의도되지 않은 방향으로 나아가게 된다.

1600년대의 역사학자인 영국의 롤리는, 제1권 세계의 역사의 집필을 끝내고, 제2권 세계의 역사를 집필하던 중에 역사를 바라보고 집필하던 의식에 중요한 영향을 미치는 사건을 경험하게 된다. 어떠한 사건에 관련되어 있는 두 사람이 정당하다고 주장하면서 싸우고 있는 것을 목격하였다. 그런데 두 사람의 주장으로는 사건의 진상을 파악하기가 어려웠다.

'바로 눈앞에 보이는 현실의 사건조차도 그 진상을 파악하지 못해 그 사건의 진실을 규명하지 못하는데, 하물며 수백 년이나 지난 사건들에 대해서 진실을 정확하게 알고 역사에 그 진실을 어떻게 기록하겠는가?' 하고 탄식했다.

그래서 집필하던 제2권 세계의 역사책을 난로에 집어던져버리고 말았다. 그래서 제1권밖에는 없다고 한다.

이것은 수백 년 혹은 수천 년 전의 역사적인 사건들의 내용을 알고 기록하는 것이 얼마나 어려운 일인가를 말해 주는 좋은 예이다. 역사의 기록은 역사의 진실성 그리고 현실의 유용성을 만족시켜 주어야 한다.

현실의 유용성이란 역사 속의 사건들, 그리고 그 사건들의 결과의 분석을 통해서 오늘날의 문제점들을 해결하고 앞으로의 방향성을 설정하는데 도움이 되는 것을 말한다.

역사의 진실성과 현실의 유용성에 대해서 블로흐는 '역사의 변명'에서 이렇게 말했다.

역사는 단지 기록만 하고 그 기록 속에 존재하는 인간의 의식을 파악해 내지 못한다면, 그것은 잡다하고 진부한 지식에 불과하며 엉터리의 학자에 불과한 것이다. 그리고 역사는 '시간 속의 인간에 대한 연구'라고 말한다. 이것은 현실의 유용성을 말한 것이다.

역사의 사건들 속에 혼합되어 있는 인간의 내면의 의식을 이해하고, 그리고 그러한 의식이 사건의 결말을 어떻게 유도하고 결론지어 졌는지를 분석하여, 오늘의 시대적인 정신을 설정하고 설계하는데 유용한 검증된 자료를 제공받아야 한다.

물리적인 현상은 작은 실험실 내에서 짧은 시간으로 검증될 수 있지만, 사회적인 현상이나 문화적인 가치는 역사적인 시간 속에서 검증될 수 있다.

그래서 시대적으로 요구되는 문화적인 가치에 대해서 알지 못하고 갑갑할 때, 역사의 사건과 옛 성현들의 정신 속을 여행하면서 지혜를 구하고 방향을 설계 할 수 있다. 이러한 것을 제공하는 현실적 유용성을 역사는 제공하여야 한다. 이러한 현실의 유용성을 제공할 수 있는 역사의 기록과 분석이 역사학자의 의무일 것이다.

물리적인 특성을 검증하는 것과 달리 역사는 사회적인 현상을 검증할 수 있는 유일한 공간이다. 문화적인 가치와 문명적인 가치를 이해하고 구분할 수 있는 지혜를 가질 때 우리는 그러한 역사가 제공하는 현실의 유용성을 얻을 수 있을 것이다.

사회의 혼돈 속에서 가치 판단의 지혜를 갖기 위해서는 역사 속의 사건들뿐만 아니라, 우리보다 먼저 경험했던 여러 선진국들의 경험을 통해서 우리의 자신을 거울에 비춰 보아야 한다.

20세기 시작시 제국주의가 몰락하고, 공산주의와 자본주의의 양분된 사회적인 환경의 공간을 만들고, 그리고 이데올로기적인 세계사는 다양한 형태의 인류의 불행의 역사를 만들었다. 사회적인 환경이 생성되고, 성장하고, 유지되고, 소멸하고, 그리고 진보된 새로운 사회적인 환경의 공간이 창조되는 과정에서는 정신적인 공황의 상태가 발생한다. 그것은 종래의 정체성과 현실에서 요구되거나 혹은 발생되는 자유의 특색에 대한 판단의 혼돈 또는 갈등이 발생하기 때문이다. 옳음과 그릇됨을 판단하는 기준의 혼란이 바로 사회의 혼돈의 시기이다.

한쪽은 공산주의 사회적인 환경이 참된 가치이고, 다른 한쪽은 시장경제와 자유민주주의가 사회의 가치적 이념으로 판단되어, 두 가지 형태의 사회 공간이 형성되어 상호 정당성의 경쟁이 인류를 불행케 했다. 대한민국이 건설되고 공산주의와 시장경제의 자유민주주의로 양분된 사회환경의 갈등이, 결국은 각기 다른 방향으로 분열하여 다른 방향으로 성장하므로 1개의 문화권에 2개의 문명이 만들어졌다.

이때 국가의 중요한 역할은 국민의 자유의 안전성을 보장하고 합리적으로 자유를 구속하여 조절함으로써, 질서를 유지하고 갈등을 조절하여 갈등이 성장해서 분열하는 것을 방지하는 것이다. 사회적 갈등의 조절은 국가만이 할 수 있는 것이며, 사회의 방향성을 설계하고 그 방향성으로 사회가 성장하도록 자유를 조절하여 방향성을 유도하는 것이다.

인류가 문명을 태동시키고 국가를 만들게 되는 동기는, 자유의 안전성을 확보하고 공동체적인 활동을 통해서 생산성을 극대화하여 보다 풍요로운 생활을 누리고자 함이다. 국가의 국민이 되는 것은 자유의 안전성을 보장 받음과 동시에 자유의 구속을 승인한 행위이다.

이렇듯 자기가 스스로 자유의 일부를 국가에 귀속시킨 이유는 무한한 자유를 누리면 누릴수록 찾아오는 고독과 불안, 공포심 때문이다. 완전하고 무한한 양심의 자유는 오직 혼자만이 이 세상에 있을 때이다. 이 세상에 상대가 존재하는 순간부터 자유는 구속이 시작된다. 그래서 자유의 폭의 확대는 고독과 불안과 비례적인 관계를 가진다. 즉, 국가에 혹은 절대자에 자기의 자유를 귀속시킴으로써 자유의 안전성을 확보하는 것이다.

해방 후 갈등을 조절하여 분열로 성장되지 못하도록 자유를 조절할 국가의 존재 부재는 결국 두 가지의 문명권을 태동하게 되는 비운의 역사가 되고 말았다.

'이(理)'와 '기(氣)'의 상호조화(환경의 순환사이클의 작동) 속에서 순리적인 변화를 추구하지 못할 때 국가의 역할이 필요하다. 이는 실행적인 사상(법과 제도)의 주체인 국가에 의해서 조절되어야 한다.

현대화된 국가는 국가의 역할이 환경의 순환사이클을 작동시키는데 있어서 주관자적인 입장이 점점 객관자적인 입장으로 전환된다. 현대화되지 못한 후진국의 국가일수록 환경의 순환사이클을 작동시키는데 주관자적인 입장이 된다. 그래서 독재국가가 태동되기도 하고, 경제의 발전과 사회환경의 성숙 및 경제 성장의 모든 분야에서 주도적으로 개입하여 의도적이든, 목적적이든, 효과적이든, 강력한 변화와 개혁을 실시한다. 그렇지 않을 경우 갈등은 분열을 낳고, 그 분열은 점점 성장하여 내전으로까지 이어진다.

현대화되지 못한 국가는 '이(理)'와 '기(氣)'의 상호조화 속에서 만물을 소생시키는 능력이 미약하거나 자체적인 자생력이 미약하고, 환경의 순환사이클을 작동시킬 능력이 전무하여 자생력을 갖지 못한 경우도 있다. 수많은 아프리카의 내전은 환경의 순환사이클을 작동시킬 능력의 부재에서 온다. 사회의 성숙도의 깊이와 폭이 작음으로 사회의 자생적인 능력이 떨어진다. 이는 국가 조절 능력의 부재가 가져온 결과이다.

세상에서 변하지 않는 것은 아무것도 없다. 끊임없이 변하지 않는 환경의 순환사이클의 독립된 객체는 내재적인 분열의 에너지만을 가지게 된다. 때문에 국가의 역할이 클 수밖에 없으며 환경의 순환사이클을 작동시키는데 주관자의 입장에 있게 된다.

현대화된 국가는 환경의 순환사이클을 작동시키는데 객관자의 입장에 있게 된다. 그들 사회의 성숙도의 깊이와 폭이 크므로 스스로의 변화를 자생적으로 추구할 수 있는 능력을 가지고 있다. 자유 민주주의는 끊임없이 살아서 움직이고 살아있는 생명체와도 같다. 국가의 역할은 현저히 약해지고 환경의 순환사이클을 작동시키는데 매개체의 역할만을 담당한다. 그리고 변화의 방향성만을 제시해도 그 방향대로 진행된다. 간혹 이탈이 발생되는 집단과 부류가 발생되더라도 제시되는 방향성에 그 시대에 요구되는 이데아의 가치를 전체사회가 인정하였기에 불필요한 갈등은 국가에 의해서 합리적으로 조절되어 분열로 성장하지 않는다.

국가가 존재하는 이유는 자기모순에 의해서 어쩔 수 없이 자연적으로 발생되는 갈등을 합리적으로 조절하여 분열로 성장하는 것을 방지하는데 마지막의 방어선과 같다. 그러한 국가의 기능을 전체사회 국민 모두는 인지하고 또 존중한다. 그래서 국민은 국가를 사랑하고 국가는 국민을 존중한다. 혹 서로 간의 불신이 생긴다 해도 사회의 성숙의 깊이와 폭이 크기 때문에 자유 민주주주의 제도와 방식대로 해결되고, 그러한 불신의 경험은 사회환경에 투영되어 소중한 경험의 자산으로 축적되어 또 다른 자유를 창조한다.

사회적인 환경의 성숙도가 크다는 의미는 공식 (1)에서 f(x)의 값이 크다는 의미이다. 그래서 국가는 환경의 순환사이클의 작동 상태를 관조 혹은 관찰하는 객관자의 입장에서 매개체의 위치에 있게 된다.

현대화된 국가는 '이(理)'와 '기(氣)'의 상호조화로부터 세상의 만물이 생성됨으로 경제는 성장하고 의식의 폭과 깊이는 넓어지고 자유의 폭은 팽창한다. 생성된 세상의 만물은 우리의 생활을 풍요롭게 하고 넓어지는 의식 속에서 여유로운 자유를 누린다.

대한민국의 성장 과정 중 70년대와 80년대의 고도성장과 더불어 의도적이든, 목적적이든, 효과적이든, 자유가 소실되는 억압된 사회환경 속에서 탈피하여 90년대 경제적인 여유와 가장 기본적인 인권의 자유를 확보하게 되었다. 그리고 제일 먼저 나타난 사회 현상은 개성의 분출이었다. 사회 전체적인 통합을 통한 경제의 성장에서 개인의 가치와 개성이 억압되고 표출되지 못하였다.

의식의 팽창으로 인한 자유의 확대는 제일 먼저 개인의 개성의 표현으로 나타나고, 이러한 개인의 개성의 표현이 음악과 예술, 패션, 대가족의 핵가족화로 인한 부동산 가격의 상승 등으로 나타났다. 개성의 표현이 좀 더 확대됨은 전통적인 문화의 관점의 가치관으로 옳음과 그릇됨을 판단하기에는 참으로 혼란스러웠다. 찢어진 청바지, X세대, Y세대, 노랑머리….

음악은 좀 더 자극적이고, 능동적이고, 과감함으로 인하여 우리를 혼란케 했다. 지금까지 느끼지 못했던 그들의 강한 음색과 거침없는 무대의 표현은 지금까지 절제된 정적인 음색에 길들어진 기성세대에게는 하나의 충격적인 가요 분야의 새로운 문명이었다. 이러한 문명은 사회적인 환경의 공간에 투영되어 문화의 정체성이 바뀌게 된 하나의 계기가 되었다. 그들이 던진 사회의 충격은 문화의 정체성을 바꾸는 과정에서의 혼란스런 대중문명이었다. 그래서 그때는 문화적, 사상적인 혼돈의 과정에 있었다. 이제는 그러한 문화는 우리의 일상이 되었고, 우리를 혼란스럽게 했던 그들의 세대는 한류를 태동시켰다.

의식의 확대와 자유의 팽창이 자아실현을 위한 개성의 표출로 나타나고, 그리고 이러한 자유의 특색으로 인한 새로운 문명은 사회적인 환경의 공간으로 투영되어 새로운 문화를 만들었다. 기성세대의 관점에서 이해할 수 없던 그들의 자유의 특색이 새로운 문명과 문화의 변화를 유도했다.

무의식적으로 잠재되어 있는 개개인의 능력은 전체사회의 특징에 억눌려서 개성의 자유로운 표현이 표출되지 못하였다. 예술 부분의 문화의 정체성이 변화되는 과정에 있었다. 이러한 예술분야의 문화적인 정체성의 변화는 우리의 예술적인 창조의 힘을 키우게 되어 다양한 장르가 생성되었다. 그리고 표출된 자아실현의 욕망은 다양한 장르의 시장을 만들고, 만들어진 시장은 창조의 원동력이 된다.

여기서 국가가 종래의 도덕적 관점에서 자유를 조절하고자 했다면, 가장 자연스러워야 할 개성의 표현은 사회적인 불필요한 갈등의 요인이 되었을 것이다.

변화와 개혁 그리고 혁명

사회환경은 자기모순을 가지고 있는 존재이기에 끊임없이 변화한다. 사회적인 환경 변화의 방법에는 세 가지 형태가 있다. 사회적인 환경의 변화는 정체성의 변화를 의미한다.

정체성 변화의 종류와 단계는 변화와 개혁과 혁명이다. 자연적이고 순리적인 환경의 순환사이클이 작동된 상태에서 사회적인 환경이 변화하는 것이 순리이고 도리이다.

민주주의 성장은 객관적인 관점에서 환경의 순환사이클이 작동되도록 전체사회의 이성이 성장하는 것이다. 이러한 사회적인 환경이 되기 위한 조건은 국민의 성숙된 의식으로의 변화다. '성숙된 의식으로'란 자기모순의 부정과 인정을 실행적인 사상으로부터 자연스럽게 확인받는 과정이다. 자연스러움이란 외계와의 합리적인 결합이고, 합리적이란 더 나은 정신적 혹은 물질적인 결과로의 조절이다.

객관화된 실행적 사상은 시대적으로 전체사회의 보편적인 가치를 가지고 있다. 이러한 보편적인 가치 속에서 자기모순의 부정과 인정을 통해 보편적인 가치를 변화시키는 것이 환경의 '변화'이다.

인간은 끊임없이 대상을 선택하는 '전위'와 '승화'를 통해서 자신의 정신을 안정화시켜야 한다. 이러한 기능이 상실되면 그것은 곧 인간의 모든 뇌의 기능이 마비되어 죽음에 도달한다. 대상의 선택은 결국 그 사람이 존재하는 환경 속에서 이루어진다.

사회적인 환경도 대상을 선택하고 판단하는 객관적이고 독립적인 이성의 주체이다. 객체로써의 이성의 주체이기에 자기모순의 부정과 인정을 통해서 변화를 끊임없이 시도한다. 변화되지 않는 이성의 주체는 죽은 것이다. 그래서 역사는 끊임없이 변화되고 발전되고 축소된다.

인간의 모든 신경의 조직을 조절하고 관장하는 것은 중추신경인 뇌세포에서 이루어져 행동의 방향이 결정되나, 사회환경의 행동의 방향은 실행적인 사상에 의해서 결정되어 이루어진다. 실행적인 사상은 인간의 모든 기능을 조절하는 뇌세포와 같이 사회환경의 모든 기능을 조절하고 관리한다.

환경의 순환사이클을 작동시키는 실행적인 사상은 시대적으로 요구된 환경으로 나아가기 위한 변화의 방향성을 가지도록 주관적인 관점에서 자유는 조절되어진다. 그러한 주관적인 관점도 방향성에 대한 가치가 전체사회에서 인정되어질 때 강한 힘을 가지게 된다.

변화의 속도는 식(1)에서 보듯이 관념의 크기와 숫자 그리고 그 관념이 통용되는 소통에 의해서 결정된다. 그래서 문화의 정체성도 과거와는 비교가 안 될 정도로 빠른 속도로 변화된다. 변화를 전체사회가 인정할 수 없는 것이라면, 즉 주관적인 실행적 사상만으로 변화를 추구하는 것이라면 문화적인 정체성의 크기에 흡수되어 혼란만 있을 뿐 변화되지 않는다.

변화란 문화적인 정체성의 변화를 의미한다. 문화적인 정체성이 변화되지 않는 상태는 변화라 볼 수가 없다. 즉, 부동산의 대상을 문화적인 정체성이 어떠한 관점으로 인식하고 판단하고 있는가에 대한 관점에서의 변화가 없다면, 주관적인 실행적 사상이 피로해지거나, 혹은 주관적인 실행적 사상에 의해서 억눌려진 잠재된 의식이 표출된다면 결국은 다시 부동산은 상승한다. 그래서 오랜 관습적으로 인식된 부동산에 대한 인식의 변화가 없다면, 그리고 그 정책이 인식을 변화시키기 어렵다면 결국은 부동산의 값은 다시 상승한다.

진정한 변화는 정체성의 변화가 있었는가에 달려 있다. 전체 사회의 이성이 대상을 인식하고 판단하는 변화가 이루어질 때만이 진정으로 그 목표에 도달할 것이다.

경제적인 논리로 시장의 관점에서 변화는 자연스런 변화이고, 객관적인 실행적 사상의 변화를 만들게 된다. 이것은 곧 정체성의 변화이지만, 주관적인 실행적 사상으로의 변화를 전적으로 의지하는 것은 잠재적인 에너지만을 키우게 되는 것이다.

대한민국에서 부동산과 같은 대상물은 관념적인 단계에서부터 시작되는 것이다. 즉, 문화적인 정체성에서부터 시작되는 문제이지, 문명적인 정체성에서부터 시작되는 것이 아니기 때문에, 부동산에 대한 도덕과 관습적으로 굳어진 의식을 주관적인 실행적 사상으로 변화시킬 수 있는가 하는 문제이다. 문명적인 정체성이 변화되어 문제가 해결되는 것은 문화적인 정체성의 변화를 통해서 해결되는 문제보다는 더 간단하다.

만약, 대한민국이 김치와 된장국을 먹지 말라고 하면 그것은 불가능하다. 그것은 음식문화의 정체성이기 때문이다. 하지만 햄버거를 먹지 말라고 하면 그것은 가능하다. 햄버거는 오늘날 대한민국의 전체사회에 있어서는 음식에 대한 문명의 정체성이다. 하지만 미국에 있어서는 음식의 문화적인 정체성이고 김치와 된장국은 음식의 문명적인 정체성이다. 그래서 변화도 문화적인지 문명적인지에 따라서 다르게 해석되고 방향성도 다르게 되어야 한다.

문명적인 것은 환경의 순환사이클이 독립적인 객체로 실행적인 사상에 의해서 작동되어지는 과정에서 자연스럽게 형성된 것이지만, 아직은 문화적인 정체성으로 굳어진 상태는 아니다. 대개 문명적인 것은 눈으로 보이지만 문화적인 것은 눈으로 보이지 않는다. 하지만 문화적인 정체성은 문명적인 정체성을 태동시킨 실체이다.

모든 이성은 대상을 선택하는 '전이'의 과정을 통해서 '승화' 하지 못하면 불만의 에너지가 쌓이게 된다. 개인의 이성은 '승화'하지 못하면 신경질적으로 변화고 욕구불만이 쌓인다. 큰 욕구불만은 큰 행동으로 나타나고 작은 욕구불만은 작은 불만으로 나타난다. '승화'하지 못하면 개인은 신경질적으로 변화하고 전체사회는 분열로 나아간다. 전체사회의 큰 욕구불만은 큰 분열과 혹은 사회의 혼란을, 그리고 작은 욕구불만은 작은 분열과 사회 혼란을 일으키게 될 것이다. '승화'되지 못한 에너지는 축척 된다. 그 에너지를 해소하기 위한 새로운 대상을 찾아서 '전이'되어 '승화'되어야 한다. 이는 전체사회의 이성이 '대상'을 찾고 '승화'하는 과정은 전체사회의 자기모순의 긍정과 부정을 통해서 새로운 문명과 관념을 만들어내는 과정이다.

쌓인 에너지의 해소를 위한 대상을 마련하여 그 대상으로 '전이'되어 '승화'되도록 하여야 한다. 대상이 마련되지 못하면 불만의 에너지는 사회의 내부 공간에 축적된다. 축적된 에너지를 해소시키기 위해서 대상을 끊임없이 찾을 것이다.

사회의 변화가 전체사회가 대상을 선택하고 인식하는 문화적인 정체성의 변화라면, 그러한 대상의 인식의 변화를 위한 새로운 대상을 전체사회는 만들어야 한다. 새로운 대상으로 '전이' 되어 '승화'되는 대상을 함께 고려해야 한다.

시장의 논리에 의해서 이루어진 시장질서가 이루어지도록 하는 정책과 변화는 새로운 관습과 도덕을 만들어 새로운 자유를 창조하는 객관적인 실행적 사상을 만들지만, 주관적인 실행적 사상에 의해서 만들어진 억압된 자유에 의한 시장질서는 일시적이고 한시적이다. 주관적인 실행적 사상으로 이루어진 자유의 특색의 변화는 일시적이고 한시적이다. 즉, 있다가도 없어지고, 없다가도 있게 된다.

절대적으로 주관적인 사상에 의지해서 문화의 정체성을 변화시키는 것이 개혁이다. 개혁도 변화의 연장선이다. 주관적인 실행적 사상에는 객관적인 실행적 사상을 지키기 위한 사상, 그리고 변화와 개혁을 위한 사상이 있다. 객관적인 실행적 사상, 즉 도덕과 관습을 지키기 위한 법은 사회의 타당성을 가진다. 특정 사건에 대한 형의 기준을 5년에서 10년으로 한들 그 법이 객관적인 실행적 사상을 지키기 위한 것이라면 문제가 없지만 변화를 위한 법이라면 관습과 도덕 즉, 객관적인 실행적 사상에 도전을 받는다. 그러한 도전은 지금까지 인식된 '승화'

의 가치를 변화시키고자 하는 데에 대한 도전이다. 그래서 개혁이란 객관적인 실행적 사상이 주관적인 실행적 사상에 의해서 변화되는 것이다.

변화란 객관적인 실행적 사상이 자기의 모순에 대해서 부정과 인정을 통해 스스로 변화되는 것이고, 그 과정에서 주관적인 실행적 사상은 그 변화를 주관자적 입장이 아니라 객관자적 입장에서 도와주는 것이다.

어떤 전체사회가 수도를 이전하기 위한 법은 개혁이다. 종래에 있던 모든 관습에 대한 변화를 추구하는 것이다. 하지만 사회제도 개선을 위한 지원법이나 촉진법 등은 변화를 위한 법이다.

사회의 질서를 유지하고 시대적으로 요구된 사회환경으로 문화적인 정체성이 변화되기 위해서 법은 크게 세 가지의 유형으로 구분될 수 있다.

❖ 질서를 위한 주관적인 실행적 사상

객관적인 실행적 사상을 유지하고 보호하기 위한 법이다. 이것은 종래의 문화적인 정체성으로 굳어진 도덕과 관습을 보호하는 목적을 가진다. 이로 인해서 전체사회의 질서는 유지된다.

도덕과 관습인 객관적인 실행적 사상은 전체사회가 공유하는 시대적인 보편적 가치를 가진다. 이러한 보편적인 가치는 오랜 역사적인 시공간 속에서 이루어진 가치이다. 그 가치는 그 시대에서 요구되는 전체사회의 질서의 실체이다. 그래서 이 법은 사회의 혼란을 방지하고 질서를 유지하는데 그 목적이 있다.

❖ 변화를 위한 주관적인 실행적 사상

이 법의 목적은 전체사회의 이성이 특정 대상을 인식하고 판단하는 가치의 기준을 객관자적 입장에서 주관적인 실행적 사상이 변화시키는데 목적을 가진다. 이것은 자연스럽게 판단 가치의 기준이 변화되도록 주관적인 실행적 사상은 객관자적 위치에서 지원하고 촉진한다. 주관적인 입장보다도 객관적인 입장에서 대상을 판단하는 이성이 시대적으로 요구되는 시대정신으로 변화되기를 바라기에 변화에 대한 방향성이 분명해야 한다.

방향성은 전체사회의 목적 지향성을 가지고 통합을 유도한다. 그래서 변화는 다양한 색체를 가진 의식의 통합을 유도하여 단결과 화합을 이룬다. 목적 지향성을 가지고 객관자적 입장에서 변화를 촉진하고 지원하기에 변화에 대한 거부감이 없다. 객관적인 입장에서 변화를 추구하지만 변화되지 않을 때는 주관적인 관점에서 능동적으로 변화를 추구한다. 이것은 개혁이 되는 것이다.

즉, 객관적인 입장에서 변화를 추구하는 것은 '사회적인 환경 〉 관념적인 사상 〉 실행적인 사상 〉 자유의 특색' 이러한 형태로 의식의 전달과 변화가 이루어지지만, 주관자적인 관점에서 능동적으로 변화를 추구하는 관점은 '사회적인 환경 〉 관념적인 사상 〈 실행적인 사상 〉 자유의 특색' 이러한 형태로 의식의 전달과 변화가 이루어지므로 개혁은 많은 갈등과 분열을 동반하게 된다.

❖ 개혁을 위한 주관적인 실행적 사상

주관자적 입장에서 문화의 정체성의 변화를 유도하는 법이다. 이것은 개혁법이다.

주관적인 실행적 사상이 주관자적 관점으로 오랜 역사적 기간 동안 형성되어 온 전체사회의 이성을 변화시키는 목적을 가진다. 전체사회의 이성이 특정 대상을 인식하고 판단하는 가치의 기준을 주관자적 입장에서 물리적인 힘을 동원하여 변화를 시도한다.

전체사회의 이성이 대상을 선정하는 '전이'의 과정을 거쳐서 '승화'되어 에너지를 분출하지 않으면 에너지가 축적되어 분열을 만든다. 개혁은 전체사회의 이성이 '승화'의 가치에 대한 판단 기준의 변화를 의미한다. 이것은 의식의 변화를 의미한다. 종래의 의식에 의존하면서 생존하고, 생각하고, 인식하고, 판단하던 가치는 이제는 비난의 대상이 되어 버린다. 그래서 분노하고 증오한다. 개혁은 완강한 저항을 받는다.

오랜 기간 동안 환경의 순환사이클을 작동하여 형성된 이성의 가치를 물리적인 힘으로 변화를 강요하므로 극심한 사회환경의 혼란이 온다. 종래의 도덕과 관습은 한없이 약해 보이지만 그 어떠한 물리적인 힘보다는 강하다는 것을 개혁의 주체인 주관적인 실행적 사상은 경험한다. 하지만 시대적으로 요구된 시대정신과 일치되는 목적과 분명한 목표 도달적인 방향성을 가지고 모든 물리적인 힘을 동원한다. 자유의 특색은 강하게 조절된다.

주관적인 실행적 사상은 목적적인 목표의 달성을 위해서 특정 대상으로 '전이'되는 또 다른 대상을 만들어 '승화'하게 하여 특정 대상에서 '승화'되지 못한 에너지를 분출하게 한다. 그리고 때로는 진행 시간도 바꾸고 모든 물리적인 힘도 간혹 부드러운 상태로 변하기도 한다. 조금씩 종래에 인식되었던 특정 대상물에 대한 판단의 기준에 변화가 오기 시작한다. 특정 대상을 인식하고 판단하는 이성은 큰 혼란과 갈등에 빠진다. 잠시 전체사회는 특정 대상에 대해 인식하고 판단하는데 있어서 정신적인 공황상태에 빠지고 혼란해진다. 하지만 시대적으로 요구되는 목적을 가진 목표 지향적인 강력한 주관적인 사상은 곧 혼란을 수습하고 문화의 정체성을 변화시키는데 성공하고 새로운 자유의 특색을 만들어 낸다.

이러한 자유의 특색은 도덕과 관습으로 굳어져 또 다른 객관적인 실행적 사상을 만들어 낸다. 그토록 객관적인 실행적 사상이 증오하고, 분노하고, 미워하고, 슬픔과 고통을 주었던 주관적인 실행적 사상은 객관자적인 입장으로 변화하게 된다. 그래서 주관적인 실행적 사상은 새롭게 태동된 객관적인 실행적 사상을 지원하고 보호한다. 강력한 물리적인 힘을 지닌 형태에서 포용과 관용의 형태로 변화하게 된다. 그래서 객관적인 실행적 사상은 새로운 얼굴로 변한 주관적인 실행적 사상의 따뜻한 가슴속에서 드디어 편안해진다. 그리고 긴 한숨 끝에 오랜 동면 속으로 들어가 항상 주관적인 실행적 사상의 보호를 기다리고 의지하고 그 속에서 새로운 문명을 창조하는 실체가 된다. 또다시 자신을 분노케 하고, 증오하게 하고, 미움과 고통 속으로 빠뜨릴 또 다른 힘이 나타날 때까지는 문명의 실체는 자신임을 인정하게 할 것이다. 이것이 개혁의 시스템이자 로드맵임을 전체사회가 인지하게 한다.

시대적으로 요구되지 않는 그리고 특정한 의도적인 목적 달성을 위해서 전체사회의 이성을 변화시키기 위해서 태동한 주관적인 실행적 사상은 객관적인 실행적 사상에 강한 도전을 받고 좌표를 상실한 채 방향을 잃고 큰 혼란에 빠진다. 주관적인 실행적 사상은 갈등한다. 특정대상으로 '전이'된 에너지는 '승화'되지 못하고 사회의 공간 속에 에너지로 축적된다. 축적된 에너지는 분열을 만든다. 전체사회는 대혼란 속으로 빠져든다. 객관적인 실행적 사상은 더욱 큰 증오와 분노의 힘을 발휘하지만 좌표를 읽어버리고 방향감각을 상실한 주관적인 실행적 사상은 물러설 기미를 보이지 않는다. 서로는 크게 충돌한다.

사회는 대혼란에 빠진다. 하지만 주관적인 실행적 사상은 조금도 반성의 기미를 보이지 않고 인간의 탐욕과 오만의 강력한 대변자가 된다. 인간의 오만과 탐욕의 끝이 보이지 않을 때 주관적인 실행적 사상은 객관적인 실행적 사상의 보편적인 가치인 도덕의 강력한 힘 앞에서 드디어 인간의 오만과 탐욕은 피를 토하고 쓰러진다. 그토록 약해보이던 객관적인 실행적사상의 힘은 인간의 오만과 탐욕 앞에는 얼마나 강한 존재인지를 전체사회의 모든 이에게 강하게 인식시킨다. 그토록 무섭고 강한 물리적인 힘을 소유하여 세상의 모든 것을 제압할 것만 같은 주관적인 실행적 사상은 객관적인 실행적 사상 앞에 고개를 숙이고 역사의 교훈을 남긴 채 사라진다. 이제 모든 사회는 고요해진다. 그토록 분노하고 증오하던 객관적인 실행적 사상은 또 다른 주관적인 실행적 사상의 보호를 받는다. 그리고 드디어 편안해진다.

긴 한숨을 쉬면서 진정으로 나를 변화시키고 제압해 줄 사회정신의 대변자인 그 시대의 초인에 의해서 소생한 강력한 주관적인 실행적 사상을 기다리면 편안한 긴 동면 속으로 빠져든다. 문명의 창조의 실체로써 지금까지 해오던 자기의 본연의 임무를 시작한다. 하지만 객관적인 실행적 사상은 당신의 존재, 그 자체를 부정하는 패륜아가 아니라 반성하고 자숙하는 자식이고 싶다. 그러한 마음이 전체사회의 이성의 실체임을 의심하고 싶어 하지 않을 것이다.

❖ 혁명과 새로운 의식

아무리 많은 에너지라도 점화될 수 있는 불꽃이 있어야 불에 타는 것처럼 사회에 축적된 에너지도 항상 점화되는 불꽃을 기다리고 있다.

물리적인 에너지를 점화시키는 것이 불꽃이라면 사회적으로 축적된 강력한 불만의 욕구를 점화시킨 것은 새로운 의식이다.

도미노이론(domino theory)처럼 자주 이야기되어 온 시사용어도 드물다. '한 국가가 공산화되면 인접 국가들도 공산화되기 쉽다'는 너무나 유명한 이 말은 1960년대 미국 군부와 정치가들에 의해 처음 사용됐다.

당시 미국의 월남전 개입을 정당화하는 이론으로, 결국 인도차이나반도 3국의 공산화는 도미노이론의 좋은 예였다. 캄보디아의 적화에 이어 1975년 베트남과 라오스가 1개월도 안 되는 사이에 차례로 공산화되고 말았다.

도미노이론은 18세기 이탈리아에서 시작된 도미노 카드놀이에서 유래했다. 상아(象牙)로 만든 도미노 골패(骨牌)들 중 세워 놓은 하나의 골패를 쓰러뜨리면 잇따라 다른 골패들이 차례로 쓰러지게 되는 현상을 빗댄 말이다.

도미노이론은 다시 도미노 현상으로 발전해 사용됐다. 즉 어떤 하나의 사태가 원인이 되어 주변에 잇따라 비슷한 사태를 불러일으키며 확산되는 현상이 바로 그것이다. 최근에 있었던 국가 간 경제 위기를 이야기 할 때 도미노이론이 자주 사용된다. 한국의 외환 위기 역시 동남아 일부 국가의 유사한 외환 위기에 의한 도미노 현상이 강했었다.

역(逆)도미노이론도 있다.

"한 나라가 민주화가 되면 인접한 나라들도 민주화가 되어 공산세력을 봉쇄할 수 있다"는 이론이다. 원래 도미노이론의 반대 개념이다.

북한에서는 중국식 경제개발을 예고하는 조짐이 일고 있고, 중동 지역에는 민주화의 바람이 점점 확산되고 있다. 이것은 도미노 현상이다. 도미노 현상의 원인은 전체사회 공간에 축적된 에너지에 불을 점화시키는 불꽃과 같은 의식이 전체사회의 내부에 불을 피우기 때문이다. 이것은 타오르는 의식의 불이다. 이는 전체사회가 외계의 보편의 의식이 진리로 인식됨으로써 진행되는 사회의 변화다.

기온은 높은 온도에서 낮은 온도로 이동한다. 공기는 고기압에서 저기압으로 이동하므로 바람이 불고 태풍이 친다. 사회의 문화적인 의식과 문화의 흐름도 마찬가지이다. 전체사회는 전체사회의 외계의 특정문화가 고급문화의 의식으로 인정되면 고급문화는 저급문화로 이동을 시작한다. 이것은 하나의 의식의 편견이지만 인간의 의식은 욕망이 분출하는 방향으로 흐른다. 인간의 이성은 욕망을 분출할 수 있는 것을 대상으로 선택하여 '전이'하고 '승화'함으로써 긴장된 에너지를 안정화시킨다.

시대적인 변천의 과정에서 객관적인 실행적 사상이 변화해야 하는데 변화하지 않거나 인간의 오만과 탐욕으로 객관적인 실행적 사상을 주관적인 관점에서 억압하거나 할 때에는 사회환경의 공간에 욕구불만이 가득 차게 된다. 이것은 에너지로 축적된다. 대상을 선택하는 '전위' 과정에서 '승화'하지 못하면 그것은 에너지로 축적된다.

새로운 의식이 에너지와 결부되어 폭발한다. 이것은 혁명이다. 종래의 주관적인 실행적 사상으로 만들어진 외형적인 관습과 도덕의 모든 부분이 파괴되고, 역사적인 관점에서 축적된 도저히 버릴 수 없는 내면적인 도덕과 관습만이 남는다. 축적된 에너지에 의해서 폭발된 폭발력이 개혁의 관점으로 변화될 크기의 의식은 하나의 작은 단위에 불과하다. 개혁에 저항하기 위해서 사회적인 공간에 축적된 에너지의 크기는 분열의 단위이지만, 혁명의 크기로 축적된 에너지의 크기는 전체사회의 붕괴를 만든다. 분열의 에너지는 전체사회의 공간 속에서 능히 소화되고 용해될 수 있는 크기의 에너지이다. 하지만 혁명을 유발할 수 있는 에너지의 크기는 너무 커서 그 전체사회에서 소화되고 용해될 수 있는 크기를 넘어선다.

전체사회의 질서는 완전히 붕괴되고 새로운 질서를 위한 도덕과 관습을 요구받게 된다. 축적된 큰 에너지는 도저히 버릴 수 없는 관습과 도덕을 제외하고는 모든 것을 일시에 변화 시켜서 새로운 질서를 위한 관습과 도덕이 만들어진다. 그것이 좋은 것인지 나쁜지에 대한 판단할 시간이 없다. 새로운 질서를 위한 관습과 도덕을 만들어 혼란해진 질서를 유지해야 하는 원천적인 목표 앞에 모든 사람은 동의한다. 이렇게 모든 사람이 동의하고 그 질서를 받아들여서 도덕과 관습으로 정착되기 위해서는 반드시 새로운 의식이 있어야 한다. 그 의식은 전체사회의 보편적인 가치로 인정될 수 있을 만큼의 가치가 있는 것처럼 보여야 한다.

모든 관습과 도덕이 변화됨으로 사회환경의 공간은 혼란의 공간을 만든다.

외부적인 힘에 의한 가치 기준의 변화는 오랜 기간 동안 형성된 인간의 의식을 쉽게 지배하거나 바꿀 수는 없다. 인간의 의식은 무의식이 지배하고, 무의식은 오랜 역사적인 관점에서 축적된 사회환경의 경험으로부터 축적되었기에, 축적되어 굳어진 무의식을 대처하는 데는 또 그 만큼의 시간이 필요하다. 하지만 사회의 공간에 축적된 욕구불만에 의한 에너지의 폭발력과 새로운 의식은 능히 그것을 대처하고도 남음이 있다. 그래서 혁명은 성공한다. 에너지의 폭발력만으로는 혁명에 성공하기는 어렵다.

에너지의 폭발은 물리적이고 주관적인 실행적 사상을 파괴하는 역할만을 담당한다. 주관적인 실행적 사상이 파괴되고 그리고 붕괴되면 그 전체사회의 의식이 새롭게 태동될 방향성이 제시되어야 한다. 그 제시된 방향성을 기초로 하여 새로운 도덕과 관습을 만들어 객관적인 실행적 사상으로 정착시킬 수 있는 정도의 크기와 가치를 소유한 의식이 필요하다. 그래서 의식은 축적된 에너지를 폭발시키는 점화의 역할과 그리고 동시에 사회를 통합시키고 질서를 유지시키는 중심이 된다. 그러한 확실한 의식이 없이 국가가 붕괴되면 사회는 각자의 의식이 다양하게 형성되어 형성된 의식이 문명적인 정체성으로 받아들여진다면 그것은 곧 분열을 만든다.

붕괴된 국가의 질서 회복에는 분명한 의식이 있어야 한다. 그들의 전체사회가 지금까지 경험하지는 못했지만 도덕과 관습으로 받아들이기에 충분한 가치가 있는 것으로 인정될 수 있는 크기의 의식이어야 한다.

개혁은 전체사회의 틀 내에서 변화를 주관적인 관점에서 시도하는 것이기에 분열은 되어도 붕괴는 되지 않는다. 혁명은 전체사회의 틀을 벗어나는 새로운 사회로의 전환을 위한 것이므로 반드시 사회의 공간 속에 응축된 에너지와 응축된 에너지에 불꽃을 점화시킬 수 있는 의식이 필요하다. 자폐아적인 사회는 점화시킬 수 있는 의식이 필요하다. 점화시킬 의식이 없다면 좀처럼 폭발되기가 어렵다.

에너지의 응축 정도가 너무 커서 의식이라는 폭발의 점화 불꽃 없이 자연적으로 사회적인 환경의 공간에 응축된 에너지가 폭발된 붕괴는 전체사회의 불행이다. 스스로의 통합은 불가능하다. 각각의 다양한 의식이 하나의 응집의 핵과 같이 작용하여 각각의 문명의 정체성을 만들고, 서로 문명의 충돌로 분열하고 그리고 각각의 문명의 정체성으로 독립되어 점점 문화의 정체성으로 굳어지게 될 것이다. 혹은 힘을 가진 자에게 세력이 형성되어 약육강식이 지배하는 사회가 되기도 할 것이다.

전체사회의 질서가 붕괴되어 혼란스런 사회는 의식으로 정신적인 통합을 이루어 질서를 회복하든 절대적인 힘을 가진 힘의 절대자에 의해서 물리적인 방법으로 질서를 유지하든지 하여야 한다. 전체사회가 질서를 회복하지 않으면 그 전체사회의 존재 자체가 영원히 사라진다. 어떠한 방법으로든 전체사회의 질서는 회복될 것이다.

전체사회의 욕구불만의 에너지가 축적되어 의식에 의한 폭발이 아니라 자연적인 폭발이면 지금까지 주관적인 실행적 사상에 억눌려진 자유는 회복될 것이다. 회복된 자유는 무질서를 낳게 되고 그 무질서는 폭력으로 인한 약육강식의 사회로 변하게 된다. 회복된 자유는 극도로 불안과 고독으로 고통 받게 된다. 그래서 인간은 자유의 안전성을 보장해 줄 절대자를 찾게 된다. 대상을 인식하고 판단하고 선택할 자유는 회복되었지만, 대상을 인식하고 판단하고 선택할 가치의 기준이 설정되지 않았다.

전체사회의 이성은 에너지를 축적하여 대상을 인식하고 판단하고, 선택할 가치의 기준이 잘못 됨으로 인하여 그 가치의 기준을 파괴하고 허물었다. 그러나 결국은 새로운 가치의 기준을 확립하는 의식을 가지고 있지 않았기 때문에 전체사회의 질서는 파괴되고 만다. 새로운 의식이 없는 전체사회의 붕괴는 울타리에 가두어 두었던 동물들이 울분을 못 참고 울타리를 파괴하고 들판으로 뛰쳐나가서, 그들 본래의 동물적인 특성을 가진 자유를 회복하는 것이나 마찬가지이다.

자유를 회복하여 야생 본래의 모습을 회복했지만 그들의 자유는 안전성을 보장받지 못하고 경제적인 자립의 기반도 무너졌다. 그래서 자유의 안전성을 보장받기 위한 힘의 절대자를 찾고, 그 힘의 절대자에게 자기의 자유를 귀속시키고 자유의 안전성을 보장받는다. 그렇기 때문에 종래에 있던 힘의 절대자가 사라지고 또 다른 힘의 절대자가 나타나서 자유를 구속하고 전체사회를 통제한다. 그래서 새로운 의식이 없이 이루어진 전체사회의 붕괴는 절대적인 힘에 의해서 다시 지배되고 자유는 유린된다.

새로운 의식에 의하지 않고 축적된 에너지의 폭발로 붕괴된 전체사회의 질서는 또 다른 힘의 절대자에 의해서 자유는 구속되고 새로운 전체사회의 욕구불만의 새로운 에너지는 축적된다. 이는 악순환의 반복이다. 힘에 의한 전체사회의 안정은 또 다른 혼란을 위한 휴식기에 불과하다. 정신적인 통합을 위한 새로운 의식의 출현은 역사의 발전이고 변화이나, 절대적인 힘의 강자에 의한 가치 기준의 설정은 힘의 행사자와 행사의 방법만 바뀔 뿐 역사는 그 자리에서 맴돌 뿐이다.

전체사회의 이성은 자기모순의 부정과 인정을 통한 변화를 끊임없이 추구해야 한다. 자기모순의 부정과 긍정이 진행되지 않으면 그것은 전체사회 환경의 공간 속에서 에너지로 축적된다. 그래서 역사는 끊임없이 발전되어야 한다. 발전되지 않으면 퇴보한다. 역사는 항상 변화한다. 역사는 변하지 않으면 안되는 자기모순을 가지고 있다. 그래서 변화는 진보적이든, 퇴보적이든, 변화의 방향성은 자기 자신도 모르는 사이에 결정되든, 의식적으로 선택되든 결정되어야 한다.

정신적인 질서가 붕괴되는 사회는 항상 새로운 의식을 갈망한다. 전체사회는 질서가 유지될 때만이 전체사회로써의 가치를 가진다. 질서가 유지되지 않으면 전체사회를 만들 필요가 없다. 질서의 유지 속에서 자유의 안전성을 보장받기 위해서 그 질서 속으로 자신의 자유를 귀속시킨다. 그러함으로써 자신은 전체사회의 하나의 일원이 되는 것이다. 그래서 붕괴된 전체사회는 의식의 질서를 회복해 줄 새로운 의식을 갈망한다. 그러한 갈망하는 전체사회의 의식 속으로 새로운 의식이 스며든다. 그 의식은 폭발적으로 종래의 가치관을 파괴하고 그 속으로 깊숙이 파고든다.

새로운 세계에 대한 동경과 새로운 의식을 갈망하는 주로 젊은 층의 의식은 빠르게 변화하고 물들어 간다. 젊음은 항상 새로운 세계에 대한 동경과 도전에 대한 열정을 가지고 있다. 그러한 의식이 어떠한 방향으로 전개되고 발전될 것인지는 의식을 만들어 내는 주관자에게 절대적으로 의지하게 된다. 세상은 드디어 변하게 된다.

새로운 질서는 회복되고 종래의 가치관은 조금씩 파괴된다. 가지고 있던 종래의 가치관의 기준을 깨뜨리고 울타리 안에서 뛰쳐 나와서 좌표를 상실하고 한동안 방황하였기에 새로운 의식은 고마울 따름이다. 기존에 있던 가치는 파괴되어서 방해될 것도 없다. 오직 전체사회 속에서 성장만이 있을 뿐이다. 하지만 그 의식은 전체사회를 고통스럽게 만들 뿐 자신에게 조금도 도움이 되지 않는다는 것을 뒤늦게 안다. 하지만 이제는 너무 늦었다. 절망 속으로 빠져든다. 외계의 검증되고 확실한 의식은 절대적인 힘의 소유자에 의해서 절망 속에 빠진 전체사회의 의식과는 단절된 채, 자신의 의식이 과연 어떠한 것인지조차도 판단하지 못하는 의식의 불능 사태로 간다. 자폐아적인 사회가 되고 만다. 그렇지만 절망 속에서도 절대적인 초인이 나타나서 힘을 규합하고 검증되고 확실한 의식을 찾고, 혹은 외계의 도움을 받아서 새로운 세상을 만들어 갈 것이다.

이러한 절망 속의 사회를 외계는 방해해서는 안 된다. 모든 불행은 의식에서 왔음을 이해하게 하고, 의식 변화의 방향성에 도움을 주어야 한다. 외계에서 검증되고 정당성을 가진 보편적인 가치의 의식은 절망에 빠진 그들에게는 희망의 불꽃이 될 것이다. 이렇게 외계의 보편적인 가치로 변화를 추구하는 것이 외제적인 접근 방식으로 변화를 추구하는 것이다.

정신적인 혼란기에는 종래의 가치 판단 기준이 무너지기 때문에 오는 것이므로 특정한 의식의 옳음과 그릇됨을 판단할 수가 없다. 전체사회가 특정 대상물을 인식하고 판단하는 가치의 혼란이므로 누가 진실이고, 누가 거짓인지를 알 수가 없다. 전체사회 이성의 혼란기에는 반드시 새로운 의식이 태동되기 마련이다.

❖ 갈등과 분열

전체사회는 자기모순의 부정과 인정을 통해서 변화한다. 자기모순은 갈등으로 표출된다. 건강한 갈등은 건강한 관념을 만든다. 민주주의가 성숙되고 현대화된 사회는 갈등의 합리적인 조절을 통해서 건강한 변화를 이룬다. 건강한 관념은 소통을 통해서 만들어진다. 민주주의는 이러한 소통을 통한 새로운 관념을 만들어 내는 수단이다. 민주주의는 자유를 선택할 수 있게 함으로써 자유는 확산되고 새로운 관념의 태동에 역동성을 주었다. 새로운 관념은 전체사회의 '승화'의 결과다. 사회환경에 축적될 에너지가 창조의 힘으로 발산되게 함으로써 새로운 관념이 지속적으로 태동하고, 새로운 문명은 활동적이다.

하지만 민주주의가 성숙되지 못한 사회나 억압된 사회 그리고 하나의 사상이 전체사회를 지배하는 경우 소통은 활동적이지 못하다. 소통이 활동적이지 못함으로써 자기모순에 의한 '승화'의 결과도 약하다. 그래서 전체사회의 환경에 에너지가 축적된다. 창조의 힘으로 발산될 자기모순의 결과가 발산되지 못함으로써 창조의 힘은 역동성을 상실하고, 갈등은 분열이나 붕괴가 이루어질 수 있는 에너지로 전체사회 환경의 공간에 축적된다.

갈등이 존재하지 않는 사회는 안정적인 것처럼 보인다. 질서가 유지되고 사회는 평화롭게 보인다. 하지만 축적된 에너지는 바로 분열로 간다. 갈등이 존재하더라도 순간적이고, 찰나적이다. 분열의 과정조차도 생략된다. 바로 전체사회의 붕괴로 간다.

민주주의가 발달되고 현대화된 나라는 끊임없이 갈등한다. 이것은 자기모순의 에너지를 분출하여 새로운 관념을 창조하기 위한 과정이다. 현대화되고 민주주의가 발전된 나라는 분열되기 전에 반드시 갈등의 과정을 겪게 된다. 그래서 예측 가능한 사회이다.

갈등의 과정에서 어느 방향으로 진행될 것인지를 충분히 알게 한다. 그래서 그 과정 속에서 주관적인 실행적 사상은 조절할 수가 있다. 갈등이 없이 고요한 사회는 예측할 수가 없다. 바로 분열로 가기 때문이다.

현대화되고 민주주의가 성숙한 국가도 특정한 부분에서 갈등의 과정을 보이지 않고 분열로 가는 것은 특정한 분야에 에너지가 축적된 결과이다. 그 분야에서는 평소 갈등이 없거나 자기모순의 결과를 '승화'시키지 못한 결과로 에너지가 축적되어서 나타나는 현상이다. 민주주의가 성숙되고 현대화된 국가는 자기모순을 스스로 정화시키기 위해서 에너지를 분출함으로써 나타나는 갈등으로 사회는 혼란스럽고 무질서해 보이지만 역동하는 사회이다. 이것은 분열을 사전에 방지하기 위한 일련의 과정이고 예측 가능한 사회임을 나타내는 것이다. 하지만 갈등의 방임은 분열로 간다. 분열은 사회적인 환경에 큰 상처를 준다.

분열은 자기모순의 부정과 인정을 실행적인 사상으로부터 자연스럽게 확인받음으로써 새로운 관념을 소생시켜야 하나 그러한 단계를 넘어서는 것이다. 서로 간은 극도로 불신하게 된다. 소통의 단계로는 새로운 관념을 만들기에는 서로 간의 감정이 너무 크다. 그래서 서로 분열하고 분열됨으로써 한쪽이 져야 하는 충돌을 만들게 된다. 그렇기 때문에 자기모순의 에너지는 실행적인 사상을 통해서 합리적으로 조절되어서 새로운 관념을 만들어 내야 한다.

실행적인 사상의 본래의 목적은 자유의 안전성을 보장하고 자유를 구속하는데 있다. 이는 자기모순적인 결과로부터 발현되는 에너지를 '승화'시키기 위한 목적을 달성하기 위해서 행하는 자유의 조절이다.

사회환경과 자연환경

❖ 상대적인 환경과 절대적인 환경

사회환경은 새로운 의식이 태동하면 종래의 환경은 쇠퇴하고 새로운 의식에 의한 새로운 문화의 정체성이 형성되고 성장한다. 과거의 의식으로 이루어진 문화의 정체성은 자연의 장 속으로 사라진다. 자연은 불변의 법칙을 가진다. 자연은 항상 변화하는 것 같지만, 그 얼굴만 바뀔 뿐 그 변화의 순리는 변하지 않는다. 사회환경도 자연환경이 그 변화를 인정하는 범위 내에서 변화를 한다.

사회환경의 성장은 최초의 의식이 태동하여 환경의 순환사이클이 독립된 객체로 작동되어 f(x)의 값이 커지는 상태이다. f(x)값은 자기모순의 부정과 긍정을 통해서 새로운 관념이 태동하고 소통을 통하여 전달되어서 성장할 것이다. 종래의 의식을 대체할 새로운 의식이 성장하면 종래의 의식은 점점 사라져서 자연의 장 속으로 사라진다. 태어난 새로운 의식은 문화의 정체성 속에서 문명의 형태로 나타난다. 그러한 문명은 점점 성장하여 문화의 정체성을 바꾸게 됨으로써 안정화되고 새로운 의식이 나타날 때까지 유지된다. 이러한 새로운 의식도 이것을 대처할 문명이 나타나면 점점 쇠퇴하여 진다.

사회가 성숙되어진다는 것은 현대화된 국가에서 의식의 소생과 성장, 유지와 소멸이 '이'와 '기'의 상호조화 속에서 자연스럽게 이루어짐으로써, 다양한 형태의 문화와 문명을 경험하게 되어 문화의 경험적 자산이 많으므로 문화와 문명의 창조적인 활동이 역동적인 사회가 되어진다는 의미이다.

사회가 성숙되면 그 사회는 개방적이다. 다양한 문화를 경험하게 되고 의식의 소통도 자유롭다. 다양한 형태의 문화와 문명이 교차하는 허브와 같은 역할을 하게 된다. 모든 문화와 문명에 거부감이 없다. 그리고 서로 소통한다. 소통의 경계선에선 새로운 뉴에이지 같은 문화가 태동한다. 그 문화는 지금까지 우리가 경험하지 못한 문화이다. 그래서 새롭다. 문화의 새로운 경험이다. 뉴에이지 문명은 소통되지 않으면 태동되기 어려운 문명이다. 종래의 문화도 아름답지만 새로 태어난 문명도 아름답다.

현대 과학의 발달로 태어난 문명은 역동성을 가지고 빠르게 전파된다. 인간은 점점 반자연화되어 간다. 자연의 순리는 인간의 문명과 문화의 태동의 가장 근본적인 요소를 제공한다. 자연의 순리에 역행하는 반자연적인 인간의 문명이 자연의 순리를 바꾼다면 인간의 전체사회는 존재할 수가 없다. 인간의 문명은 반드시 자연이 허락하는 범위 내에서 이루어져야 한다는 것이다. 자연이 허락하는 범위를 벗어나면 자연은 반드시 그 이상의 대가를 인류에게 요구한다. 자연 속에서만 인류는 생존할 수가 있다. 자연은 모든 만물의 생성의 근원이고 인간은 자연 속에서 생존하는 수많은 객체 중에 하나이다.

인류에게 존재하는 사회적인 환경의 순환사이클이 존재하듯 자연 속에 존재하는 모든 생명의 독립된 객체에도 그들 나름의 생존을 위한 독립된 환경의 사이클이 존재하고, 자연이 허락하는 범위 내에서 유지되고 작동되고 있다. 자연 속에서 바라본 인류 환경의 순환사이클도 자연의 수많은 생명 단위별 객체가 작동되고 있는 것 중의 하나에 불과한지도 모른다. 그래서 자연은 인류뿐만 아니라 생존하는 모든 생명체의 공동 자산이다.

변하지 않는 자연의 순리 속에서 인간의 환경의 순환사이클은 자기 자신의 모순으로부터 변화를 한다. 인간의 반자연화는 자연의 순리적인 작용으로 생긴 수많은 에너지와 환경이, 그 바닥을 드러내게 하고 그 유한성에 인간을 불안하게 한다. 인간의 욕망과 희망을 만족시키고 버려진 결과물과, 그것을 만족시키기 위해서 취득되어야 할 자연의 근본적인 물질은 자연의 한계를 벗어나게 할지도 모른다. 그리고 그 한계의 끝에서 절망할 인류의 모습을 우리는 상상하면서도 더 많은 자연의 근본적인 물질을 취득하기 위해서 경쟁적이다.

인간의 휴머니즘적인 요소에 의지하기에는 물질을 향한 인간의 욕망과 희망의 근본적인 요소가 너무 크다. 그래서 우리는 이러한 인간의 근본적인 심성을 '주자'가 말한 것처럼 인욕을 버린들 버려지는 것도 아니기에 이해하면서 조절해야 한다. 그러기 위해서는 인류 전체사회의 새로운 의식이 필요하다. 이러한 새로운 의식은 인류가 공동으로 인식하고 공유하는 보편문화이다. 이러한 보편문화는 뒤에서 설명되지만 인류의 공동체

의식에서 태동할 것이다. 인류의 사회환경은 자연환경이 허락하고 그 허락 속에서 생존해야 한다는 것이다.

그래서 자연환경은 사회환경을 포용해야 하기에 자연환경과 사회환경은 상호조화를 이루어야 한다. 자연환경은 항상 그대로인 절대적인 환경이라면, 사회환경은 자기모순의 원칙에 따라서 시대적으로 변화하는 상대적인 환경이다. 상대적인 환경은 절대적인 환경의 보호 속에서 변화와 진화를 해야 한다는 것이다.

❖ 자연적인 존엄성과 사회적인 존엄성

자연의 질서는 자연 속에 존재하는 모든 생명체를 유지시키는 절대적인 질서이고 조화이다. 자연의 질서와 순리가 파괴되면 자연 속에 존재하는 모든 생명체는 존속할 수가 없다.

자연 속에서 바라본 개별 생명체의 존속을 위한 그들의 독립적인 환경의 순환사이클도 자연의 허락 속에서 존속한다. 자연이 그들의 독립된 환경의 순환사이클을 허용치 않는다면 그 생명체는 결국 사라진다. 하나의 종이 자연의 질서로부터 배척되어 사라지는 것이다.

인간이 단위별 전체사회에서 존엄성을 인정받기 위해서는 최소한 형성된 도덕과 관습으로부터 인정된 자유의 특색을 선택해야 한다. 국가는 전체사회 질서를 유지하고 생존권을 보장하기 위해서 자유를 구속한다. 구속의 목적은 결국 전체사회의 질서를 유지하고 생존권을 보장하여 인권의 존엄성을 보장하기 위함이다.

전체사회의 질서에 배척되는 자유의 특색은 배척되고 구속된다. 전체사회로부터 존엄성을 보장받기 위해서는 전체사회의 질서의 유지를 위해 허용된 범위 내에서 자유의 특색을 선택하여야 한다는 것이다. 그래서 사회적인 존엄성은 전체사회의 환경의 순환사이클이 독립된 객체로 작동된 결과 형성된 도덕과 관습으로부터 인정되어질 때 보장되는 것으로, 사회로부터 인정된 인간의 존엄성을 의미한다.

자연적인 존엄성은 자연의 질서로부터 온다. 자연적인 관점에서 바라본다면 자연의 질서유지가 근본 목적이다. 자연의 질서유지를 위한 관리자로 신*은 인간을 선택했다. 그리하여 인류에게 최소한 도덕과 관습적으로 인정되고 승인될 자유를 선택할 양심의 자유를 주었다.

인간은 자신의 한계를 스스로 극복하는 절대적인 양심을 내면 속의 의식상태에 스스로 저장하고 또한 노력한다. 그래서 자연 속에서 인간은 신과 같으며 그러한 절대적인 양심과 능력으로 자연의 질서를 관리하는 관리자의 위치를 스스로 갖게 되는 것이다.

자연의 질서를 유지하고 존속시키기 위해서 생태계에 저축되는 것은 자연의 단위에서 바라본다면, 그러한 자유의 특색은 거부되고 배척된다.

인간은 자연의 질서를 관리하는 관리자이므로 자연의 질서

---

*신이란 자연의 관리자로써 인간의 위대성과 인간의 마음속에 있는 절대적인 양심의 상징적 존재이다. 모든 자연 속에서 살아가는 생명 중에서 도덕과 관습을 이해하고 질서를 창조할 수 있는 유일한 존재이다.

를 위해서 자연의 질서 속에서 생존하는 수많은 단위별 생명의 객체의 자유를 어느 정도 조절할 수도 있을 것이다. 하지만 그러한 자유의 조절은 자연의 질서 속에서 이해되고 고려되어야 한다.

자연의 질서를 파괴하는 과도한 생명의 객체는 조절되지만, 자연의 질서를 위해서 자연의 질서 속에서 생존해야 할 생명은 보장되고 보호되어야 한다.

자연의 질서를 유지함은 결국은 인류의 존엄성을 유지하는 것이다. 자연으로부터 인정되지 않은 단위별 생명의 존엄성은 사라진다. 그래서 인류가 존속하고 유지하기 위해서는 자연으로부터 그 존엄성을 허락받아야 한다. 자연으로부터 존엄성을 허락받지 못한다면 인류에 의해서 작동되고 있는 환경의 순환 사이클도 사라지게 될 것이다.

자연의 질서를 관리할 관리자로서의 의무보다는 인간의 욕망과 희망에 의해서 자연의 질서를 파괴한 자연질서의 범법자라면, 자연은 스스로 자연의 관리자로써의 인간의 의무 수행 능력을 의심하게 될 것이다. 그래서 자연은 스스로 관리자의 교체를 그 힘으로 하게 될지도 모른다.

그래서 자연적인 존엄성은 자연의 질서 속에서 이해되는 존엄성이고, 사회적인 존엄성은 인간사회의 질서 속에서 인정되는 존엄성이다. 그러함으로 자연의 존엄성 속에서 사회적인 존엄성은 이해되어야 한다.

문명 간의 관계

문명이 약 3,000년 전에 발생하여 과학의 문명이 발달한 근대를 제외하고는 과거에 문명과 문화들 사이의 접촉은 거의 없었다. 문명과 문화 간의 접촉이 있는 경우는 상당히 제한적이었으며 있더라도 우연적인 경우가 많았다.

4대 문명이 태동하던 시기에는 문명과 문명들 사이에는 시간과 공간이 크게 분리되고, 교통과 정보 전달의 기술이 약해서 상호 교류는 거의 없었다. 그래서 각각의 문명은 독립적인 환경의 순환사이클이 독립적으로 작동하여 독자적인 문화를 만들어 가게 되었다.

그리고 나일강, 티그리스-유프라테스강, 인더스강, 황하유역에서 발생한 초기의 문화권 내에서도 정보통신과 교통수단이 나약하여 정보의 교류나 문화나 문명의 교류가 거의 없었다. 만약 오늘날처럼 문명 간의 교류가 활발했다면 민족의 구분도, 문화의 이질감도 발생되지 않았을 것이다.

하나의 특정 문명이 발생되고 그 문명의 영향으로 환경의 순환사이클에 의해서 문화의 정체성을 만들게 된다. 이러한 원리로 민족의 정체성이 형성되고 관습과 도덕이 만들어지고 그 독특한 사회환경은 후손에게 전달되어 오늘날 문화의 줄기가 형성된 것이다.

오늘날처럼 정보통신의 발달에 의해 하나의 태동된 문명은 그날 세계의 모든 곳의 구석구석 퍼져나가서 감정을 공유하게 된다. 그리고 그러한 정보에 의해서 법과 제도가 만들어지고, 만들어진 법과 제도는 또 함께 공유하기도 한다. 감정의 공유는 전 세계를 하나의 지구촌으로 만든다. 흩어지고 구분되던 감정을 서로서로 공유함으로써 지구촌의 인류의 감정은 모두가 같다는 것을 느끼고 알게 되었다.

그러나 감정이 서로 공유되지 못한 상태에서 환경의 순환사이클이 작동되므로 태동된 문명은 문화의 정체성을 만들고, 민족의 정체성을 만들게 되었다. 이러한 정체성이 만들어지는 과정을 이해한다면, 인류의 통합의 과정도 우리는 상상해 볼 수 있을 것이다.

문화권 내에서도 거의 교류가 일어나지 않았기에 같은 언어권에서도 발음이 다르고 방언이 발생한다. 지금은 발생된 발음의 차이도 방언들도 통합을 이루게 되었지만, 교류가 없다면 그러한 차이는 환경의 순환사이클의 작동 원리에 따라서 점점 커져서 다른 언어의 체계로 진화해 갈 것이다.

환경의 순환사이클이 작동되기 시작하여 자기모순에 의해서 전체사회의 특징이 형성되는 문명과 문화의 축이 이루어지는 시기를 축시대라고 하고, 이러한 축시대에는 문화와 문명의 교류가 정보통신과 교통의 수단이 미약하여 거의 일어나지 않다가 동지중해, 서남아시아, 북인도를 중심으로 문화와 문명들 사이의 접촉이 늘어나기 시작했다. 그러나 환경의 순환사이클의 독립적인 작동으로 형성된 문화와 문명들 사이의 시·공간을 극복할 수 있는 수단인 교통과 정보통신의 한계로 문화와 문명의 전달에는 제한적이었다.

지중해와 인도양에서는 바다를 통한 해상무역이 이루어지고 있었지만, 약 1500여 년 이전까지만 하더라도 분리되어 독자적인 세계의 여러 문화와 문명들을 우연적이고 제한적으로 미미하게 연결시켜 주던 주요한 교통의 수단은 바다를 통해서가 배가 아니라 육로의 교통수단인 말이었다.

자연적이고 우연적으로 사상과 문화 그리고 문명은 이러한 1차원적인 수단과 방법으로 전달됨으로 그 시기는 수백 년에 걸쳐서 상당히 오랜 시간이 걸렸다.

가장 많은 문명과 문화의 교류와 연결은 다른 환경의 순환사이클의 작동 상태를 물리적인 힘에 의해서 변화시키거나 복속시키고자 하는 정복의 과정에서 발생되는 전쟁이었다. 전쟁은 오랜 기간 문명과 문명의 접촉으로 인해서 의식과 사상이 교류되어 문화의 정체성을 공유하고 변화하는데 가장 많은 영향을 주었다.

이러한 전쟁 이외에 가장 큰 문화적 전파로는 북부 인도에서 태동된 불교가 600여 년 만에 중국에 전파된 것이라고 할 수 있다. 불교의 중국 전파는 동아시아의 문화에 절대적인 영향을 미쳤다.

불교 이외에 인류의 문명과 문화에 가장 많은 영향을 미친 종이, 인쇄술의 기술 전파도 발명 후 수백 년에 걸쳐서 전 세계에 전달되었다. 기원전 200여 년으로 추정된 중국의 종이 제작 기술은 오랜 시간을 통해서 대한민국과 일본, 그리고 유럽 및 아메리카 지역에 전파되었다.

대한민국에는 2~4세기경 들어온 불교 관련 서적류와 더불어 종이 제작기술이 전해졌을 것으로 추정하는데, 이를 통한 불경의 대량 출간 사업으로 제지술이 크게 발전되어 일본에 전해졌다. 중국의 제지술을 받아들인 대한민국은 창조적 노력으로 보다 발달된 종이 제작 기술을 이루었으며, 고구려 승려인 담징(曇徵)은 610년 대한민국의 우수한 종이 제지술을 일본에 전하였다.

이후 종이 제작기술은 페르시아와 이집트를 거쳐 유럽 지역에서는 처음으로 스페인에 전달되었고, 프랑스, 벨기에, 독일, 이태리, 영국, 러시아, 노르웨이, 미국, 그리고 가장 늦게 캐나다를 끝으로 전 세계로 전파되었다.

인쇄술의 기원은 중국의 한나라시대로부터 기원한다. 세계 최초로 중국(북송)에 필승이라는 평민발명가에 의해 활자 인쇄술이 발명되어 세상에 나오게 되었다.

세계에 현존해 있는 세계 최고(最古)의 목판인쇄물로 대한민국의 경주 불국사 석가탑에서 발견된 〔무구정광대다라니경(無垢淨光大陀羅尼經)〕은 통일신라시대(경덕왕 10년:751년)에 간행된 불경으로, 일본의 〔백만다라니경(762년)〕보다 앞서고, 그리고 〔직지심체요절(1377)〕이 금속활자 인쇄본 서적으로 간행됨으로써 대한민국에서 인쇄술이 크게 발달하였다. 이러한 종이와 인쇄의 문화는 중국으로부터 받아들인 기술을 대한민국에서 발전시켜 일본으로 전달되었다.

이후에 인쇄술은 이웃 국가로 전해졌고 페르시아와 이집트를 거쳐 세계 속으로 퍼져나갔다. 그리고 9세기경에 중국에서 발명된 화약은 50여 년이 지나서야 유럽에 전해지기도 했다.

문화와 문명의 교류 중에 가장 극적이고 중요한 사건의 발달은 문화권 간의 전쟁으로 인한 물리적이고 강압적인 접촉이다. 이러한 접촉은 짧은 기간동안 간헐적으로 발생됐지만 이러한 접촉이 문화와 문명의 교류 측면에서 가장 중요하고 극적인 변화를 가져오는 것은 큰 충격으로 발생된 새로운 관념의 크기(x)와 매개체(a)의 활동이 역동적이기 때문이다.

하지만 이러한 과격하고 물리적인 충격이 그들이 역사적으로 내제된 민족의 정체성으로까지의 변화를 추구하는 데는 모두 실패했다. 이것은 자연적이고 순리적인 상태에서 역사적인 시간 속에서 환경의 순환사이클이 작동되지 못했기 때문이다. 그리고 환경의 순환사이클의 작동이 물리적인 충격과 지배에 의한 반발심으로 폐쇄적인 상태로 흐르는 경향도 또한 존재하여 더욱더 문화의 변화를 전통적인 방향으로 고착화시키는 경우도 있다.

그렇기 때문에 문화의 변화는 상호교류 속에서 변화를 추구해야 한다. 상호교류 속에서 추구된 변화는 전체사회의 이성이 상호교류에 필요한 이성으로 변화를 시도하고 그리고 변화될 것이다.

사회학적 심리는 사회의 변화에 따라서 능동적으로 이성이 대상을 바라보는 관점을 변화시킨다. 인류사회 전체의 인식이 국가의 전체사회의 개별문화를 이성을 가진 존재로 인식하고, 인류 전체를 하나의 사회로 볼 때, 그 이성은 인류사회의 변화에 따라서 그 변화에 대한 이성의 변화를 추구할 것이다.

몽골제국에 의한 문명의 교류

칭기즈칸에 의해서 형성된 거대한 몽고제국은 동양과 서양의 문화와 문명이 상호교류하는 큰 계기를 맞이하게 되었다. 몽고제국이 인류의 역사에 가장 큰 영향을 미친 것은 문화와 문명간의 조우이다. 칭기즈칸의 서방원정을 시작으로 건설된 몽고제국은 유라시아 대부분 지역으로 확대된다. 몽고제국은 유교문명, 불교문명, 힌두문명, 이슬람문명, 페르시아문명, 기독교문명, 슬라브문명 등 거의 모든 동서양의 문화와 문명이 공존한 채 활발하게 교류하는 계기가 되었다.

그러한 문화와 문명의 조우를 가능하게 한 가장 큰 원인은 거대한 제국을 관리하기 위한 역참제도이다. 칭기즈칸의 아들 오고타이 칸에 의해서 크게 발전하여 동양과 서양의 상업적인 교류를 크게 증대시키고, 문화와 문명이 서로 조우하게 되어서 인류 역사의 변화에 가장 크고 극적인 변화를 가져오는 계기가 되었다.

몽고의 역참제도는 현재의 의식과 사고로도 놀랄 만한 광대한 규모였다. 어느 길을 택하여 여행하든지 40km마다 '잠'이라고 부르는 역을 만나게 했다. '잠'은 역사(驛舍)라는 뜻으로, 어떤 잠(역사)에는 400마리의 말이 사계절용으로 언제나 준비되어 있어서 교통을 원활하게 했다. 길이나 민가가 없는 외진 곳에도 역사(잠)을 설치했다. 지금으로 말하면 고속도로의 외진 곳에 휴게소를 설치하여 여행객들의 편리를 도모하는 것과 같다. 좀 떨어진 외딴 민가에 설치된 역사는 40Km마다 설치하는 것이 아니라 좀 길게 50~70km 정도에 설치했다는 차이일 뿐이다. 이러한 거대한 역참제도와 그 시스템을 운영하기 위해서 항상 30만 마리의 말을 사육했다.

이러한 제도는 아시아, 아프리카, 유럽에서 당시 생산된 물품을 활발하게 교류시키고 유통시켜 물질과 정신의 교류가 이루어지게 되었다. 이 거대한 역참제도는 역사상 가장 역동적인 문명과 문화를 교류시키고 몽고제국을 유지시키는 대동맥이었다.

그렇다면 몽고제국 이전에는 어떻게 동양과 서양이 교류하고 연결되었을까?

실크로드를 통해서 연결해 왔으나 몇 가지의 제약을 받고 있었다.

첫째는 중국의 장안에서 동로마제국의 콘스탄티노플이나 시리아 지역에 이르는 곳까지 가기 위해서는 '릴레이식 연결형'이었다. 한 특정 대상이 실크로드의 처음부터 끝까지 갈 수는 없었다. 한 팀은 일정 구간만을 가고, 다시 다른 팀이 다음 구간을 떠맡아 이동하는 형식의 역참제도를 통해서 풀코스를 완주하는 '풀코스식 이동형'이 아니라 '릴레이식 이동형'이었다.

둘째, 동양과 서양 사이에 이슬람의 문화권이 등장하여 실크로드를 여행하는데 안전성이 확보되지 못해서 불안정하게 운용되어 연결되거나 혹은 끊기기도 했다. 아랍과 페르시아가 사실상 실크로드의 주도권을 잡고 간섭하거나 방해하는 일이 자주 일어났다.

이러한 실크로드를 통한 문명과 문화 교류의 한계점과 주변상황에서 몽고제국이 등장한 것이다. 몽고제국의 팽창으로 서로 다른 문화권을 기반으로 4대 칸국 '오고타이 칸국(알타이산맥 일대), 차가타이 칸국(중가리아분지와 타림분지 그리고 아무다리야강 동쪽 지역), 킵차크 칸국(동유럽 지역), 일 칸국(페르시아와 터키 지역)'을 건설하게 되었다.

그래서 이러한 다른 문화권(유교 문화권, 불교 문화권, 이슬람 문화권, 페르시아 문화권, 기독교 문화권)을 기반으로 건설되는 4대 칸국은 서로 간의 문화와 문명의 교류에 역동성을 주었다. 그리하여 몽고족 형제국가끼리의 통일성을 유지하고 교류를 강화하면 할수록 각 문명 간 교류는 저절로 이루어졌다. 그 결과 몽고제국의 판도 아래 획기적인 동서양 교류가 가능하게 된다. 몽고제국의 길은 이렇게 실크로드의 한계를 극복했다.

(1) 동양과 서양 간 교통의 발전

몽고제국의 출현 이전의 실크로드는 중국의 장안에서 동로마제국의 콘스탄티노플 또는 로마까지 연결되어서 교류하고 있었다. 그러나 몽고제국의 건설로 그 길이와 폭이 확장되었다.

그 범위는 동쪽으로는 북경까지 확대되고 그리고 거기서부터 다시 남쪽의 국제 항구도시 항주까지, 서쪽으로는 로마를 지나 중부 유럽까지 팽창되면서 인류의 활동 범위와 교류가 확장된

만큼 넓어졌다.

(2) 안전성의 확보

몽고제국 이전에는 실크로드의 도로망을 완전하게 관리할 수 있는 단일한 제국이 없었다. 그래서 관리의 통일성을 확보하지 못하고 어떤 구간에는 과도한 세금을 부과하고 도적의 공격으로부터 안전성이 확보되지 못했다. 그리고 이슬람의 과도한 간섭과 방해는 실크로드를 통한 문명과 문화의 교류에 안전성을 보장할 수가 없었다.

그러나 몽고제국의 등장으로 관리의 통일성의 확보와 안전성의 보장은 실크로드를 통한 역동적인 문화와 문명을 교류하게 했다.

(3) 풀코스식 이동형의 작동

몽고제국 이전에는 동양과 서양 간의 교류는 풀코스식 이동형이 아니라 릴레이식 이동형이었다. 그러나 역참제도는 릴레이식 완주형에서 풀코스식 완주형으로 실크로드를 여행할 수 있게 했다. 그래서 동양과 서양을 오고 가면서 문화권의 내면적인 가치를 마음으로 느끼는 사람이 늘어나게 되었다.

유명한 여행가 마르코 폴로도 동시대의 사람으로서 그 가운데 하나다. 그래서 동양과 서양의 여행을 가능하게 했다.

(4) 상시적인 교류의 가능

몽고의 역참제도는 항시 말이 30여 만 마리가 4계절 대기하고 있어서 정기적이고 계획적인 교류나 여행은 아니더라도 원하면 상시적으로 이동을 가능하게 했다. 그래서 교류는 빈번해지고 문화와 문명의 교류는 과거에 비해서 역동성이 크게 증대되었다.

(5) 해상 교통의 발달

육로의 발전과 팽창으로 인하여 세계지리에 대한 지식의 확대로 이어지고 그로 인한 결과로 해상의 교통도 함께 발전하게 되었다.

몽고제국은 몽고제국 이전의 중국 항해술을 더욱더 발전시키고 해양의 경험을 풍부하게 했다. 그래서 '동양'과 '서양'의 구분이라는 관념이 생기게 되었다. 해상의 발전은 4대 칸국의 연결과 교류를 위해서는 필연적으로 요구되는 사항이기도 했다.

(6) 동양과 서양 시장의 단일성

동양과 서양이 하나의 제국으로 연결되고 역참제도로 인한 육상교통의 상시성과 사실 4대 칸국으로 분할되어 있지만, 몽고제국의 이전보다는 관리의 통일성을 이룰 수가 있었다. 이러한 변화로 인해서 동양과 서양 간의 시장은 이전의 분리되어 있는 것보다는 단일적인 시장의 개념을 만들 수가 있었다.

몽고제국은 한인 중심의 중화사상과 같은 폐쇄성보다는 역참제도에서 보듯이 인적, 물적 교류에는 대단히 개방적이었다. 이로 인하여 몽고제국은 대외의 교역에서는 눈부신 발전을 이루고 동양과 서양 간의 문물의 교류는 인류 역사에 있어서 거대한 변화를 만들 수가 있었다. 시장의 단일적인 개념은 단일화폐의 필요성을 느끼게 되어 단일화폐를 통용케 했다.

단일화폐는 교초(지원통행보초)라는 지폐와 차가타이 화폐가 몽고제국에서 널리 통용되기에 이른다. 그 이전 남송시대에 지폐가 처음 등장하기는 했어도 이처럼 광범위한 지역에서 화폐를 통용시킨 것은 몽고제국이 처음이다.

이러한 모든 역사적인 사실들은 교통의 발달로 인한 문명과 문화의 교류가 없었다면 불가능한 일이다. 역으로 이러한 문명과 문화의 교류는 더욱더 교통의 발달을 이루게 하였는지도 모른다.

몽고제국의 뛰어난 교통의 시스템은 칭기즈칸의 아들인 오고타이 칸에서 비롯됐다.

이러한 물적, 지적, 인적의 동서양의 교류는 서양에 광범위하게 영향을 미쳤다. 그때까지만 해도 동양이 서양의 문명을 압도하고 있었기 때문이다.

유럽인들은 실크로드를 통해서 직접적으로 동양의 문명을 받아들일 수가 있었다. 그 이전에는 아랍인들을 통해서 간접적으로 접촉할 수밖에 없었다. 그래서 유럽인들은 중국으로부터 제지술, 나침반, 화약 등 중국의 4대 발명품들을 직접적으로 받아들이고, 특히 화약류의 유럽의 전파는 강건하던 중세 봉건주의자들의 성을 격파하여 유럽에서 통일의 국가를 만들 수 있게 하였다. 그리고 나침반은 유럽국가들에게 항해술을 비약적으로 발전시켜 유럽인들에 의한 세계의 지리상의 새로운 발견 등을 할 수 있게 하였다.

몽고의 실크로드의 길은 어느 의미에서 동서양의 운명을 역전시켰다고 할 수 있다. 이것은 동양과 서양의 문명의 교류와 충돌이 서양의 문화에 영향을 미친 결과로 유럽은 세계의 지배자로 등장하게 되었다.

쿠빌라이는 도읍을 대도(大都:北京)에 정하고 국호를 원(元)이라 정했다. 1279년에 남송을 멸망시키고 전국을 통일했다. 그들은 아시아 대륙뿐만 아니라 중동은 물론 동부유럽까지 지배하는 대제국을 건설했지만, 구심적인 역할을 할 수 있는 그들만의 의식이나 문화가 없었다. 그래서 그들은 물리적인 지배는 하였지만 정신적인 지배는 할 수가 없었다. 그래서 정신적으로는 한족의 지배에서 벗어날 수가 없었다.

그들은 또한 민족의 차별 정책을 취하여 몽고족, 색목인(色目人), 한인(漢人), 남방인(南方人)을 엄격히 구별하고 몽고인과 색목인이 정치를 관장했다. 그러나 원의 지나친 영토의 확장과 의식의 부재, 그리고 민족의 엄격한 구분은 필연적으로 민중봉기를 유발시켰다.

중국의 의식으로 거대한 제국을 통치하려 하지만 그들은 스스로 중국의 의식에 동화되지도 못했다. 마침내 민중의 봉기가 발생하고, 주원장(朱元璋)이 한족의 단결을 호소하고 규합하여 대도를 점령하고 명(明)나라를 건국함에 따라 원나라는 멸망했다.

그들은 역참제도에서 보듯이 개방적이어서 대외교역이 활발하고 문명과 문화의 빈번한 접촉 등은 도시를 발달시키고, 상업과 수공업의 발달은 상인 및 시민 계급의 지위를 향상시키게 했다.

몽골족은 힘(力)으로는 한족을 지배했지만, 정신적으로는 한족의 지배를 벗어나지 못했기 때문에 한족이 세운 명에게 멸망하게 됐다.

몽골족은 중국의 대륙을 통제하고 관리할 의식이 없었다. 힘에 의한 통제, 즉 주관적인 실행적 사상이 객관적인 실행적 사상을 변화시키지 못하면 언젠가는 멸망한다는 것이다. 객관적인 실행적 사상은 자연적이고 순리적인 상태에서 도덕과 관습적으로 인식되어질 때 완성되는 것이다.

통합을 위한 의식과 질서의 실체인 도덕과 관습은 자연적이고 순리적인 상태에서 이루어져야 한다. 그렇지 못할 경우에는 독립적으로 작동된 환경의 순화사이클은 물리적인 상태에서 지배된 것으로부터 이탈을 시작한다. 그리고 분열한다.

하지만 몽골제국의 역참제도로 인한 동양과 서양의 소통은 유럽이 세계의 중심국으로 부상하는 결정적인 계기가 되었다.

유럽의 성장

몽골제국의 역참제도가 동양과 서양의 교류를 활발하게 하여 문명이 교류함으로써 유럽은 성장할 수 있었다. 유럽의 성장과 지배를 위한 팽창이 객관적이고 자연적인 보편적 의식으로부터 출발되지 못하고 물리적인 힘에 의존하고, 그리고 팽창후 축소되는 과정에서 독립적인 객체로 작동된 환경의 순환사이클에 의해서 형성된 문화적인 영향이 고려되지 않음으로 현대에 와서 지구촌에 수많은 문제점을 야기 시켰다. 독립된 객체로 작동된 환경의 순환사이클에 의해서 형성된 문화적인 정체성이 미치는 범위까지가 하나의 전체사회의 실체이고, 이러한 실체로 팽창 후 축소 과정에서 환원되지 못함은 앞으로 인류가 통합을 위해서 풀어야 할 문제점으로 남았다.

몽골제국의 역참제도에 의해서 동양과 서양의 문물이 교류함으로 유럽이 성장해서 세계를 지배하고, 유럽의 단일문명을 보편화된 문명으로 인식시키게 했다. 이러한 물리적인 힘을 바탕으로 주관적이고 의도적인 관점에서 보편문화를 인식시키게 함은 그들의 오만과 욕망의 산물이며 팽창의 명분에 불과했다. 팽창 후 축소의 과정에서도 그들의 편리성에 따라서 의도되지 않은 상태로 환원됨으로 겪게 되는 증오와 분노, 그리고 또 다른 분열적인 전쟁을 야기하였다.

우리는 유럽의 성장과 팽창 그리고 축소의 과정 속에서 우리에게 주는 역사적인 교훈을 고찰하고, 인간의 욕망과 희망을 만족시키기 위해서 물리적이고 강압적으로 만들어진 보편문화보다는 자연적이고 객관적으로 태동된 보편문화가 인류 가치의 기준이 되어야 함을 이해해야 한다.

유럽은 8세기와 9세기에 독자적인 문화로 등장하기 시작하지만 다른 문화권에 비해서는 훨씬 뒤떨어졌다. 하지만 그들은 다른 문명들을 활용하려는데 열성적이며 체계적인 노력과 유럽의 특수한 조건과 이익에 맞게 수용한 데 힘입어 발전하기 시작하였다.

유럽의 르네상스의 문화가 안정기에 접어들면서 사회는 다원주의적인 색체를 가지게 되고, 생산력은 증대되고, 무역이 팽창하였다. 그리고 기술의 발전은 세계의 정치와 문화에 새로운 시대를 열 수 있는 토대를 마련하였다. 그래서 유럽은 더 많은 무역과 생산을 위해서 팽창을 하기 시작했다.

이전에는 문화와 문화 사이에 문화적인 필요성에 의해서 간헐적이고 제한적으로 이루어지던 것이, 서구인들의 필요성에 의해서 지속적인 연속성을 유지하기 위해서 물리적인 방법과 행사로 그 성격이 바뀌게 되었다.

15세기경 이베리아반도에서 무어인들을 몰아내고 포르투갈은 아시아를, 스페인은 아메리카를 근 250여 년간 정복을 시작하고 서반구에 속한 북아메리카대륙과 남아메리카대륙의 대부분의 국가와 아시아의 주요 지역은 유럽의 지배권으로 들어가게 된다. 그러나 18세기경에 처음에는 미국이 반기를 들고, 그 다음에는 아이티에서 반기를 들고, 그리고 라틴 아메리카의 대부분이 유럽의 지배권에서 벗어나 독립을 이루고 독자적인 환경의 순환사이클을 작동시키기 시작했다.

19세기 후반부에는 다시 성장한 유럽은 에티오피아를 제외한 아프리카의 전 지역을 지배권으로 두었으며, 아시아에서는 일본을 제외하고 인도와 중국도 유럽의 지배권으로 들어가게 되었다. 그리고 터키를 제외한 중동의 모든 곳이 유럽의 지배권으로 들어가고, 1920년경에는 오스만제국이 영국과 프랑스, 이탈리아에 의해서 분할되면서 전 세계의 모든 곳은 사실적으로 유럽의 영향이 미치지 않는 곳이 없었다.

이렇게 유럽이 팽창할 수 있었던 이유는 과학과 기술의 발달이다. 멀리 떨어진 곳까지 원정을 할 수 있게 한 항해술의 발전과 그곳의 문화와 문명을 지배하고, 그곳의 사람들을 정복할 수 있게 한 군사력의 발전이다.

서구는 사상, 가치관, 종교적인 그들의 문화적인 비교 우위에서 비롯된 것이 아니라 조직화된 물리적인 힘에 의해서 세계를 정복했다. 서구의 지배는 문화적인 가치인 의식에 의한 지배가 아니라, 물리적인 힘을 바탕으로 하는 군사적인 기술에 의해서 이루어짐으로써 다른 문화를 포용하여 문화적인 통합을 이루지 못했다. 그들은 그들의 문화가 인류의 보편문화로 인식할 것을 강요했지만, 자연적이고 순리적이지 못하고 물리적이고 강압적으로 이루어짐으로 인하여, 비서구의 문화권은 이러한 것에 대해서 의식적으로 반유럽의 정서를 만들고 있다. 유럽의 문화적인 가치는 욕망과 희망을 만족시키기 위한 하나의 수단이고 지배를 위한 도구로 인식하고 있다.

주관적인 실행적 사상으로 모든 독립적인 객체로 작동되어 형성된 관념적인 사상을 지배하기 위한 물리적인 힘이 비서구권의 다른 문화권에서의 문화적인 개혁 및 통합을 이루는데 실패한 원인이 되었다.

20세기 초반에 세계는 인류 역사의 어떠한 시기와도 비교할 수 없을 정도로 정치적으로 경제적으로 더욱 유럽의 단일문명에 의해서 통합되어 있었다. 문명은 서구의 문명을 뜻하였으며 서구는 세계의 대부분을 통제하거나 지배하게 되었다. 그래서 서구의 문명은 인류의 보편적인 단일문명처럼 인식하게 되었다. 하지만 유럽의 단일문명은 인류의 보편적인 가치에서 발현되는 단일문명이 아니고, 유럽인들의 희망과 욕망에 의해서 이루어지는 것으로써 오늘날에는 세계의 여러 곳의 분쟁의 원인이 되고 있다.

환경의 순환사이클이 자연적이고 순리적으로 작동되기 위해서는 관념적 사상이 실행적 사상을 지배해야 한다. 관념으로부터 나온 실행적인 행동의 양태 즉, 자유의 특색은 관념적으로 인정되고 효용적인 가치가 도덕과 관습에 합당함으로 인정되지 못할 때, 분노하고, 증오하고, 미워하고, 이러한 인간의 감정은 무의식의 내면세계에 축적되어 결국은 이탈하게 된다.

실행적인 사상은 환경의 순환사이클을 조절하는 중추와 같다. 때로는 물리적인 힘을 동원하여 통합의 길로 인도하기도 한다. 하지만 이러한 물리적인 힘은 전체사회가 인정될 때 통합을 이룰 수가 있다. 실행적 사상은 '이'와 '기'의 상호작용으로 세상만물이 소생하고 방향성을 가지고 성장하고 소멸하는데 중요한 유동성의 매개체이다.

이러해서 오늘날 세계 정치의 불행은 환경의 순환사이클이 효과적으로 작동되어 만물이 생성되도록 원래의 상태로의 전환이 필요한데, 축소의 과정에서 환경의 순환사이클의 독립된 객체로서 이해되지 못하고 그들의 정치적인 목적과 이익에 의해서 축소되므로 한반도, 중앙아시아, 서아시아 등에서 문명과 문화의 충돌이 발생한다.

세계의 문화 발전은 역사 속에서 환경의 순환사이클이 독립된 객체로 작동됨으로써 발전하는 내재적 충돌의 발전과 문화와 문화와의 충돌로 인해서, 즉 전쟁과 무역과 같은 외제적인 충돌로 발전하는 경우가 있다. 자연적인 내제적 충돌로 인한 문화의 변화나 발전(식(1)의 f(x)값)보다는 외제적인 충돌로 인한 문화의 변화(f(x))가 역사적으로 훨씬 크게 영향을 미쳤다. 이것은 태동된 관념의 값(x)이 크고, 그 유동성의 매개체(a)의 활동이 활발하고 역동적이기 때문이다. 그래서 환경에 던진 충격이 훨씬 크므로 크게 변한다.

이러한 유럽의 팽창은 세계의 여러 가지의 문제점을 낳았지만 유럽이라는 문명이 비유럽권에 접목되고, 유럽의 1차, 2차 세계대전으로 문화와 문화와의 갈등은 증대되고 확대 되었지만, 반면에 일시적인 현상이라 할지라도 유럽의 보편문화의 가능성을 보게 되었다.

현재 서구의 통합은 인류의 보편문화를 태동시키기 위한 것보다는 서구의 보편문화를 세계의 단일문명화 하기 위한 하나의 수단적인 의미도 또한 포함된다. 그들은 과거의 화려한 서구의 부활을 꿈꾼다. 서구의 정치가들은 다른 문화와 구별되기를 바란다. 그들은 자기의 정체성 속에서 그들의 존재의 근원을 발견하고 타인으로부터 자신의 가치를 인정받기를 원하기 때문이다. 유럽의 통합이 곧 국가와 민족의 정체성의 통합으로 인식되어 타인과 구별되지 못함을 아쉬워한다. 구별되어서 느낄 수 있는 자신의 소속감으로부터 오는 존재의 근원과 가치를 타인과 같아짐으로써 상실될 수 있는 그 가치를 아쉬워한다.

하지만 문화가 통합된다고 해서 정체성의 완전한 통합을 의미하지는 않는다. 문화가 통합된다는 것은 공유의 가치를 증대시킨다는 것이다. 국가와 민족의 문화 속에서 받은 문화적인 영향은 '소속감'의 원형과 결합하여 원초적인 태생적 본능을 내면에 가지고 있기 때문이다.

통합은 다양한 문화를 공유함으로써 태생적인 본능의 다양성을 추구하는 것이다. 그래서 문화를 공유하고 있는 각각의 전체사회는 서로 공존하고 생존하는 공동체 의식을 형성하게 한다.

통합은 정치 지도자의 합의에 의해서 가능한 것도 아니다. 단위별 전체사회(국가와 민족)가 대상물을 인지할 수 있는 이성을 가진 존엄성의 존재로 인정될 때, 전체사회의 이성의 가치는 존중되고 그러한 존중된 속에서 변증법적인 미학이 태동될 것이다.

그렇지만 서구의 보편문화를 태동시키기 위한 일련의 과정 속에서 문화의 변화와 태생적 본능이 문화와 문화 사이에서 어떻게 상호 작용되고 반응하는지에 대한 고찰 속에서, 상호 모순적인 문제점을 시대적으로 요구된 통합의 정신 속에서 새로운 관념을 소생시키고 사회환경의 공간 속으로 투영될 때 새로운 통합의 환경은 성장되어 갈 것이다.

문화권의 이동

문화적인 정체성을 이동시키고자 하는 국가가 있다. 20세기에는 유럽의 문화가 세계의 보편적인 단일문화처럼 인식되었다. 그리고 강력한 경제력으로 인하여 유럽적 문화의 정체성으로 이동하고자 하는 경향이 나타났다. 이것은 유럽의 문화가 현대화된 선진문화적으로 인식되고, 그리고 경제적인 물질의 풍요와 국가별 지정학적인 위치의 조건에 의해서 문화 정체성의 이동을 시도한다. 이는 문화적인 동질성에 의하기보다는 보다 나은 물질적인 욕망과 희망으로부터 온다. 그리고 유럽 문화권의 우수성으로 인식됨으로 그들 속에서 자신의 존재의 근원과 가치를 확인받고자 하는 '소속감' 때문이다.

이러한 내면적인 욕구로 인해서 시작된 문화권의 이동이 진행 중이고 아직은 정착되지 못하고 있다. 이것은 독립된 객체로 역사 속에서 작동되고 형성되어, 그들의 내면 속에 잠재되어 있는 문화적인 정체성이 변화되지 못하고 있기 때문이다.

❖ 러시아의 문화권 이동 과정

러시아는 수세기 전부터 문화의 정체성을 변화시키고자 했다. 이것은 물질적인 인간의 욕망과 희망에 기인한 것이다.

러시아의 서구 문화권으로의 이동 과정은 몇 단계로 구분되어 발전되어 왔다.

러시아가 유럽과 관계를 맺은 첫 단계는 표트르대제(제위 1689~1725)부터 시작된다. 그 이전까지 러시아는 유럽과 거의 접촉이나 교류는 없었다. 러시아의 문화는 키예프 루시와 모스크바 공국의 환경의 순환사이클이 독립된 객체로 작동되면서 형성된 토착 뿌리 위에서 비잔틴문화가 가세하고, 여기에 몽골의 장기 지배가 복합적으로 영향을 미쳐서 출현하게 되었다. 이러한 환경들은 서유럽과 상당히 다른 문화적인 특징을 만들어 냈다.

표트르대제는 서유럽과 상당히 낙후된 러시아를 유럽 여행도중 발견하고 러시아로 돌아와서 러시아의 근대화를 위한 정책을 착수했다. 표트르대제는 유럽 여행 중 유럽의 공장에서 직접 직공으로 일을 하기도 했다고 전해진다.

표트르대제가 러시아의 근대화를 위해서 취한 정책은 상당히 파격적이고 혁명적이었다.

러시아의 근대화를 위한 프로그램은 러시아의 문화적인 정체성을 유럽식의 문화적인 정체성으로 변화를 의미한다. 그래서 착수된 프로그램은 먼저 유럽식으로 훈련된 자신의 군대로 크렘린 친위대를 물리쳤으며, 살아남은 반란군에 대해서는 사형을 집행했다. 그리고 표트르는 러시아의 외면적인 이미지를 서

유럽의 이미지로 만들기 위해서 스스로 귀족 신분을 나타내는 턱수염을 깎아 버렸다.

유럽 여행을 마치고 귀환한 표트르의 권력 장악은 러시아의 전통 사회에서는 폭풍과 같은 문화적인 충격으로 다가왔다. 그는 모든 남자에게 전통적인 모스크바식 복장을 금지했다. 전쟁과 팽창에 관심이 많은 표트르는 군을 개혁하기 위해서 징병제를 도입하였다. 그리하여 표트르 1세 때는 많은 전쟁과 영토의 확장이 있었다. 기술을 발전시키기 위해서 기술학교를 설립하고 교회제도를 자신에게 적합한 종교회의(holy synod)로 대체했으며, 알파벳을 간소화하고 재판절차의 개선을 시도했다. 러시아식의 책력을 바꾸고 자신의 지위를 차르에서 황제(Emperor)로 바꾸었다. 수많은 개혁 조치와 제한 조치를 단행하여 러시아의 근대화를 위한 새로운 구상을 실현시키기 위한 계획을 수립하고 실행했다.

그의 개혁 가운데 가장 극적인 것은 수도의 이전이다.

수도를 모스크바에서 핀란드만에 인접한 곳에 새로운 도시를 건설하기 시작한 것이다. 그 후 9년에 걸쳐 엄청난 인명과 물질적 비용을 들여 상트페테르부르크시가 건설되었다.

국내에서 표트르의 개혁은 문화적인 정체성에 변화를 가져왔지만, 그러나 서유럽에 비해서는 이질적 사회로 남아있었다. 개혁의 주체인 상층부의 일부 지도층의 인사를 제외하고는 일반적인 전체사회는 아시아적, 비잔틴적 생활 방식, 종교적인 제도, 믿음은 러시아 사회를 여전히 지배하고 있었다.

그래서 러시아인이나 서유럽인이나 러시아는 서유럽에 비해서 이질적인 문화의 특징을 가지고 있는 것으로 이해되고 있었다. 이러한 큰 물리적인 충격으로 러시아의 전통사회에 대한 도전적인 정책은 전체사회의 문화적인 정체성으로 변화되지 못하였다. 이러한 것들은 자연적이고 순리적으로 역사적인 시간 속에서 이루어져야 한다는 것이다.

그리고 19세기에 들어와서도 러시아의 전통적인 가치를 주장하는 슬라브주의자와 서구주의자는 서로 양분되어 있었다. 서구주의자는 지속적으로 서유럽식의 개혁을 주장한 반면에, 슬라브주의자는 전통적으로 내려오는 생활방식과 습성, 즉 그들의 전통적인 도덕과 관습을 유럽인이라는 굴절된 렌즈를 통해서 이것을 파악하고 해석하는 것에 대해서 비판적인 시각을 가지고 있었다.

볼셰비키 혁명은 러시아가 유럽으로 향해 가는 데 있어서 다음의 단계로 전환시켰다.

러시아의 문화적인 정체성을 강조하는 러시아인들은 표트르를 반역자로 몰아가고 수도를 다시 모스크바로 옮겼다.

볼셰비키 혁명 이전에는 러시아의 전통적인 사회를 존중하고 문화적인 정체성을 지킬 것인가, 아니면 유럽 지향적으로 나아갈 것인가에 대한 대립이었으나, 혁명 이후의 공산주의자는 러시아는 서유럽과는 근본적으로 다르고, 그리고 문화적인 가치가 서유럽보다는 우수하기 때문에 태생적인 본능이 유럽과 달라야 한다. 그래서 우리는 유럽에 대항해야 한다고 주장한다. 이미 우리는 볼셰비키 혁명으로 러시아는 서구의 문화적인 가치보다 더 우수하다. 이제 러시아와 서유럽과 구별되는 이유는 "우리는 다르기 때문에 너희처럼 되지 않을 것이다"라는 논리가 아니고, "우리는 다르다 그래서 결국 너희는 우리처럼 될 것이다"라는 논리로 설명되었다. 그것이 국제 공산주의 운동의 메시지였다. 이러한 논리는 소련의 공산주의 지도자들이 서유럽과 일정한 거리를 둘 수 있는 근거를 마련해 주었다.

2차 대전을 통해서 실증된 소련의 힘은 서구에 반기를 들기 시작한 비서구의 문화에서 공산주의에 대한 동경과 호소력을 높이는 결과를 가져왔다.

소련의 붕괴는 유럽으로 향하는 러시아를 또 다른 단계로 전환시켰다. 소련의 붕괴는 서구와 러시아와의 정치적 갈등과 이념적인 논쟁과 같은 상호 대치도 끝났다. 서유럽의 승리로 모든 소련 제국의 구석구석 자유민주주의가 받아들여지고 환영받을 것으로 생각한 서유럽인들을 실망시켰다. 러시아에는 유럽 지향적인 사고를 가진 집단과 러시아의 전통 슬라브주의자의 집단으로 구분되어 존재해 있었기 때문이다.

서유럽의 지향성을 지닌 집단은 '보통국가'로 나아가 서방 선진 공업국 모임인 G-7에 여덟 번째의 회원국으로 가입하기를 희망하지만, 러시아의 민족주의자는 슬라브의 정교를 신봉하고, 군사력을 강화하고, 소련제국을 부활하여 서구와 맞서 싸워야 한다고 주장한다. 그리고 문화적인 정체성의 회복을 주장한다. 이는 러시아의 전통적인 가치 속에서 자기 자신의 가치가 존중되고 인정되기를 바라는 '소속감' 때문이다.

러시아는 소련의 붕괴로 나약해진 힘을 만회하기 위해서 러시아의 전통적인 문화적 가치의 부활 속에서 슬라브민족성을 재 규합하려 한다. 슬라브민족은 서유럽인들에게 이질적인 민족성을 지닌 것으로 인식되고 경시되어 온 것도 사실이다. 그래서 역사적으로 유럽과는 일정한 거리를 두고 지내왔으며, 교류가 그리 활발하지 못했다.

2000년대 러시아의 지도부는 서유럽과 일정한 거리를 두고 평등을 말한다. 그리고 러시아의 전통적인 슬라브민족의 정체성을 부활시키고자 노력하고 있다. 소련의 붕괴로 러시아의 문화적인 가치가 유럽으로 향할 것으로 생각되었지만 러시아는 전통적인 민족성을 강조한다.

아직도 러시아는 수세기 동안 이어져 온 문화의 정체성의 변동이 연장선에서 진행 중이다. 이러한 변동의 중심에는 인간의 물질적인 욕망과 희망에 의해서 이루어지고 있다. 태생적인 본능의 변동은 자연적이고 순리적으로 역사적인 시간 속에서 이동되지 않으면 안 된다는 사실을 러시아의 문화권의 이동을 통해서 확인된다. 물리적인 힘에 의한 문화권의 이동은 오히려 내부적인 에너지만 축적시키고, 그 축적되고 집중된 에너지의 발산은 후세에 전해진다.

❖ 터키의 문화권 이동 과정

터키는 1920년대와 1930년대, 그들의 문화적인 정체성을 변경시키고자 유럽지향적인 정치 지도자들에 의해서 전통에 대한 사회적인 개혁을 시도했다. 그것은 오스만제국의 이미지와 이슬람적인 특성을 제거하여 전통적인 과거로부터 단절을 의미한다. 이러한 단절을 통해서 유럽적인 문화권으로 사회적인 특성을 이동시키고자 함이다.

전통적인 문화적인 정체성을 변경시키고자 전통교육과 전통 신앙의 대변자들을 제거하였다. 종교 단체에서 세운 각종 종교적인 특성을 가진 학교를 폐쇄하고 공공 교육 분야에서 통합된 현실적인 교육 체계를 수립하였다. 또 스위스의 민법에 바탕을 둔 새로운 법률 체계를 수립하기 위하여 전통적인 이슬람 율법이 적용되던 종교재판소를 폐쇄시켰다.

유럽 지향적인 정치 지도자들은 전통 종교를 상징하는 터키 모자의 착용을 금지하고 일반모자의 착용을 장려하여 유럽식 이미지를 창출하기를 희망했다. 전통달력 대신에 서양달력을 도입하여 사용하였고, 이슬람교가 터키의 국교가 아니라는 것을 공개적으로 발표했다.

문자 개혁을 단행하여 터키어를 아랍문자가 아닌 로마문자로 표기하도록 규정한 포고령을 선포하였다. 문자 개혁은 터키사회의 특성을 변화시키는 데 상당한 역할을 하였다. 문자의 개혁이 시행됨으로 인하여 지식의 전달 체계가 변경되었다. 그로 인해서 로마문자로 교육받은 새로운 세대는 다양한 형태의 전통문헌에 접근하는 것이 사실상 불가능하게 되었다. 그래서 유럽의 문화를 배우려는 열기가 고조되어 사회의 전반에 영향을 미치게 되었다. 또 증가하던 문맹률도 감소하였다.

이러한 것들은 경제적인 발전을 통해서 터키의 근대화를 이룩하고자 하는 수단이었다. 그래서 유럽 지향적인 정치 엘리트들은 경제의 발전에 혼신의 힘을 다하였다. 서구적인 정치적 이미지를 창출하기 위해서 일당 통치체제에서 다당 경쟁체제로 정치적인 개혁을 단행했다.

이러한 노력의 결과로 터키는 1952년 NATO의 정식회원국이 되면서 자유세계의 일원임을 세계의 만방에 알렸다. 그로 인해서 터키는 유럽으로부터 수십 억 달러의 경제와 군사 지원을 받게 되었다. 터키 군대의 근대화를 위해서 서방의 무기를 도입하고 군사의 지도를 받으며 NATO의 지휘체계에 편입되었다.

터키는 지정학적으로 중요한 군사적인 위치를 가지고 있었다. 지중해와 중동 걸프만에 대한 소련의 팽창을 효과적으로 방어하기 위한 터키의 지리적인 위치는 서유럽뿐만 아니라 미국의 군사적 지지도 받았다. 그러나 터키의 이러한 친서방적인 정치적 형태는 비유럽 문화권과 중동 지역의 국가들로부터 많은 비판과 분노를 받았다.

소련의 붕괴로 인하여 냉전이 종식되었지만 터키의 지도자들은 여전히 친서방의 정치적인 형태를 취하기를 바라고 있었다. 그 중요한 이유는 NATO의 회원국 지위를 가지게 됨으로써 서유럽과 긴밀한 관계를 가질 수가 있고, 역사적으로 불편한 관계에 있는 그리스와의 긴장 완화에도 도움이 되기 때문이다. 하지만 터키와 유럽의 친근한 관계는 냉전의 결과로 인하여 발생된 산물이었다.

냉전의 종식은 더 이상 군사적으로 전략적인 중요성을 가지지 못했다. 이제 터키는 강력한 힘을 가지는 북방의 군사적인 팽창을 막는 위치에서 북방의 힘보다도 덜 중요한 남쪽의 위험으로부터 공동으로 대처하는 동반자적인 역할일 뿐이었다. 그래서 터키와 유럽 간의 관계는 다시 긴장의 관계로 바뀌게 되었고 그 관계를 새롭게 정의하려는 움직임이 자연스럽게 나타났다.

이러한 동반자적인 관계로 인해서 터키는 걸프전에서 미군에게 항공기지의 사용을 허락하고, 자국의 영토를 거쳐서 지중해로 연결되는 이라크의 파이프라인을 봉쇄하여 대 이라크 작전의 수행을 편리하게 하여 반후세인 연합전선을 구축하는 데 큰 역할을 하였다. 이러한 친서방적인 외교는 국민으로부터 강력한 저항을 받게 되어 외무장관, 국방장관, 대통령비서실장이 사임하기도 하였다.

이러한 원인으로 인하여 터키는 이라크에 대한 UN의 제재를 조기에 종결하기를 요구하기도 하였다. 남부에서 발생되는 위험을 막아내려는 터키의 의지는 이전의 북방의 강력한 힘을 막아내려는 의지보다는 약화되었다.

1980년대로 접어들면서 터키의 외교적인 목표는 유럽연합을 가입하는 것이다. 하지만 유럽과 다른 문화적인 특성과 경제적인 빈곤, 그리고 유럽의 다른 국가와는 달리 많은 빈곤층의 인구, 그리고 역사적인 기억 등은 터키가 유럽연합에 가입하는데 큰 장애적인 요소가 되고 있다.

1987년 터키는 유럽연합에 가입신청서를 제출했지만 1993년경에 가입신청을 검토할 수 있다는 것을 통보받았다.

1994년 유럽연합은 오스트리아, 핀란드, 스웨덴, 노르웨이의 가입신청을 승인하였다.

유럽연합의 중심적인 국가인 독일이 중부유럽연합의 가입을 지원하는데 반하여 터키의 가입은 지원하지 않았다.

유럽은 근본적으로 터키와 다른 문화적인 특징과 역사적인 기억 등으로 인해서 터키는 유럽의 일원이 될 수 없다는 사회적인 공감대를 형성하고, 터키는 터키계를 규합하는 민족 공동체적인 의식이 성장하기 시작했다. 민족의 공동체적인 의식과 같은 태생적인 본능은 내면에 잠복되어 있다가 필요에 의해서, 혹은 어떤 계기에 의해서 외부로 발현되는 것이다.

이러한 의식은 외부로 나타나지 않는다고 해서 사라지거나 없어지는 것이 아니다. 내면에 소속감으로 잠복되어 있는 것이다. 그리고 발현되는 어떤 계기가 외계에서 자극되면 나타난다. 이것은 발현되는 특색이 과거의 특색과 달라질 뿐 발현되는 근원은 소속감이라는 원형적인 요소에 의지한다.

이슬람에서 거부되고 유럽으로부터 환영받지 못한 터키는 소련 붕괴의 틈을 이용하여 민족공동체의 결집을 위한 계획을 수립하고, 중앙아시아의 4개국인 우즈베키스탄, 투르크메니스탄, 카자흐스탄, 키르기즈스탄에 큰 관심과 지원을 하였다.

이 지역의 문화적 특징의 유사성과 민족의 동질감으로 상당히 가까운 관계를 가졌지만, 터키가 그들을 지원하고 구심적인 역할을 수행하는데 있어서의 경제적인 한계와 러시아의 간섭 등으로 다시 중립적인 자세를 취하게 되었다.

80년대와 90년대 초에 터키의 사회적인 특징은 이슬람의 부활이다. 70년간 지속되어 온 유럽지향적인 정치지도자들은 강한 전통적인 문화적 특징으로부터 발현되는 사회적인 도전을 받게 되었다. 그래서 전통적인 문화적 특징에 기반을 둔 정치집단은 큰 성공을 거두게 되었다. 유럽화로 되어 가는 문화적인 정체성이 다시 이슬람의 문화적인 정체성으로 회귀하고 있다. 그래서 터키의 지도자는 전통적인 특징에 근거하여 발현되는 문화적인 가치와 정책에 관심과 지지를 보냈다.

정치뿐만 아니라 군 내부에도 이슬람의 정신은 확산되고 있었다.

그들이 유럽연합에 가입하려는 이유는 물질적인 인간의 욕망과 희망에 따라서 문화권 속에서 느끼는 태생적인 본능을 유럽 쪽으로 이동시키고자 하는 것이다. 완전히는 어렵더라도 적어도 이슬람의 문화권에서 느끼는 태생적인 본능 정도와는 동등한 수준으로 이동되어야 한다.

태생적인 본능의 변화는 인간의 욕망과 선망에 따라서, 그리고 긍정적인 문화의 접촉 정도의 양에 따라서 변화의 방향성은 결정될 수 있다.

문화적인 접촉은 자연적이고 긍정적이어야 한다. 부정적인 영향의 문화적인 기억은 축적되어 부정적인 요소를 만든다. 그래서 터키에 대한 부정적인 역사의 기억은 그들이 유럽연합에 가입하는 데 있어서 상당한 장애의 원인이 되고 있다.

전체사회의 소속감은 '문화의 접촉의 양'과 '선망과 욕망'에 따라서 팽창과 축소가 영향을 받는다는 것이다. 이러한 선망과 욕망에 따라서 형성된 서구주의와 이슬람의 문화적인 정체성을 강조한 민족주의가 내부적인 갈등을 빚고 있다.

터키는 문화적인 교차로임을 강조한다. 서에서 동까지, 유럽에서 중국까지 뻗어 있는 지역적인 위치로 볼 때, 문화적인 가교의 중요점임을 역설하면서 문화의 정체성의 변화와 외교의 활동이 계속되고 끊임없이 시도한다.

2005년 12월 유럽연합의 외부장관들이 유럽연합의 가입 협상 조건에 합의함에 따라서, 1959년 EU의 전신인 유럽경제공동체(EEC)에 가입을 추진한 이후로 46년 만에, 1963년 준회

원국 자격을 얻은 이후로 42년 만에 가입협상테이블에 앉게 되었다. 그러나 터키의 유럽연합 가입협상이 시작된다고 해도 많은 시간을 요구한다.

역사적인 부정적 기억에 대한 문제점과 상대적으로 빈곤한 경제적인 문제와 많은 인구, 그리고 문화적인 이질감의 극복을 위한 제도적인 협상과 정치적인 결정을 요구한다. 유럽에 편입되기 위한 문화적인 극복은 필연적으로 법률의 개정을 요구받게 될 것이다.

터키에 대한 역사적인 부정적 기억(100만 명의 아르메니아인 학살 등)은 경제적인 문제점 이전에 문화적인 관념적 관점으로 고찰되고, 그리고 터키의 팽창 후 축소 과정에서 남긴 후유증은 터키의 축소 과정에서 영향권에 있었던 전체사회가 실체로 환원되지 못하고 불안한 상태로 남아 있기 때문이다.

터키 내에서 유럽연합의 가입에 대한 여론의 조사도 대부분은 찬성하지만 조금씩 하락하고 있어서 이슬람의 문화적인 정체성에서 2차적인 태생적인 본능의 변화가 일어날지는 모르는 일이다. 하지만 중요한 것은 인간의 물질적인 욕망과 희망에 의해서 이루어지고 있기 때문에, 그러한 만족에 대한 실망감이 올 경우는 다시 이슬람의 문화권으로 강하게 복귀될 것이다.

문화적인 것까지 변화되면 이동되지 않지만, 외형적인 문명과 정치적인 것만 이동되면 언제든지 친숙하고 자기의 근원과 가치를 발견할 수 있는 문화 속으로 회귀할 것이다. 그리고 그 후유증은 사회환경의 공간 속에 분노와 증오로 투영되고, 1980년대 유럽 문화에서 이슬람의 문화로 터키의 전체사회가 복귀하는 과정에서 겪은 것처럼, 그 분노와 증오가 사라지기까지 수많은 분열과 갈등이 존재할 것이다.

초기 유럽추종주의에 의해서 유럽화가 진행되고 국민적인 지지까지도 어느 정도 있었지만, 문화적이고 물질적인 이질감은 그들의 전체사회가 다시 이슬람화했던 것은 문화적인 정체성 속에서 자신의 근원적인 존재의 가치를 발견하고자 하는 것이다.

❖ 멕시코의 문화권 이동 과정

문화권을 이동하고자 하는 터키와 멕시코는 역사적으로 고찰하여 볼 때 상당한 유사점이 발견된다.

터키가 비유럽적인 이슬람의 문화인 것처럼 멕시코의 문화도 비유럽적인 인디언의 문화다. 19세기에 오스만제국이 서구의 열강들에 의해서 분할되었듯이 멕시코도 미국과의 전쟁에 의해서 영토의 절반가량을 잃고 말았다.

1920년대와 1930년대에 멕시코는 터키처럼 30년간의 독재자 디아스를 물리치기 위한 멕시코의 혁명이 있었다. 멕시코의 혁명을 통해서 메스티소(유럽과 인디오 혼혈인)와 인디오의 활발한 사회의 진출로 인하여, 마야문명에 대한 긍지와 다른 문화와의 차별성 및 미국과의 관계에서 국가 통합의 구심적인 역할을 함으로써, 국가의 정체성의 확립을 위한 전체사회의 일체감을 이루게 하여 새로운 민족주의를 탄생시켰다.

오랜 기간 동안(근 60년) 터키의 문화권의 이동은 오스만제국의 잔재와 이슬람의 문화를 거부하고 서유럽의 문화권으로 편입하는 것이지만, 그 기간 동안 멕시코는 그와 반대로 서구적인 이미지를 가지고 있는 미국에 대항하였다. 그래서 멕시코의 혁명으로 탄생된 혁명정부는 1980년대까지 미국에 도전하는 정책을 폈다. 그러나 1980년대에 와서는 변화가 일어나기 시작했다.

자신들 국가의 목표와 관습적인 정체성을 북미로 이동하기 시작했다. 이것은 라틴아메리카의 문화권에서 유럽적인 경향이 있는 북미로의 이동을 말한다.

문화권 이동의 동기는 터키와 멕시코는 물질적인 욕망과 희망에 의하지만 과정은 반대적인 성격을 가진다. 북미는 멕시코의 이동을 찬성하고 받아들이지만, 터키는 문화적인 이질감, 경제적인 불평등으로 인한 노동시장의 교란, 부정적인 역사적 사실에 대한 기억 등으로 거부당하고 있다. 하지만 멕시코가 북미의 문화권으로 이동을 하는 것은 태생적인 본능의 이동을 목적으로 하지 않는 것이다. 단지 경제적인 목적의 달성을 위한 물질적인 욕망으로부터 온다.

북미자유무역협정(NAFTA)은 신자유주의 장·단점에 대한 자료를 제공한다. 그들의 외형적인 성장은 극심한 양극화를 만들어 냈다.

신자유주의는 성장을 만들지만 노동시장의 양극화는 필연적이다. 이것은 북미자유무역협정(NAFTA)을 통한 멕시코의 사회적인 현상을 통해서 검증된다. 그래서 뒤에서 설명되지만 신자유주의가 존중받기 위해서는 생존의 절대적인 본능인 자유의 안전성은 보장되어야 한다. 기득권층의 소수를 위한 정책은 결국은 다량의 좌파적인 운동과 의식을 만들어내어 전체사회는 혼란하고 방향을 상실한 채 방황하게 될 것이다.

'이'와 '기'의 조화로움 속에서 신자유주의가 존중되고 보호되어질 때, 전체사회에서 요구되는 물질의 생산은 역동성을 가지게 되고 방향성은 뚜렷해질 것이다.

1994년 초에 발생한 멕시코 내전의 근본 원인은 원주민과 기득권층 사이에 경제적인 양극화가 그 원인이 된다. 내전의 중심에 있는 사파티스타 민족해방군(Zapatista Army of National Liberation : EZLN)은 토착 원주민을 중심으로 한 자생적 조직인 것으로 인식되고 있으며 치아파스(Chiapas) 지역을 중심으로 옥사카(Oaxaca), 게레로(Guerrero) 등지에서 주로 활동하고 있다. 이것은 그들의 문화적인 정체성 속에서 자신의 존재의 가치를 인정받고 그들의 생존권을 보호하기 위한 자생적인 조직으로 보인다.

멕시코정부가 벌목을 하는 데 있어서 벌과금과 징역형을 동반한 제한 조치를 함으로써 절대적인 생계수단을 제한한 것이다. 이러한 조치는 원주민들의 강한 저항을 만들어 냈고, 1991년부터 수차례의 테러와 소규모 폭동을 일으키게 했다. 그래서 1992년 치아파스 원주민 세력을 대표하여 반정부 투쟁을 주도할 사파티스타 민족해방군(Zapatista Army of National Liberation : EZLN)이 결성되었고, 그리고 그 이후로 민족해방군과 정부군 간의 충돌은 간헐적으로 발생하고 있다. 이러한 충돌의 목적은 그들의 생존권 보장과 문화적인 정체성 속에서 자신의 존재 가치를 멕시코 사회에서 정당하게 인정받기를 바라는 것이다.

2000년 중반 볼리비아의 정치 지도자 에보 모랄레스는 멕시코 원주민을 대표하여 무장 투쟁하면서 기득권층과 대결하는 사파티스타 민족해방군(EZLN)의 마르코스 부사령관을 존경한다고 말한다.

베네수엘라의 우고 차베스 대통령의 외교정책은 남미 5개국을 스페인에서 독립시킨 시몬 볼리바르의 초상 앞에서 연설하면서 '라틴 아메리카'의 통합을 외친다. 그는 미주자유무역지대가 미국에는 이익이 되지만 라틴아메리카 빈민들에겐 혜택을 주지 않을 것이라고 주장하고, 미국의 경제적인 영향력을 견제하려고 한다. 그가 라틴 아메리카의 통합의 이상을 실현하고자 하는 것은 미국이라는 거대한 경제의 대국 앞에서 독자적인 생존과 라틴아메리카의 문화권 속에서 자신의 존재적인 가치를 타인으로부터 인정받기를 바란다.

이에 반해 멕시코 혁명 이후 계속되어 내려오던 정권을 처음으로 교체시킨 비센테 폭스 대통령은 자신의 재임 기간 동안 경제적인 성과는 미주자유무역의 기여를 주장한다. 이러한 멕시코의 대통령의 주장에 우고 차베스 대통령은 "비현실적인 포퓰리스트에 불과하다"라고 비난한다.

남미와 북미 사이에서 방황하는 멕시코, 과연 그들이 앞으로 어디를 2차적인 태생적 본능을 가지는 문화권으로 인정할 것인가에 따라서 민족해방군(EZLN)의 미래는 영향을 받게 될 것이다. 생존권이 보장되지 않고 전체사회에서 자신의 가치가 인정되지 않을 때 좌파라고 인식되는 운동이 발생한다.

과연 멕시코는 그들의 문화적인 정체성을 북미로 이동시키지 못하고, 인디오적인 문화 속에서 가장 편안하고 존재적인 가치를 인정받기를 바란다면, 태생적인 본능은 이동되지 못할 것이다. 태생적인 본능이 이동되지 못한다면 경제적인 관점에서의 북미지향성은 그 목적적인 수단이 사라지거나 정체성이 강화되는 계기가 발생되면 이탈할 것이다.

이상에서 살펴본 문화권역의 변화 과정을 통해서 우리는 주관적인 실행적 사상이 객관적인 실행적 사상을 완전히 변화시키지 못할 때는 분열을 겪을 수가 있다는 사실을 알았다.

터키의 유럽 추종자들이 터키의 모든 정체성을 파괴하고 유럽의 문화 속으로 들어가고자 했지만 결국은 이슬람으로 회귀되었다. 정치적으로만 유럽화를 추구하고 문화적인 정체성으로는 이슬람을 지향한다면 항상 내부적으로는 불안하다. 유럽의 결정은 유럽식이지만 내부의 결정은 터키식인 이슬람식이다. 수많은 터키 노동자의 유럽문화의 접촉은 그들의 문화적인 차이를 극복하지 못하고, 다시 유럽으로 향하던 그들의 문화적인 정체성을 이슬람적인 터키식으로 변하게 만들었다. 문화적인 접촉이 상호 인정되는 속에서 진행해야지, 일방적으로 진행되어 문화적인 반발을 자극하면 문화적인 접촉은 오히려 태생적인 본능이 이동되는 과정에서 다시 급격히 원상태의 본능으로 회귀한다. 멕시코도 순탄할 것만 같은 북미권으로 편입 과정이 혼란스럽다.

태생적인 본능의 변화는 자연적이고 객관적인 소통 없이 주관적인 실행적 사상만으로는 어렵다는 것을 말한다. 태생적인 본능으로 되기 위해서는 반드시 객관적이고 자연적인 문화적 접촉이 역사적인 시간 속에서 있어야 한다는 것이다. 역사적인 시간 속에서 환경의 순환사이클이 독립된 객체로써 작동되어 태생적인 본능을 형성하였다. 한 사회에 의식이 정착되고 성장되기 위해서는 그 의식에 대한 식(1)의 f(x)값이 커져야 한다. 태생적인 본능을 구성하는 문화적인 요소는 다양하다. 그러한 요소들은 소통과 방향성에 의해서 성장한다.

정보통신의 엄청난 발달과 민주주의 제도적인 수단에 의해서 식(1)의 f(x)값의 성장 요소인 매개체(a)의 역할이 매우 커졌고 영향력도 크다. 정체성에 가장 큰 변화적 요소는 과거의 역사적인 시간(T) 속에서 환경의 순환사이클이 작동되어 만들어진 자연적인 관념에 의지하지만, 이제는 그것을 뛰어넘을 매개체(a)의 역동성에 의해서 좌우된다. 그래서 주관적인 실행적 사상은 매개체(a)의 방향성이 그 의식에 대한 식(1)의 f(x)의 값이 성장할 수 있는 방향으로 유지 되도록 자유를 조절해야 한다.

이것은 '주관적인 실행적 사상이 객관적인 실행적 사상의 어느 곳을 문화적인 정체성으로 인정할 수 있도록 유도할 것인가?'의 문제이며, 새로운 정체성의 확립을 위해서는 자기의 고통이 수반되지 않으면 안 된다.

정체성은 자기 존재의 근원이다. 인간은 항상 자기 존재의 근원 속에서 가치를 확인한다. 소속감은 존재의 근원에 대한 확인과 가치의 발견이다. 소속감을 통해서 타인으로부터 자신의 존재 가치를 확인받고자 한다. 인간은 어디에 소속되어 있지 않으면 안 되는 존재이다.

동물들도 무리를 지어서 그 무리 속에서 자신의 자유를 보장받고자 한다. 그리고 그 무리의 속성을 이해하고 자신의 자유를 귀속시키고 그들만의 법칙을 따른다. 사자의 암컷은 사냥을 하고 수컷은 종족 유지의 기능을 한다. 그것은 그들이 만든 그들의 법이고 관습이고 도덕이다. 원숭이는 그 전체사회를 지배하는 지배자가 있어서 그 전체사회를 조율한다. 도전하는 자는 죽든지 아니면 자유를 자신의 권력 앞에 귀속시키든지 해야 한다. 그렇지 않으면 그 무리(전체사회) 속에서 살 수가 없다. 이러한 그들의 속성을 그 무리들은 이해하고 그것에 맞게 행동한다.

아리스토텔레스가 "인간은 사회적인 동물이다"라고 말했듯이 고독과 불안을 지탱할 힘이 인간에게는 없다. 그래서 사회를 만들었고, 매저키즘적이고 사디즘적인 인간의 속성에 의해서 지배자와 피지배자가 생기고 고대국가가 형성되었다.

인간은 소속되지 않으면 안 되기에 소속되어야 하고, 그 속에서 자신의 존재를 확인한다. 이는 타인으로부터 가치를 존중받기를 바라는 선망과 욕망의 수단이다. 그 소속감은 문화적인 영향 속에서 생성되고 역사적인 시간(T) 만큼 심리학자 융이 말한 것처럼 의식의 유전이 이루어진다. 이러한 의식의 유전까지도 제거되지 않으면 태생적인 본능은 변화되지 않는다.

현대화된 국가는 새로운 의식의 출현과 그 의식의 필요성이 전체사회에 인정되면 '이'와 '기'의 상호조화 속에서 변화를 시도한다. 의식의 성장도 객관적인 실행적 사상의 이성적인 판단에 의해서 이루어지고 주관적인 실행적 사상은 그 보좌적인 역할을 맡게 된다. 그리고 역사적인 시간 속에서 도덕과 관습으로 형성되어 그 사회의 보편적인 가치를 가지는 문화적인 정체성을 확립하게 된다.

주관적인 실행적 사상이 수동적인 자세를 가지고 도덕과 관습을 만들어 객관적인 실행적 사상이 되어질 때 전체사회는 가장 편안해질 것이다. 하지만 그러한 시간적인 여유가 없다. 객관적인 실행적 사상으로 만들기 위해서는 그들의 머릿속에 있는 모든 것을 제거하지 않으면 안 된다. 이는 의식의 개혁을 말한다.

초기에는 잠잠하고 고요한 것처럼 보이지만, 의식 속에 태생적인 본능이 살아 있다면 어떠한 계기에 의해서 순간적으로 뭉치고 힘을 발휘한다. 계기는 자연발생적으로 나타날 수도 있고, 의도적으로 나타날 수도 있고, 우발적으로 발생하기도 한다. 하지만 역사적으로 볼 때 그러한 계기는 반드시 발생한다는 것이다. 원초적인 태생적 본능은 사라지고 조용해져서 없어진 것처럼 수백 년을 역사 속에서 자취를 감추어도 또 나타난다. 태생적인 본능의 영속성이다. 그래서 심리학자 융은 '원형'은 유전된다고 했는지도 모른다. 그러한 사실을 인간의 오만과 현실적인 욕망에 의해서 망각하거나 억지로 외면하고 있는지도 모른다.

원초적인 태생적 본능이 완전히 사라지는 것은 다른 실체로 완전히 편입되었을 때이다. 여기서 허상의 국가와 실체의 국가가 만들어진다.

제3장 실체와 허상

실체와 허상

고대 민족의 형성 과정에서 하나의 실체적 민족으로 완전히 형성되는 국가가 있는가 하면, 오랜 기간 동안 다민족의 국가로 있는 다민족국가가 있다. 대한민국은 민족의 형성 과정에서 국가로 완성되고 하나의 민족으로 형성되었다. 하지만 중국은 다민족의 국가로 수천 년 이어져 내려오고 있다. 이것은 국가의 크기가 크고 작음의 문제가 아니다.

전체사회가 하나의 실체로 완성된 국가인지에 대한 판단은 전체사회가 속한 국가에 대해서 원초적인 태생적 본능을 가지고 있어야 한다. 그리고 이러한 의식은 하나의 문화적인 정체성을 만든다. 환경의 순환사이클이 독립된 객체로 작동되어 전체사회가 공유하는 문화를 만든다. 그러나 다민족의 국가는 민족 단위의 환경의 순환사이클이 작동되고, 그리고 국가의 주관적인 관점으로 태동된 주관적인 실행적 사상에 의해서 민족단위로 작동된 환경의 순환사이클을 관리한다. 주관적인 실행적 사상이 민족 단위로 작동된 객관적인 실행적 사상을 포용하여야 한다. 이러한 주관적인 실행적 사상이 객관적인 실행적 사상을 포용하지 못할 때 독립적인 객체로 작동된 객관적인 실행적 사상은 이탈을 생각한다.

객관적인 실행적 사상은 대상을 인지하고 판단하는 이성의 주체로써 전체사회의 질서를 유지하고 그 공유의 의식은 유전적으로 전해진다. 하지만 주관적인 실행적 사상은 물리적인 힘에 의해서 독립적으로 작동된 환경의 순환사이클의 질서를 유지한다. 독립된 객체로 작동된 객관적인 실행적 사상의 이성은 물리적인 힘에는 강하게 저항한다. 태생적인 본능인 소속감은 팽창과 축소를 거듭한다. 태생적인 본능이 국가의 단위로 확산되거나 팽창되지 않고, 민족의 단위로 혹은 종교적인 문화의 단위에 있다면 국가의 물리적인 실행적 사상의 힘의 균형이 무너지면 이탈을 시작한다.

민족 단위로 작동되는 객관적인 실행적 사상의 이성은 국가라는 대상물을 자기의 원초적인 태생적 본능으로 인지하고 판단하지 않고 있었다. 자기의 독립된 실체 속에서 새로운 문화를 만들 것을 항상 생각한다. 나의 원초적인 태생적 본능은 민족이고, 혹은 종교적인 문화를 공유하는 종교의 문화였고, 국가는 1차적인 혹은 2차적인 태생적 본능에 불과했다. 객관적인 실행적 사상은 물리적인 힘에 의해서 그 질서 속에서 자유의 안전성을 보장받고 있을 뿐 자유를 완전히 귀속시킨 것은 아니다. 물리적인 힘이 강하면 강할수록 전체사회의 내부에 욕구불만의 에너지는 축적되고 축적된 에너지의 의식은 유전적으로 후세에 전해진다. 국가의 단위로 태생적인 본능은 팽창되지는 않는다.

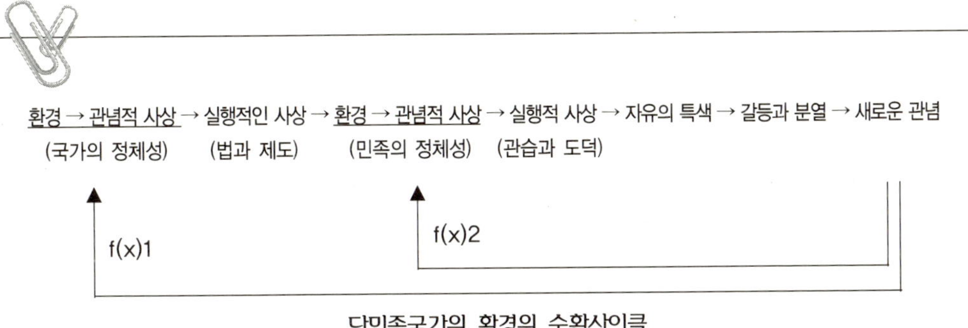

▲ 다민족국가의 환경의 순환사이클

위 다민족국가의 환경의 순환사이클의 메아리 공식에 의해서 f(x)1의 값이 f(x)2보다 작다면 태생적인 본능의 의식은 국가주의로 확산되지 않는다. 국가주의로 확산되기 위해서는 태생적인 본능에 관련된 의식의 확산의 f(x)2 〈 f(x)1 상태가 되어야 한다.

태생적인 본능은 인간의 문화적인 경험이 무의식에 축적되어 형성한다. 무의식에 축적된 문화적인 영향이 자기의 가치관에 가장 많이 영향을 미친 곳에서 가장 많이 느낀다. 태생적인 본능은 전체사회의 단결된 힘으로 나타난다.

‘f(x)2’의 값을 낮추고 ‘f(x)1’의 값을 키우기 위해서 물리적인 힘에 의한다면 결코 그 값은 변화되지 않는다. 물리적인 힘은 민족 단위의 전체사회에 더 많은 분열의 에너지만을 축적시키고, 그러한 의식은 역사적인 시간(T) 속에서 유전되어 결국은 분열된다는 것이다.

이러한 국가주의로 태생적인 본능을 이동시키고 다양화시키기 위해서는 자연적이고 객관적인 상태에서의 소통을 통해서만이 가능하다. 그래야만 태생적인 본능이 다양화되어 그들의 의식 속에서 도덕적이고 관습적으로 보편화될 수 있기 때문이다.

미국의 다양한 민족이 모여서 내셔널리즘을 탄생시킨 것은 민주주의와 실용주의, 다원주의에 그 근거를 둔다. 민주주의, 다원주의, 실용주의의 평등과 자유는 개인주의로 만들지만 의식을 통합하여 새로운 의식을 만들어 냈다. 미국의 태동은 유럽에 그 근거를 두지만 미국의 문화적인 정체성은 분명히 유럽과는 다른 이미지로 다가온다. 그 이미지는 여러 문화가 섞여서 만든 다원주의적인 색체가 강하다. 분명히 하나의 단일한 민족의 정체성을 나타내는 문화적인 이미지는 아니다. 이것은 소통의 결과이며 민족 단위의 태생적인 본능을 미국의 국가주의로 확산된 결과이다.

중국은 수천 년의 역사 속에서도 완성된 국가주의를 만들지 못했다. 중국 역사는 팽창과 분열의 역사다. 독립된 객체의 단위로 작동된 민족 단위의 정체성이 국가 단위의 정체성으로 확산되지 못한 결과이다.

이러한 가장 큰 근본의 원인은 중화사상에 있다. 중화사상은 중국의 역사를 통합의 역사로 만들지 못하고 팽창과 분열의 반복된 역사로 만들었다. 중국 역사의 기간 동안 단 한 번도 실체가 완성된 국가를 만들지 못했다. 중국은 팽창이 멈추면 분열을 시작하고 분열의 끝에는 또 다른 팽창이 시작된다. 인간의 내면은 사디즘적이고 매저키즘적인 양면성을 함께 가지고 있다. 이것은 인간 내면에 잠복된 '원형'적인 것이다.

그래서 독립된 객체로써 민족 단위로 작동된 환경의 순환사이클이 중국이라는 주관적인 실행적 사상에서 이탈을 시작한다. 이것은 객관적인 실행적 사상이 중화사상에 물들어 있는 주관적인 실행적 사상으로부터의 이탈이다. 그리고 이탈된 실행적인 사상은 새로운 중화사상의 주인이 되기 위해서 팽창을 시작한다. 민족적인 사디즘적인 팽창이다. 이러한 팽창은 팽창하고자 하는 범위까지 그 범위에서 인정하는 관념, 즉 전체사회가 적어도 인정할 수 있는 가치를 지닌 의식의 팽창이 아니라 물리적인 팽창이다. 그래서 물리력으로 독립된 객체로 작동되고 있는 또 다른 객관적인 실행적 사상을 지배하고 관리한다. 계속적으로 팽창이 시작되고 그리고 팽창이 끝나고 물리적인 힘의 균형이 무너지면 또 다른 민족의 단위에서 독립된 객체로 작동되고 있는 환경의 순환사이클은 이탈을 시작한다. 이러한 팽창과 분열의 반복된 역사가 중국이다. 물리적인 힘에 의한 주관적인 실행적 사상에 지배된 객관적인 실행적 사상은 반드시 그 틀 속에서 분열되고 이탈된다는 것이다.

중국의 역사는 한 번도 실체가 형성된 적이 없는 허상의 국가이다. 지금도 중국 역사의 미래를 정확히 예언하기는 어렵다. 그것은 중국의 실체가 어떤 것인지 아는 사람이 없기 때문이다. 중국의 왕조는 그래서 다른 나라에 비해서 매우 짧다.

삼국을 접수한 진나라는 50여 년 만에 분열되어 5호 16국시대를 열고, 그리고 이를 진압한 수나라는 고구려의 침공 후유증으로 26여 년 만에 당에게 멸망하고, 290여 년 만에 당은 주전충에게 무너진다. 주전충이 세운 후량은 16여 년 만에 터키계의 유목민인 후당에게 무너지고, 후당은 13여 년 만에 거란인의 지원을 받은 터키계의 절도사 후진에게 무너지고, 후진은 또 13여 년 만에 후한에게, 후한은 4여 년 만에 후주에게 무너지고, 후주는 10여 년 만에 송에게 무너진다. 170여 년 만에 송은 오랑캐로 여기던 여진족이 세운 금나라에 무너지고, 금나라는 119여 년 만에 원나라에 무너진다. 원나라는 97년간 통치 후 명나라에 무너지고, 명나라는 276여 년 만에 청나라에 무너지고, 청나라는 268여 년 만에 무너졌다. 수천 년의 역사 속에서도 300년을 넘기는 나라가 없다.

중국의 역사는 민족별로 분열되다가 다시 규합되고 또 분열된다. 나라를 지키고자 하는 의지가 없다. 차라리 나라가 무너져 독립된 객체로 환경의 순환사이클을 작동시킬 수 있는 실체로 환원되기를 바라고, 물리적인 힘에 의해서 유지되고 있는 중화사상의 주관적인 실행적 사상에서의 탈피를 원할 것이다. 배신과 배신으로 이루어진다. 틈이 생기면 분열한다. 국가에 대한 애착과 지키고자 하는 의지가 없다. 민족과 민족 간의 분열이다. 팽창의 끝점에는 분열이 시작되는 반복의 역사다. 실체가 없는 허상일 뿐이다.

하지만 실체가 형성된 국가에서 국가의 이름의 변경은 정권의 교체에 불과하다. 마치 실체가 형성된 것처럼 보이지만 조금의 힘의 균형이 보이면 분열된다. 이것은 태생적인 본능이 국가주의로 확산되지 못했기 때문입니다. 환경의 순환사이클이 독립된 객체로 작동되어서 만들어진 의식의 합인 f(x)의 값이 항상 'f(x)1 〈 f(x)2' 이런 상태로 남아 있기 때문이다. 이것은 민족의 단위별로 작동된 환경의 순환사이클에 의해서 태생적인 본능에 영향을 미칠 의식이 국가주의로 팽창된 의식의 값보다 크기 때문에 민족주의는 성장하지만 국가주의는 약화된다. 그래서 국가주의에서 이탈을 항상 준비한다.

태생적인 본능의 팽창이 국가 단위로 확대되지 않으면 언제든지 분열된다. 이것은 중국 스스로의 함정이고 그들의 덫이다. 이것의 근원은 중화사상에 있다. 중화사상은 태생적인 본능이 국가주의로 팽창되는 것을 막는 근본적인 원인을 제공했다.

태생적인 본능이 확산되어 국가주의로 확대되기 위해서는 자유의 확산을 통한 의식의 소통이다. 이것은 미국의 국가주의를 탄생시킨 과정에서 과연 무엇이 미국의 국가주의를 짧은 역사 속에서도 가능하게 했고, 수천 년의 역사 속에서 환경의 순환사이클을 작동했는데도 아직도 허상의 국가로 남아 있는가에 대한 대답은 분명하다. 그것은 자유의 확산을 통한 의식의 소통임을 부인할 수가 없다. 시장경제와 민주주의와 실용주의에 의한 평등과 자유다.

하지만 아쉽게도 중국의 정치적인 엘리트들이나 지도자들은 이러한 사실을 수천 년의 역사 속에서 아직도 알지 못하고 인지하지 못한다는 사실이다. 주관적인 실행적 사상이 객관적인 실행적 사상을 물리적인 힘에 의해서 관리되고 지배될 수 있다는 인간의 오만과 욕망이 인류의 역사를 불행하게 만들었다.

일본의 대동아전쟁은 그들의 오만과 욕망이 만들어낸 결과이다. 인류가 가장 평화로울 수 있는 것은 환경의 순환사이클이 독립된 객체로 작동될 수 있도록 실체로 복원하는 것이다. 그리고 그 실체를 이해하고 존중할 때 가장 순리적이며 안정적인 것이다. 이러한 환원이 어렵다면 자유의 확산을 통한 태생적인 본능의 팽창을 통해서 태생적인 본능의 다양성을 추구해야 한다.

나는 누구인가? 이것에 대한 대답은 분명하다. 나는 한국인이면서 미국의 건전한 한 국민이다. 그러면 당신은 누구인가? 그것에 대한 대답은 분명하다. 나는 당신을 한국인으로 인정하고 미국의 건전한 국민으로 교육하여 성장시키고 자유의 안전성을 보호할 의무가 있으며, 당신의 생존권을 책임 질 것이다.

중국의 조선족은 누구인가? 나는 조선족이면서 중국인이다. 나의 태생적인 본능은 문화적인 영향을 받아서 확장되어 두 가지의 태생적인 본능이 나의 원초적인 태생적인 본능으로 나의 내면에 잠재해 있고, 그리고 그 소속감은 나의 '원형'적인 상태로 존재한다는 것이다.

실체가 완성된 전체사회는 분열을 하여도 결합하려 한다. 동독과 서독이 그렇고 남한과 북한이 그렇다. 그들 존재의 근원은 독일이고 한국이다. 그래서 그들은 분열이 되어도 다시 결합한다. 그러나 허상의 국가는 아무리 결합하려 해도 결합하지 않는다. 아무리 분열을 하려 해도 결합하려 하고, 아무리 결합하려 해도 분열한다. 이것이 실체가 완성된 전체사회와 실체가 없는 허상의 국가의 차이이다.

중국의 동북공정은 중국의 팽창 의식이 그들 내면에 존재하면서 분열을 두려워한다는 의미이다. 그들은 역사 속에서 팽창과 분열을 합리화하기 위한 다민족의 역할론을 말한다. 다민족이 중국의 건설에 많은 기여를 했다는 것이다.

팽창은 분열을 만든다. 소통은 화합을 만든다. 화합을 위한 존재는 각자의 실체를 인정하고 그들의 존재의 근원을 존중한다는 것에서부터 시작된다.

대한민국의 존재의 근원은 어디에서 시작되는가? 그 근원에 대한 대답은 분명하다. 고조선에서부터 시작된다. 고조선은 고구려 건국의 모태이고, 오늘날 대한민국의 모습을 완성시킨 고려는 고구려를 그 근원으로 한다. 고려는 코리아 어원의 근원이 되었다. 고구려는 독립된 객체로 환경의 순환사이클을 작동시킨 분명한 주체이다. 중국에게 물질을 제공했다고 해서 그들의 독립적인 객체로 작동된 환경의 순환사이클이 영향을 받았다는 증거는 없다.

한 나라의 역사가 독자적이고 독립적인가를 평가할 때 과연 그들이 독립된 객체로 환경의 순환사이클을 작동시켜 그들의 독창적인 문화적 정체성을 형성시키고 유지했는가에 달려 있다. 수나라와의 전쟁에서 그들은 분명히 독립적인 객체로 환경의 순환사이클을 작동시키기 위한 독립적인 저항이었다. 고구려는 한번도 중국의 주관적인 실행적 사상에 의해서 영향을 받거나 독립적인 객체로서의 역할을 상실한 적이 없다. 고구려가 역사 속으로 사라지고 그들의 독립적인 객체로써 작동시킨 환경의 순환사이클은 한반도의 통일신라에게 이양되어, 그 속에서 그들의 문화적인 정체성은 통일신라의 객관적인 실행적 사상에 의해서 동화되고 흡수되었다. 그리고 그들은 훗날 고려로 부활하여 삼국을 통일하고 한반도의 완전한 실체를 형성시켰다.

한반도의 완전한 실체를 형성시킨 고려의 존재 근원과 가치는 고구려에서 왔고, 그들은 타인으로부터 그렇게 인식되기를 바라고 그 속에서 자신의 존재적 가치를 평가받기를 원했다. 그래서 그들의 국호를 고려로 정해서 한반도의 실체의 존재가 고구려임을 천명한 것이다.

고려가 조선에 망한 것은 고려 왕씨의 왕조가 조선의 이씨 왕조에게 정권을 넘긴 것으로 정권의 교체이다. 독립된 객체로 작동된 환경의 순환사이클을 작동시킨 주체를 왕씨가 이씨에게 넘긴 것이며, 환경의 순환사이클을 작동한 독립성은 지속적으로 유지되어 온 것이다. 그리고 독립성을 유지하면서 대한민국의 전체사회의 문화적인 정체성을 유지해 왔다. 그래서 독립성을 유지하면서 시공간 속에서 형성된 문화적인 정체성은 중국과는 확연히 다르다.

대한민국이 건국되고 그리고 1990년까지 하루도 분열이 없는 날이 없었다. 최루탄과 화염병은 대한민국 전체사회의 일상이 되었다. 누가 고문으로 죽고 누가 성난 군중에 의해서 죽고 다쳤다는 말은 하나의 뉴스거리에 불과했다. 근 40년간을 분열 속에서 서로 증오하고, 미워하고, 분노했다. 하지만 대한민국의 전체사회가 이렇게 분노하고 증오했던 것은 전체사회가 공유할 수 있는 주관적인 실행적 사상을 만들고자 하는 노력이다. 그래서 독립된 객체로 작동된 환경의 순환사이클이 상대적인 인권과 절대적인 인권을 보장하고, 현대화된 의식 속에서 만물을 소생시키고자 하는 전체사회의 노력과 갈망의 분열이지, 전체사회가 그 틀 속에서 벗어나기 위한 분열이 아니다. 40년간을 하루도 쉬지 않고 분열하면서도 전체사회가 유지될 수 있었던 것은 실체가 완성된 국가이기 때문이다. 만약 40년간 실체가 완성되지 못한 허상의 국가에서 이렇게 분열되었다면, 과연 하나의 국가로써 존재하여 독립된 객체로써 환경의 순환사이클이 작동될 수 있는가?

소련의 붕괴는 어디에서부터 시작되었는가?

러시아에서 1917년에 공산당 혁명이 일어나 소련이 태동하였다. 혁명의 주체 레닌이 사망한 후에 그 후계자인 스탈린이 집권하고 강력한 군사력을 바탕으로 주변의 여러 나라들을 정복했다. 러시아의 제국에 부속되어 있다가 러시아의 붕괴를 틈타서 해방된 주변의 여러 나라들을 물리적인 힘을 사용해 군사적으로 다시 합병하기에 이른다. 2006년 현재 발트3국(리투아니아, 라트비아, 에스토니아 등) 및 우크라이나, 카자흐스탄, 우즈베키스탄 등지가 이런 방법으로 러시아에 합병되었다. 이것은 문화적인 가치에 의한 병합보다는 물리적인 병합이므로 옛 소련 시절 동안 자주 독립적인 반란이 자주 발생했던 곳이다.

소련정부는 이것을 반란이라고 부르지만, 이것은 독립된 객체로 작동된 환경의 순환사이클이 원래의 실체로 환원되기 위한 과정이다.

그러하였기 때문에, 1991년에 소련 공산당이 붕괴되고 옛 소련이 해체되었을 때 독립을 선언하였다. 그리고 독립적인 객체로 환경의 순환사이클을 작동시키는 주체로서 그들은 독립되고 해방되었다. 그 결과, 소련 이전의 실체인 러시아만 남게 되었다. 이것은 러시아의 실체로의 환원을 의미한다. 하지만 러시아도 아시아 지역에는 팽창으로 인해서 형성된 허상의 이미지가 남아 있기에 완성된 실체로 인정하기는 어렵다. 그리고 지금도 체첸 사람들은 자기의 실체로 환원하기 위해서 러시아와 죽음의 투쟁을 한다.

물리적인 힘에 의한 팽창이 원래대로 환원되기 위한 과정으로 축소가 이루어진 과정에서는 항상 진통과 혼란이 온다. 원래대로 환원이라는 의미는 본래의 실체로 되돌아가는 것을 의미한다. 러시아가 체첸인들이 가지는 태생적인 본능을 러시아의 국가주의로 팽창시키지 못한다면 이러한 분규는 계속될 것이다. 러시아는 체첸에 의해서 편할 날이 없다. 체첸을 인정하고 소통을 통해서 그들의 태생적인 본능이 러시아인이고 체첸인이 될 수 있는 의식의 팽창을 하지 못한다면 차라리 그들의 실체로 환원되도록 도와야 한다. 그것이 러시아에도 장기적으로 좋은 것이다.

체첸인은 마음속에 체첸인으로만 원초적인 태생적인 본능을 느낀다면 그것은 유전적으로 전해진다는 것이다. 그들은 러시아에서 그들 존재의 근원과 가치를 타인으로부터 인정받는 것은 수치스럽고, 체첸의 문화적인 정체성 속에서 자신들의 근원과 가치를 타인으로부터 인정받고 싶은 것이다.

동남아의 큰 다민족국가 인도네시아도 인도네시아로부터 이탈을 위한 독립투쟁이 전개되고 있다. 인도네시아는 문화적인 전통이 다른 민족만 240개 정도이고, 언어는 515개, 인구는 2억2천만 명으로 세계 최대의 회교국가이다.

이러한 다민족국가인 인도네시아의 주관적인 실행적 사상에 의해서 관리되고 있는 독립적인 환경의 순환사이클이 완전한 객체로 작동시키기 위해서 이탈을 꿈꾸는 곳이 있다. 대표적인 곳이 동티모르와 수마트라섬의 북부 아체 지역과 파푸아섬의 서쪽 이리안자야 지역이다.

동티모르는 18세기 초반부터 포루투갈의 식민 통치를 받아

왔다. 1974년 포루투갈이 식민지의 해방 계획을 수립하고 시행하는 과정에서 그 틈을 이용하여 인도네시아가 물리적인 힘을 동원하여 합병시킨 곳이다. 그리고 동티모르는 4반세기 동안 끊임없는 독립투쟁을 전개했다. 그들이 독립적인 객체로 환경의 순환사이클을 작동하고자 하는 열망은 그들이 얼마나 정체성이 강한지를 말해 준다. 인도네시아의 동화 정책에도 그들은 태생적인 본능이 인도네시아로 확대되지 못했다. 인도네시아의 무력 진압과 탄압에 대한 그들의 기억은 아마도 영원히 인도네시아와 함께 할 수 없는 깊은 문화적인 충격으로 작용했는지도 모른다. 자연적이고 순리적이지 못한 문화적인 기억은 전체사회에 깊은 상처를 준다.

68만여 명의 인구 중에 무력을 동원하여 침공하고 평정과정에서 10만여 명이 희생된 것으로 알려졌다. 동티모르의 독립운동과 그들의 저항이 외부세계에 알려지고, 외부는 그들의 독립적인 객체로써 환경의 순환사이클이 작동됨이 더 합리적임을 인지하고 그들의 독립을 위해 지원하고 인도네시아도 승인하여 독립을 하였다.

인구 약 400여만 명의 수마트라섬의 북부 아체 지역은 1945년 네덜란드에서 독립했으나 1951년 인도네시아에 합병됐다. 물리적인 합병이다. 관념적인 합병은 새로운 통합의 문화를 생산하지만 물리적인 합병은 증오와 분노를 만든다.

그들은 자유아체운동(GAM)을 결성하여 독립운동을 추진하는 과정에서 인도네시아 정부군과의 충돌로 수많은 희생자를 냈다. 자유아체운동(GAM)의 단체가 독립을 포기하고 자치권을 부여받는 것으로 통합을 모색 중이다. 이것은 서로의 독립된 객체로 작동되는 환경의 순환사이클에 대한 실체를 최소한으로 인정하는 것이다.

인도네시아의 주관적인 실행적 사상의 범위 내에서 그들의 관념적인 사상이 작동되기를 바라는 인도네시아의 의견과 자유아체운동(GAM)의 단체가 이를 인정하는 것이다. 이러한 상호의 인정이 지속적으로 유지되어 평화가 정착되기 위해서는 자연적이고 순리적으로 환경의 순환사이클이 작동되어, 그들 속에 존재하는 어둡고 부정적인 역사적 사실에 대한 기억의 잔재를 역사적인 시간 속에서 지워야 한다. 그리고 태생적인 본능의 팽창과 다양성을 추구하여 인도네시아와 함께 할 수 있는 의식을 소생시켜야 한다.

인도네시아의 주관적인 실행적 사상에 의해서 태동된 문명과 문화적인 정체성에 의한 관념의 합(f(x))이, 아체 지역의 자치단체에서 작동되는 환경의 순환사이클에 의해서 태동된 문명과 문화적인 정체성에 의한 관념의 합(f(x))보다 최소한 같거나 커야 한다. 그렇지 않으면 인도네시아의 주관적인 실행적 사상에서 그들의 관념적인 사상은 이탈을 다시 시작할 것이다.

인도네시아로 향하는 태생적인 본능이 관념적으로 아체 지역의 전체사회에서 소생될 때 인도네시아의 실체로써 그들의 역할을 수행하게 될 것이다. 그러하다면 인도네시아가 취할 행동은 분명하다. 관념적인 통합을 위해서는 자연적이고 순리적이어야 한다는 것이다.

한편 주민 250여만 명의 파푸아 섬의 서쪽 이리안자야 지역은 1969년 인도네시아가 26번째 주로 무력으로 편입시켰다. '자유 투표에 의한 결과'라고 말하지만 방법과 실행 상태에 대한 정당성과 명분을 갖추지 못해서 무력에 의한 합병으로 인식되고 그리고 독립투쟁이 전개되는 곳이다. 여기도 인도네시아로부터 이탈을 꿈꾸는 곳 중에 하나이다. 이들의 대부분은 기독교문화를 가지고 있으며, 경제적인 불평등과 착취로부터 불만이 폭발되어 독립운동으로 전개되었다.

전체사회에서의 불평등한 의식과 단위별 소규모 전체사회의 태생적인 본능은 전체사회로 팽창되지 못한다. 그들은 그들의 의식을 공유할 수 있는 독립적인 객체로 작동시킬 환경의 순환사이클을 원하게 될 것이다. 그리고 그 속에서 그들의 문화와 문명을 창조하여 타인으로부터 존재의 근원과 가치를 인정받고 전체사회의 문화보다는 좀 더 편안한 문화 속에서 생활하기를 바란다.

한 번 형성된 문화적인 정체성은 자연적이고 순리적으로 환경의 순환사이클이 역사적인 시간 속에서 작동될 때 변화되고 성숙된다. 물리적인 힘에 의한 변화나 복속은 분열의 에너지만 내부환경의 공간에 축적된다.

인도네시아는 아직도 그들의 실체를 완성하기 위한 과정에 있다. 허상의 국가다.

지금 현재 세계 내전의 역사는 어디에서 오는가?

제국주의 팽창이 축소되고 환원되는 과정에서 전체사회의 문화적인 실체를 인정하지 않음으로 발생한다. 제국주의자들이 그들이 역사적인 시간 속에서 환경의 순환사이클을 작동시켜서 형성된 문화적인 정체성을 인정했다면 팽창을 하였겠는가? 오만과 욕망이 만들어 낸 결과가 수많은 곳에서 내전과 독립으로 이어지고 그들의 실체를 인정할 것을 요구하고 있다. 이것은 본연의 실체로의 환원 과정이다. 독립된 객체로 작동된 환경의 순환사이클에 의해서 형성된 문화적인 정체성과 그리고 그 속에서 형성된 원초적인 태생적인 본능을 인정할 것을 요구한다. 그래서 그들은 독립된 객체로 환경의 순환사이클을 작동해서 그들의 문화적인 정체성을 만들 수 있도록 요구하는 것이다.

문화적인 정체성의 이동을 준비하는 국가들에게도 적용된다. '원형'적으로 유전된 태생적 본능의 이동은 지속적이고 연속적이어야 한다. 문화의 정체성의 이동은 2차적인 태생적 본능의 이동이다. 이러한 본능의 이동은 원초적인 태생적 본능과는 다른 차원이다. 하나의 문화권에서 다른 문화권으로의 이동이다.

태생적 본능에 영향을 미치는 메아리 공식에서 정의된 매개체(a)의 역동성과, 유전적으로 전달된 시간(T)에 의해서 그 값을 확장시켜야 한다. 그리고 시공간 속에서 이루어지는 행위는 자연적이고 객관적이어야 한다. 주관적이고 물리적이면 불만의 에너지는 환경 속에 축적되고 유전된다. 하나의 민족으로 실체가 형성된 후에 주관적인 실행적 사상에 의해서 민족의 단위가 사라지는 경우는 역사 속에서 발견되지 않는다. 약하지만 한없이 강한 존재이다. 오로지 소통만이 국가주의를 만들고 통합을 이룬다. 환경의 순환사이클 속에서 국가적인 정체성의 값으로 환원되는 f(x)1의 값이 지속적으로 축적되고, 민족의 정체성으로 환원되는 f(x)2의 값을 능가할 때 민족 단위의 태생적인 본능은 팽창되어 국가주의를 만들 것이다.

태생적인 본능은 '소속감'인 인간의 원형이 문화적인 영향을 만나서 만들어진다. '소속감'은 팽창되고 축소되고 이동한다.

태생적인 본능이 '민족' 단위에서 '원형'적인 것으로 인식한다면 태생적인 본능은 이동되지 않으며, 팽창되고 축소되지 않는다. 이것은 불변적이고 영원하다. 이러한 인식이 다른 민족에 대해서 사디즘적인 경향으로 나타나게 되고 정체성에 대한 강한 인식이 다른 민족의 문화를 배타적으로 여기게 하고 폐쇄성을 만들었다.

하지만 민족 단위의 태생적인 본능이 변하지 않는 것은 아니다. 태생적인 본능을 확대하고 다양화함으로써 미국의 국가주의를 만들어 낸 것은 태생적인 본능이 확대될 수 있다는 것을 의미한다. 이것은 자연의 순리적으로 환경의 순환사이클이 작동될 때 가능하다는 것이다.

'이'와 '기'의 상호조화 속에서 만물이 형성되고, 새로운 의식이 소생하고, 생성하고, 소멸하기 위해서는 소통과 존재의 인정과 존중이 중요하다. 그러한 인정 속에서 소통되고 그 결과 문화적인 영향이 무의식의 내면에 축적되어 태생적인 본능은 팽창되고 다양화되는 것이다.

태생적인 본능에 있어서 완전한 이동 및 팽창이 이루어지지 않으면 어떠한 계기에 의해서 다시 환원된다. 그 시간과 속도는 이동된 시간보다도 훨씬 빠르고 급속하다. 일시적이고 순간적으로 이동되어 분열된다. 이것은 실체가 완성된 것처럼 보일 뿐 완성되지 않은 증거이다.

실체가 완성된 하나의 문화적인 정체성을 만든 국가는 분열되어도 그것은 전체사회가 더 나은 사회로 이동하기 위한 하나의 진통이고 새로운 관념을 만들어 내기 위한 과정이다. 이러한 과정 속에서 문화적인 정체성의 깊이와 포용력은 확대된다.

확대된 포용력은 다양한 문화를 소화하고 새로운 문명을 만들고 확산한다. 이러한 분열은 전체사회에 축적된 에너지의 분출이다. 역사는 자기모순을 가진 존재이기에 어쩔 수 없이 나타나는 현상이고, 이러한 현상 속에서 발전되고 진보됐다.

허상의 전체사회의 분열과 실체의 전체사회의 분열과는 다른 성격의 차이를 가진다. 허상의 전체사회에서의 분열은 독립된 객체가 국가의 틀에서 이탈을 위한 것이라면, 실체가 완성된 전체사회의 분열은 역사가 가지는 자기모순의 인정과 부정의 과정 속에서 성장하기 위한 일련의 과정일 뿐이다.

제4장 인권과 자유

- 인권과 자유
- 상대적 인권
- 절대적 인권
- 보장될 자유

인권과 자유

❖ 인간의 의식 구조

한 나라 국가의 국민이 되는 것은 그 국가로부터 나의 관념적 사상의 공간으로부터 태동된 자유의 안전성을 보장받음과 동시에 나의 자유의 구속을 승인하는 행위이다.

관념적인 사상은 사회적인 관념적 사상과 개인적인 관념적 사상이 있다. 사회적인 관념적 사상은 전체사회의 특징, 즉 그 사회의 문화를 의미한다. 개인적인 관념적 사상은 인간의 인성의 전체이다. 인간의 인성 구조는 의식의 세계와 무의식의 세계로 구분되고 무의식의 세계는 또 개인적인 무의식과 집단적인 무의식의 세계로 구분된다.

개인적인 무의식은 인간의 경험적인 축적에 의해서 형성된 무의식의 세계이며, 집단적인 무의식은 경험의 이전부터 인간의 내면에 존재하는 선험적인 의식의 세계이다. 의식의 세계는 무의식의 세계의 지배를 받아서 개인별 자유의 특색으로 나타내게 된다.

<table>
<tr><th colspan="5">개인적인 관념적 사상</th></tr>
<tr><td colspan="3">의식의 세계</td><td colspan="2">무의식의 세계</td></tr>
<tr><td colspan="3">실행적인 사상</td><td>개인적 무의식</td><td>집단적 의식</td></tr>
<tr><td colspan="2">조절될 의식</td><td rowspan="2">조절되지 않을 의식</td><td rowspan="3">경험의 축적</td><td rowspan="3">원형적 요소
(소속감)</td></tr>
<tr><td>승인된 의식</td><td>구속된 의식</td></tr>
<tr><td>자유의 특색</td><td>실행적 사상
(주관적 / 객관적)</td><td>보장될 자유
(생존권의 보장 /
인권의 안전성)</td></tr>
<tr><td colspan="2">시장경제 / 합리적인 조절</td><td>공유하는 자산의 가치</td><td colspan="2">태생적인 본능</td></tr>
</table>

▲ 인간의 의식 구조

개인별 자유의 특색은 실행적 사상에 의해서 구축되고 조절된다. 조절되지 않고 보장해야 할 의식은 인간의 보편적인 가치인 인권과 기초적인 생명을 유지하기 위해 물질적인 한계를 보장받는 경제의 활동이다.

❖ 인권과 자유

구속되지 않고 자기의 마음대로 행동하는 일을 자유라고 할 때, 구속되지 않은 상태라도 완전한 장애에서 해방되는 것은 아니다. 자유와 인권은 항상 반비례적인 관계를 갖게 됨으로 자유를 말할 때 인권은 불가분의 관계를 갖는다고 말할 수 있다. 국가의 존재는 자유의 안전성을 보장하고 인권을 보호하는 데 있다. 이것은 역설적으로 자유를 구속하지 않고는 인권과 자유의 안전성을 보장할 수 없는 모순점을 가진다.

모든 사람은 태어나면서부터 자유롭고, 존엄성과 권리에 있어 평등하다. '세계인권선언' 제1조의 내용이다. 인권은 사람이 사람답게 살기 위해 꼭 필요한 기본적 권리다.

생각하는 자유가 행동하는 자유의 특색을 나타낼 때 이러한 자유의 특색이 실행적인 사상에서 인정하는 범위를 이탈한 경우 자유는 구속된다. 도덕과 관습에 의한 비물리적인 구속과 법과 제도에 의한 물리적인 구속이 있다.

인권의 기본 본질은 자유의 의사 표현이 구속되는 것에서부터 출발하는 관점에서만 해석되면, 타인이든 본인이든 행복의 본질이 약해진다.

인간의 삶의 기본 목적이 행복에 있다면, 행복하기 위해서 인간은 자유의 특색을 결정하고 갈등과 고독의 과정을 통해서 선택한다. 갈등과 고독의 과정을 통해서 자유를 선택하는 과정은 '전이'이고, 선택된 자유의 결과에 대한 가치는 '승화'이다. 선택된 자유는 최소한 도덕적이고 관습적으로 인정될 때 선택된 자유의 특색은 가치를 가진다.

자유의 특색을 선택하는 폭을 확대한다고 해도 인간은 행복해지는 것은 아니다. 이것은 자유의 허용과 구속의 상관 관계로부터 행복이 결정되는 것이 아니고, 자유의 특색을 선택하고 결정하는 동기와 일련의 과정에서 얻어지는 '승화'의 결과물로 결정된다. 이러한 '승화'의 결과물은 실행적인 사상의 방향성에

의해서 크기가 결정된다. 이러한 '승화'의 결과물의 가치는 실행적인 사상에 가장 많은 영향을 받기 때문이다. 그래서 실행적인 사상의 방향성은 결국은 문화의 변화의 방향성을 결정한다.

인권의 본질은 구속과 선택의 상관 관계 속에서 행복해야 한다는 것이다. '인간은 사회적인 동물'이라고 말했듯이 문명이 태동되는 순간부터, 아담과 이브가 지혜의 선악의 과일을 먹는 순간부터 우리의 자유는 구속되어야 했다. 인권은 그래서 구속과 보호 속에서 보장된다.

인권의 보호는 인간의 존엄성과 전체사회의 행복을 동시에 만족시켜야 한다. 이러한 보호의 기본 목적이 국가 존재의 가치이며, 이러한 가치의 바탕 위에서 문명이 태동되고 환경의 순환사이클이 작동되어 문화의 정체성을 만들었다.

국가 존재의 가장 기본적인 가치는 조절되지 않아야 할 의식이 조절될 경우 이를 보호하기 위해서이다. 이러한 기능은 실행적인 사상에 의해서 이루어진다. 실행적인 사상의 가장 기초적인 기능은 인권과 자유의 상관관계를 가장 합리적으로 설정하여 환경의 순환사이클을 작동시키는 것이다.

'이'와 '기'가 상호조화를 이룰 때 그 속에서 만물이 소생하고, 그 소생된 만물 중 물질적인 것은 우리를 풍요롭게 하고, 정신적인 것은 새로운 문명을 창조하고 문화의 깊이를 크게 할 것이다.

그 중심에 실행적인 사상이 존재한다. 실행적인 사상은 조절되지 않은 의식 속에서 태동된 자유를 보장하고 보호해야 한다. 인권과 자유의 상관관계는 실행적인 사상의 시작이며 기초를 제공한다. 이러한 상관관계 속에서 전체사회나 국가의 모든 법은 해석되고 고려되어야 한다. 이러한 상관관계 속에서 인권은 시작된다.

이러한 상관관계를 설정하는 과정 속에서 해석되는 인권적인 문제점을 상대적인 인권이라 하고, 설정된 상관관계를 해석하고 실행하는 과정 중에서 발생되는 인권적인 문제점을 절대적인 인권이라 한다.

상대적 인권

인권은 전체사회의 행복과 자유 보장과의 상관 관계를 전체사회의 합리적이고 객관적이고 정당성을 가진 이성적인 판단에 의해서 기준이 설정되어야 한다. 그러나 기준을 설정할 일련의 과정 등이 부당하다면 상대적인 인권이 침해되는 것이다.

상대적인 인권은 전체사회의 환경의 순환사이클이 독립적인 객체로써 작동되어, 정체성이 성립되는 오랜 역사적인 과정 속에서 그 특색이 결정됨으로 각각의 전체사회의 특색에 따라서 상대성을 가진다. 실행적인 사상은 문화의 정체성을 변화시키는 모멘트의 역할을 한다. 그래서 실행적인 사상의 태동 과정이 전체사회의 행복을 위해 정당하고 객관적이고 합리적이지 못하고, 목적 달성을 위해 전체사회의 희생이 담보되는 것이라면 이것은 상대적인 인권이 침해되는 것이다.

상대적인 인권은 전체사회를 부당하게 구속하게 되므로 태동된 자유의 특색은 왜곡되고, 그리고 왜곡된 자유의 특색에 의해서 문화의 정체성이 왜곡된다. 상대적인 인권은 역사의 방향을 후퇴시킨다.

상대적인 인권은 정치적인 목적에 의해서 발생된다. 일부의 위정자에 의해서, 독재자의 정치의 욕망에 의해서, 그리고 잘못된 폐쇄적인 사회학적인 이론에 전체사회가 매몰되어 나타나기도 한다.

전체사회의 행복의 각도는 다양하게 표출된다. 상대적인 인권이 침해된 사회는 전체사회의 행복이 일정한 하나의 목적적인 사상에 의해서 왜곡된다. 행복의 평가 기준은 문명적인 가치보다는 문화적인 가치 혹은 정체성에 의해서 우선적으로 판단되는 방향으로 인정되어야 한다.

문명적인 가치는 수시로 변화한다. 오늘 즐거운 문명이 내일 지겨워질 수가 있다. 오늘 정당한 가치가 내일은 부당할 수가 있다. 문명은 유혹적이지만 능동적이고 일시적이다. 그래서 깊이가 약한 경우가 대부분이다.

혹, 우리의 문화를 일순간에 바꿀 깊은 문명도 있는 경우가 있다. 이러한 문명은 곧 문화로 정착된다. 문화와 문명 간의 조우를 통해서 우리는 이러한 사실을 확인한다. 그 시대의 정신의 의식을 잘 반영한 문명도 전통적인 문화적인 가치로 인식되어 문화로 정착되어 후세에 전해지기도 한다. 대한민국의 전체사회에 월드컵 세계 4강의 감동과 같이 사회에 던진 큰 충격적인 문명은 특수한 부분에서 문화로 정착되는 경우가 있을 수 있지만, 거의 대부분의 문명은 문화로 정착되지 못하고 사라진다. 그러나 사라진 문명은 종래의 문화적인 특성을 약화시키거나 변화를 준다. 그래서 새로운 문화적인 특성으로 변화되도록 한다. 이러한 과정 중에서 새로운 뉴에이지의 문명이 태어나기도 한다. 모든 문화는 이러한 일시적이고, 유혹적이고, 적극적인 문명에 의해서 변화하고, 요동치고, 격분하고, 분노하고, 증오하고, 또 기쁨과 사랑도 느낀다.

상대적인 인권은 전체사회의 행복을 위해서 이것을 합리적이고, 객관적이고, 정당하게 조절하고, 상호조화를 이루게 하여, 만물을 소생하게 해야 할 실행적인 사상의 성질을 왜곡한다. 상대적인 인권은 국가와 그 전체사회의 모든 것을 왜곡하므로 전체사회의 모든 행복 추구권을 말살한다.

스위스의 정신병학자 E.블로일러(1857~1939)가 1911년 처음으로 자폐증에 대해서 말을 했다.

그는 자폐증이란 "현실과 외계도 오로지 환자의 원망(願望)·콤플렉스 또는 환각·망상 등에 적합한 형태로만 존재하는 것으로 인식하고, 이러한 인식에 반하는 현실에 대해서 존재하지 않는 것처럼 행동하는 정신 상태를 말한다"라고 했다.

자폐적인 환자는 욕망의 모든 것이 충족된 것으로 생각하고, 자기의 인식 내부에 있는 '자폐적 세계'가 현실인 것으로 인식하고, 실제의 현실 세계는 믿을 수 없는 환상의 세계처럼 보이고 자기의 내면세계에 빠져있는 정신질환이다.

자폐증적 증상을 보이는 자폐증 등의 질환에 걸린 자폐아는 어려서부터 시작되는 병이다. 이미 정상적인 발달과정을 거친 사람이 자폐아가 되는 것은 불가능하다고 한다. 정상적인 발달과정을 거쳐서 어느 정도 개성화를 이룬 사람이 자폐적인 사람이 되는 유일한 방법은 정신분열병에 걸리는 것이라고 한다.

실제로 정신분열병은 남자의 경우 고등학생 시기에 발병하는 경우가 많으며, 병의 진행에 따라 자폐적인 증상으로 발전되는 경우가 많다고 한다. 이때 정신분열병의 자폐적인 증상은 비현실적이며, 환청이나 망상에 빠져서 현실적인 자극에 반응이 적고, 혼자서 웃고, 혼자 중얼거리는 등의 증상을 보이게 된다. 물론, 정신분열병은 감기와 같은 질환이 아니기 때문에 걸리고 싶다고 걸릴 수 있는 병이 아니다. 고등학교시기에 걸리기가 가장 쉽다는 것은 개성화가 가장 활발히 진행되는 시기로 완전한 성인이 되지 못하였다는 것으로 이해된다.

상대적 인권이 침해되는 전체사회는 자폐아적인 사회를 만들기도 한다. 자폐아적인 사회는 자기의 전체사회의 속성에 파묻혀서 사는 사회이다. 그 속에서 행복을 찾도록 실행적인 사상은 유도하고 방향을 설정한다. 그래서 그렇게 유도된 실행적인 사상에 의해서 자폐아적인 사회는 더욱더 세계와 멀어지고 자기의 세계관에 갇혀서 현실과 외계도 오로지 그들의 원망(願望)・콤플렉스 또는 환각・망상 등에 적합한 형태로만 존재하는 것으로 인식하고, 이것에 역행하는 현실에 대해서는 극도의 민감한 반응을 보인다. 이러한 자폐아적인 사회로 유도되도록 상대적인 인권은 실행적인 사상을 통해서 확대시킨다.

자폐증에 걸린 환자가 정신과 의사에 의해서 치료되어 정상적인 사람으로 치료되듯이 자폐아적인 사회도 외부적인 노력으로 치유되어야 한다. 변화와 개혁을 통해서 그들의 자폐아적인 사회에서 정상적인 사회로의 변화를 추구해야 한다. 상대적인 인권은 물리적인 인권과 비물리적인 인권으로 구분된다. 물리적인 상대적 인권은 실행적인 사상의 물리적인 힘을 통해서 문화의 정체성을 변화시키고자 하는 것이다. 특정 대상물을 인식하는 전체사회의 이성을 물리적인 힘을 통해서 부당하게 변화시킨다.

혁명을 통해서 부도덕하고 비합리적이고 주관적인 관점으로 혹은 사회의 개혁을 통해서 부당하게 변화시킨다. 이러한 물리적인 상대적 인권은 전체사회를 지배하고 지배된 힘이 그들의 관념을 변화시킴으로써 특정 부분의 문화적인 정체성은 변화된다. 그래서 물리적인 상대적 인권의 대상물이 환경의 순환사이클을 통해서 도덕과 관습으로 정착되어서 비물리적인 상대적인 인권으로 변화된다. 물리적인 상대적 인권이 비물리적인 상대적인 인권으로 변화되면 그러한 상대적인 인권은 부도덕한 정당성을 가지게 되고 전체사회의 보편적인 가치로 인식되게 된다. 그래서 물리적인 상대적 인권은 비물리적인 상대적 인권으로 정착화 시키기 위해서 비합리적이고 부도덕한 실행적인 사상을 통해서 전체사회의 방향성을 왜곡하여 문화의 정체성을 변화시킨다.

내제적인 접근법으로 그들의 사회를 보고자 하는 것은 더욱 더 그들의 물리적인 상대적인 인권을 비물리적인 상대적 인권으로 정착화 되는데 도움이 되고 또 가속화되어 부도덕한 정당성을 가지게 한다. 따라서 물리적인 상대적 인권이 비물리적인 상대적 인권으로 정착되어 부도덕한 정당성을 가지지 못하도록 하기 위해서는, 외계의 보편적인 가치의 활동에 의한 외제적인 접근이 내제적인 접근보다도 중요성을 가지게 된다.

이슬람국가의 여성은 평등하지 못한 사회적인 통념이 있다. 이러한 통념은 실행적인 사상의 물리적인 상대적 인권이 비물리적인 상대적 인권으로 정착된 결과의 하나다.

"하나님께서 너희를 창조하사 남성과 여성을 두고 종족과 부족을 두었으되 서로가 서로를 알도록 하셨노라. 하나님 앞에서 가장 크게 영광을 받을 자는 가장 의로운 자로, 하나님은 모든 것을 아시며 관찰하시는 분이시니라(후주라트, 49:13)."

평등하다고 하는 것은 동일하거나 똑같다는 것은 아니고, 태어날 때 각기 다른 능력과 성격을 가지고 태어나 그들은 각기 다른 사람으로 개성화되어 인성을 확립하지만 창조주 하나님 앞에서는 모두가 평등하다. 그래서 각각의 실체를 알도록 노력하고 그리고 인정하고 존중하여야 한다. 인간은 동일하게 창조되는 것이 아니고 평등하게 창조되는 것이므로 하나님 앞에서 인간들의 판단은 그 선행과 의로움에 의해서 평등하고 공평하게 평가된다.

이러한 이슬람의 교리에 대한 잘못된 인식은 아랍과 이슬람을 구분하지 못한 데서 온다.

사우디아라비아와 인근 지역의 아랍인들은 사막에 거주하면서 생활을 해야 하는 척박한 유목민의 생활이다. 그들은 살아남기 위해서 강해야 했고 투쟁하여야 했다. 그래서 강한 힘을 중시하게 되고 그 결과로 상대적으로 여성보다 강한 힘을 가지는 남성을 중히 여기고 남성 중심의 사회가 되었다.

사막의 고통스런 척박한 자연환경은 남성들에게 일부다처제의 필요성을 느끼게 하고 이러한 필요성은 문화적으로 정착되지 않으면 안 되는 환경이었기에, 그들은 종교와 환경의 결합으로 새로운 아랍의 문화적인 정체성으로 확립되어 상대적 인권에 대해서 부당한 전통적인 정당성을 가지게 되었다.

히잡을 쓰는 이유는 '간음'을 막기 위함이다. 간음이란 도덕적으로 인정되지 않는 방법으로 성적인 충동을 해소하는 것만을 의미하지 않는다. 자신의 합법적인 배우자가 아닌 다른 상대방에게 성적 욕구를 갖는 내면적인 의식까지도 '간음'으로 간주한다. 그래서 여성의 눈을 제외한 모든 신체를 가려야 한다기보다는 의식적으로 성적인 충동을 느낄 수 있는 부분을 가려야 한다고 말한다.

남성에게도 과도한 신체의 노출을 금한다. 그래서 이성 간에 성적인 충동을 느낄 수 있는 언행은 남녀 불문하고 조심해야 한다. 하지만 자신의 내면의 의식을 표현하는 자유는 보장되어 있다. 이것은 여성의 사회활동을 보장하는 것이다. 그래서 서구의 무슬림 여성들은 히잡을 쓰는 질문에 이렇게 대답했다.

> "히잡의 본질적인 의미를 파악한 뒤에, 나는 히잡을 즐겨 쓴다. 히잡을 쓰면서부터 나는 내 몸이 완전히 내 것이 됨을 느꼈다. 이제야 나는 다른 남성들이 내 육체가 아닌, 내 내면을 진지하게 받아들이고, 그로 인해 나를 존중하고 함께 의견을 교환하고 있음을 느낄 수 있다. 눈에 보이는 육체가 너무도 많은 것들을 방해하고 있다는 사실을 이제야 알았다."

아랍 세계의 본질적 필요성의 목적 달성을 위해서 종교와 환경을 결합하게 하여 여성의 불평등이 이슬람의 문화적 가치와 아랍의 문화적인 정체성의 일치함으로 왜곡되고 있다면 우리는 또 다른 존중될 가치가 있음을 발견하게 된다.

비물리적인 상대적 인권은 그래서 그 전체사회의 필요성의 목적이 사라지면 변화되어 새로운 문화적인 정체성을 확립하여야 한다. 이것이 독립된 객체로 환경의 순환사이클의 작동만으로는 해결될 수 없는 확고된 정체성이라면, 오랫동안 그들의 전체사회의 보편적인 가치로써 편안함을 느낀다면, 그들의 가치는 존중되지만 실행적인 사상으로 통제됨은 현재의 물리적인 인권이다. 도덕과 관습은 전체사회의 이성이 특정 대상을 바라보고 인식하고 판단하는 데 있어서 현재의 보편적인 가치이다. 그러한 보편적인 가치는 자연적으로 독립된 객체로 환경의 순환사이클이 작동되어 변화되도록 외계는 물리적인 지원이 아니라 외계의 보편적인 도덕적 가치로 변화되도록 하여야 한다. 하지만 실행적인 사상이 물리적인 힘에 의존하여 변화의 방향성이 그들의 일부 정치 집단 및 종교 집단의 필요성의 목적에 의해서 왜곡한다면, 이것은 외계의 보편적인 도덕적 인권으로 바라볼 때 물리적인 상대적 인권의 문제이다.

부당한 정당성을 갖춘 비물리적인 상대적 인권의 문화적인 정체성도 외계의 보편적인 도덕적 정체성의 관점으로 판단되어야 한다. 하지만 물리적인 판단으로 그들의 존엄성이 무시된다면 이는 또 다른 인권의 문제이다. 외계의 보편적인 도덕과 관습은 강요가 아니고 존엄성의 존중이며, 이러한 존중은 외계와 합리적인 결합을 가능케 할 것이다.

전체사회의 도덕과 관습의 가치는 존중되지만, 평가는 외계의 도덕과 관습의 보편적인 가치로 평가되어야 한다. 그리고 외계의 도덕과 관습의 보편적인 가치를 가지는 문화와 문명의

의 정체성도 인류 전체사회의 환경의 순환사이클의 작동으로 변화되어야 한다.

인류의 보편적인 도덕과 관습의 문화적인 정체성 변화의 방향성은 분열이 아닌 상호의 가치를 존중하고 존중받는 일련의 과정 속에 통합으로 귀결된다. 그리고 이러한 방향으로 인류문화의 정체성이 변화되도록 실행적인 사상은 변화되어야 한다. 상대적인 인권은 이러한 변화의 방향성에 부합되지 못한 경우에도 적용되어야 한다. 인류가 이렇게 함으로 뒤에 설명되는 제3의 자유의 태동을 가능케 할 것이다.

독립된 객체로써 환경의 순환사이클이 작동되어 변화의 방향성이 외계의 보편적 도덕의 가치와 합의를 이루어 상생의 문화를 만들고 새로운 문명을 태동시킬 것이다.

물리적인 상대적 인권은 자폐적 환경으로 변화된 전체사회의 이성적 판단의 방향성이 계속적으로 물리적인 힘에 의한 실행적인 사상으로 잘못되어진다. 그리고 그러한 사실을 전체사회가 느끼지 못하고, 현대화된 국가로의 이행 능력이 존재하지 못할 때 외계는 그들의 전체사회 변화의 방향성을 외계의 보편적인 도덕으로 개념을 유도해야 한다. 그래서 부당한 목적 달성을 위해서 실시된 물리적인 상대적 인권은 내제적인 접근법이 아니라, 외계의 보편적인 도덕과 관습을 가진 이성으로 바라보고 해석하는 외제적인 접근법으로 관리되고 유도되어야 한다.

따라서 내제적인 접근법은 더욱더 그들을 자폐적인 사회환경으로 변화를 가속화시키고 비물리적인 상대적 인권으로 문화의 정체성을 변화시켜 부당한 정당성을 갖추게 하는 촉매제에 불과하다.

절대적 인권

상대적인 인권이 실행적인 사상을 태동시키는 일련의 과정 속에서 정의되는 것이라면 절대적인 인권은 실행적인 사상을 전체사회가 실행시키는 일련의 행위의 과정 속에서 정의되는 것이다. 절대적인 인권은 국가에 의해서 자행된 국가적인 인권의 유린과 전체사회의 개인들 간에 의해서 이루어진 개인 차원에서의 인권 유린이 존재한다.

인간의 관념적인 사상은 인간 의식의 전체이며 생각하는 자유를 낳는다. 관념적인 사상은 실행적인 사상으로 '전이'되어 행동하는 자유의 특색으로 집중된 에너지를 발산한다. 즉, 행동하는 자유는 생각하는 자유로부터 태동되고, 생각하는 자유는 우리 뇌의 일부분인 신피질이라는 물질로부터 생성된다고 한다.

뇌는 우리 인간의 모든 신경을 관장하고 조절하는 신경의 중추이고 신피질계는 뇌의 일부분이다. 갈등과 고독의 과정을 통해서 자유를 선택하는 '전이'의 과정은 신피질계라는 뇌의 신경세포에서 발생되고 하부의 신계세포 즉, 중추의 신경세포의 영향을 받아서 활동하는 신체의 다양한 하부구조 세포의 활동을 통해서 '집중된 에너지를 발산 시킨다. 그래서 '전이'의 과정에서 발생되는 에너지는 안정화된다. 이러한 뇌와 신경세포의 활동은 실행적인 사상의 범위 내에서 이루어져야 한다.

실행적인 사상은 개인 의식의 활동 범위이고 이러한 활동의 공간에서 '전이'와 '승화'의 과정이 이루어져야 한다. 그 실행적인 사상의 밖으로 이탈된 경우는 이탈된 만큼은 구속되어야 한다. 이는 전체사회의 약속이다. 우리가 국가의 국민이 됨으로써 자연스럽게 이루어진 상호 간의 약속이다.

행동하는 자유를 구속하는 것은 생각하는 자유를 구속하는 것이며, 이는 뇌의 일부분인 신피질계의 활동을 제한하는 역할을 하는 것이다. 이러한 실행적인 사상의 이탈은 신피질계라는 뇌의 일부분에서 발생된다고 한다.

인권의 침해란 모든 뇌의 활동을 제한하거나 충격을 가하는 행위이다. 이것은 구속해야 할 범위의 이상으로 고통을 주거나 인간의 육체적인 고문을 통해서 뇌의 모든 다른 신경에 충격을 가하여 심각한 고통을 주는 것이며, 혹은 뇌의 모든 기능을 정지시키기도 하는 것이다(사형선고).

따라서 자유의 구속은 생각하는 자유를 태동시킨 뇌의 일부분이 정당한 활동을 할 수 있을 때까지(구속의 기간, 형의 집행기간) 활동을 제한하는 것이다. 그리고 인권은 모든 뇌의 활동, 즉 생각하는 자유를 태동시킨 뇌의 일부분의 물질(주로 신피질계)의 범위를 넘어서서 모든 신경에 자극을 주고 충격을 주어 뇌의 모든 활동에 제한을 가하거나 구속하고, 심지어는 활동을 정지시키는 행위이다.

신피질계의 활동을 제한하는 목적 달성을 위해서 그 활동을 구속함으로써 다른 기능이 영향을 받아서 신피질계 이외의 다른 중추신경이 고통을 당하는 것과 다른 중추신경에 자극을 주는 목적으로 중추신경에 자극을 주어서 고통을 당하는 것은 근본적으로 차이가 있다. 실시하고자 하는 목적에 차이가 있기 때문이다. 이러한 차원에서 국가에서 자행되는 고문은 분명히 인권의 유린이다.

고문과 사형은 또 다른 문제이다. 고문은 신피질계를 구속하는 목적에 위배되지만, 사형은 신피질계의 기능을 정지시키는 목적을 달성하는 데 있어서, 부득이 의도되지 않은 다른 기능까지도 정지되는 것이다. 이것은 신피질계의 활동을 정지시키기 위한 목적으로 자유를 구속함으로써 어쩔 수 없이 다른 기능까지도 구속되는 것과 같은 것이다. 실행적인 사상이 실시하고자 하는 목적의 대상물이 고문을 실시하는 목적과는 다르다.

그래서 사형은 상대적인 인권의 차원에서 해석되고, 고문은 절대적인 인권으로 해석되어야 한다. 구속과 사형의 목적은 뇌의 신피질계의 활동을 구속하는 목적의 달성을 위해서 부득이 다른 기능이 영향을 받는 것이라면, 고문이라는 목적은 그 목적 자체가 요구되고 범위를 벗어나는 것이므로 부당하다.

전체사회의 다양한 분야에서 실행적인 사상의 물리적인 범위를 결정하는 것은 전체사회의 주관적인 이성에 의해서 결정될 문제이다. 전체사회의 주관적인 이성이 완전한 성인으로 성장하지 못했다면 외계의 도움을 받아서 전체사회의 정당하고 합리적이고 주관적인 이성의 판단에 의해서 결정되어질 때 객관적인 정당성을 가질 것이다. 객관적인 정당성을 갖지 못할 때는 상대적인 인권의 문제이며 이러한 상대적인 인권이 발생되는 국가나 전체사회는 절대적인 인권까지도 함께 내포되고 실행된다. 사형 제도를 선택하는 것도 그들의 전체사회의 이성적인 판단에서 이루어질 문제이다. 전체사회의 이성적인 판단의 결정이 외계의 보편적인 도덕과 관습의 관점에서 판단되어서 합리적이고 객관적인 정당성을 가질 때, 그리고 그러한 정당성을 갖춘 실행적인 사상이 물리적인 행사를 정당하게 행사하여 사형이 이루어지면 그것은 환경의 순환사이클을 작동시키는 독립적인 객체의 활동은 정당성을 갖추는 것이다. 사형을 실시하고 안 하고는 환경의 순화사이클을 작동시키는 독립적인 객체의 주관적인 이성의 인식과 판단의 문제이다.

범죄자는 크게 의식의 범죄자, 물질적 범죄자, 육체적 범죄자로 구분될 수 있다. 의식의 범죄자는 물질적인 범죄자와 육체적인 범죄자와는 다른 특성을 가진다.

육체적 범죄자와 물질적 범죄자를 구속하는 법은 전체사회의 질서 유지와 자유의 안전성을 보장하기 위한 성질의 법이라면, 의식의 범죄자는 시대적으로 요구되는 전체사회의 이성, 즉 시대정신에 위배되는 범죄자를 구속하는 법이다.

전체사회의 이성의 방향성은 육체적인 범죄자와 물질적인 범죄자를 구속하는 법과 실행의 과정 속에서 경험적인 영향을 받지만, 이것은 문화적인 정체성에 영향을 크게 끼치지는 못하므로 문화적인 정체성에 영향을 미치기 위해서는 장기간 지속적인 역사적 시간을 요한다. 사회에 큰 충격을 주더라도 쉽게 잊어버리고 망각한다.

전체사회의 이성의 특징은 문화적인 정체성으로 표현된다.

전체사회의 이성은 사회적인 환경에 영향을 받는다. 사회적인 환경은 태동된 문명의 정체성이 사회적인 환경의 공간에 투영되어 형성되고 변화된다. 전체사회의 생과 사의 운명도, 역사의 발전도, 행복도, 기쁨도, 증오와 분노도, 전체사회의 이성의 방향성에 의해서 결정된다.

의식의 범죄자는 시대적으로 요구되는 전체사회의 이성이 의도되지 않은 방향으로 방향성이 설정되도록 하는 범죄자다. 의식의 범죄자는 더 크고 중대하다. 사회적인 충격도 그리고 집단적인 크기도 크다. 의식의 범죄자를 인권적인 차원으로만 해석한다면 전체사회의 행복과는 멀어진다. 전체사회의 행복은 전체사회 이성의 특징에 의해서 가장 많은 영향을 받기 때문이다.

모든 실행적인 사상은 인권의 안전성과 행복이 보장되는 방향으로 설정되고 운영되어야 한다. 전체사회의 행복은 사회적인 환경에 의해서 결정된다. 문화적인 정체성의 변화를 통해서 변화되는 융의 원형적인 본능을 제외한 모든 의식은 환경에 의해서 영향을 받아 성장하고 성숙된다. 융의 원형적인 정신적 본능은 어쩌면 환경의 영향을 받아서 변화되는 것이지, 사멸되는 것은 아닌 것으로 해석한다. 그래서 의식의 범죄자는 육체적 범죄자와 물질적 범죄자와는 그 성질을 달리하므로 구속의 특징도 달라져야 한다.

물질적 범죄자는 범죄의 크기만큼 주로 민사적인 관점으로 그 대가를 치른다. 그리고 육체적 범죄자는 범죄의 행위만큼 주로 형사적인 방법으로 그 범죄의 대가를 치른다. 의식의 범죄자는 범죄의 크기만큼 중추신경인 뇌의 일부분인 신피질계의 활동이 정당한 활동을 할 때까지 기능을 제한함으로써 그 대가를 치른다. 그래서 구속의 기간도 유동적이어야 한다. 전체사회의 문화적인 정체성과 그 변화의 방향성에 위배되지 않고 정당한 활동을 한다는 보장이 전재된다면, 그 순간 그 구속으로부터 해방되어 신피질계의 활동이 정상화되어야 한다.

법의 목적이 달성된다면 그것으로써 법의 기능은 다하는 것이다. 법의 기능이 기능 이상으로 행해지게 되면 그것이 바로 절대적인 인권의 침해이다. 그래서 의식의 범죄자는 물질적인 범죄와 육체적인 범죄와는 다른 특수한 성격의 범죄다. 육체적이고 물질적인 범죄는 직접적 범죄라면 의식의 범죄는 간접적 범죄다. 직접적인 범죄는 아니지만 그 크기와 범위는 시공간을 초월할 만큼 광범위하다.

개인 간의 인권의 침해는 법으로부터 보호되어야 한다. 법의 존재는 개인 간의 인권의 침해를 보호하고 그 안전성을 보장하는 것이다. 그래서 개인 간의 인권의 침해로부터 자신을 보호하기 위해서 국가의 절대 권력에 자신의 자유를 귀속시킨다. 그리고 귀속된 자유의 크기만큼 인간은 자유를 보장받는다.

보장될 자유

무의식의 지배를 받아 발현된 인간의 의식에 의해서 나타난 자유의 특색은 전체사회의 실행적인 사상에 의해서 조절된다. 자유의 특색은 인간의 욕구와 욕망을 실현시키기 위한 방향으로 설정되고 작동된다. 그 방향은 실행적인 사상에서 요구되는 범위 내에서 발현되고 욕구와 희망은 실현되어야 한다. 실행적인 사상으로 자유의 특색을 조절하는 방향은 전체사회의 질서를 유지하고, 자유를 보장하며, 더 나은 세계로 발전될 수 있도록 설정되어야 한다.

전체사회의 질서와 행복을 보장하기 위해서 실행적인 사상은 물리적인 힘을 가지게 되며, 이러한 물리적인 힘은 전체사회의 공동의 목적과 목표에 부합되어야 한다. 물리적인 힘의 행사는 적절하고 합리적으로 설정되고 사용되어 상대적인 인권과 절대적인 인권이 보장될 수 있어야 한다.

전체사회에 소속된 인간의 존엄성을 실행적인 사상으로부터 보호받기 위해서 요구되는 조건은 인간다운 삶을 사는 것이다.

인간다운 삶을 사는 것은 개인마다 삶의 목적과 추구하는 가치가 다르지만 결국은 행복이다. 행복하지 않은 삶은 불행하고 고통스럽다. 하지만 개인의 행복은 전체사회가 인정할 수 있는 범위 내에서 이루어져야 하고 그 속에서 보장될 수 있어야 한다.

인간이 실행적인 사상 속에서 행복하기 위해서는 실행적인 사상을 이해하고 그 속에서 경제활동을 할 수 있는 최소한의 지식은 보장되어야 한다.

실행적인 사상에서 요구되는 범위는 전체사회의 모든 행복과 인권을 보장할 수 있는 것이라면 그 속에는 인간의 욕망과 희망을 제어하는 질서와 규칙이 있고, 그리고 '이'와 '기'의 상호조화 속에서 만물이 소생하고 성장하여 풍요로운 물질이 생성되게 하는 방법과 역동성이 있어야 한다. 그러한 방법을 이해하고 사용할 수 있는 정도의 지식을 전체사회는 보장해야 한다. 그리하여 전체사회는 서로의 가치를 실행적인 사상의 범위 내에서 인정하고 존중할 것이다.

그러한 지식이 전달되거나 교육되지 못함으로 인하여 특정 개인의 행복과 인권이 침해된다면 그것은 전체사회의 책임이다. 그래서 전체사회의 질서 속에서 그 질서를 이해하고 생존하기 위한 최소한의 교육은 전체사회가 보장해야 한다. 이것은 전체사회의 행복과 인권을 보장하는 것이기 때문이다. 그렇기 때문에 교육은 조절되어야 할 자유가 아니라 보장되어야 할 자유이다. 전체사회에 소속된 개인은 생존해야 한다. 생존되지 않으면 자유도 행복도 없다.

자유는 생존하기에 있는 것이며, 생존하기에 자유가 있는 것이다. 자유의 특색에 의해서 문화가 있고 문명이 있다. 자유를 보장하는 것은 생존을 보장하는 것이다.

문화와 문명의 가치의 이익을 취함으로써 얻을 수 있는 인간의 행복도 생존 앞에는 무기력하다. 그래서 전체사회의 질서와 가치가 공유될 수 있는 최소한의 물질을 인간의 개인들에게 제공하여야 한다. 전체사회의 이성적인 가치의 기준으로 인정될 수 있는 공유의 물질과 정신은 함께 공유되어야 한다. 전체사회가 함께 공유하는 물질은 전체사회의 자연적인 환경과 시장의 특징에 따라서 달라질 수 있다.

최소한의 물질을 전체사회는 보장하고, 생존을 위한 자유는 조절되지 말아야 한다.

전체사회가 물질을 조절하는 기능은 세금을 통해서 이루어지고, 보장하는 것은 사회보장제도를 통해서 이루어진다. 그래서 조절되는 자유는 물질이 흐르는 시장의 기능을 합리적으로 조절하는 것이며, 보장되는 자유는 생존의 기초단위인 의·식·주이다. 생존 앞에는 문화와 문명적인 가치는 아무런 의미도 없다.

인간이 태어나서 전체사회가 함께 공유하는 자산은 자연적인 환경이다. 자연적인 환경은 전체사회가 함께 생존하고 행복하기 위한 최소한의 기초적인 조건이다. 전체사회는 그 자연으로부터 왔으며 자연 속에서 성장하고 자연으로 돌아간다. 자연이 제공하는 모든 가치는 전체사회의 공동 자산이다. 그래서 전체사회는 자연으로부터 생긴 가치를 공유할 수 있어야 하고 보장해야 한다.

국가가 세금을 통해서 개발한 관광산업도 돈을 내야만 구경

할 수 있다. 민간 사업자에 의해서 개발된 것이라면 별개의 문제이다. 국가는 전체사회의 공동 재산을 관리하는 관리자다. 자연적인 환경은 전체사회의 공동 자산이다. 이러한 공동의 자산도 이익과 수익의 개념으로 바뀌어 시장의 논리로 전환되고 있다.

국립공원은 국가의 소유이고 또한 전체사회의 공동 자산이다. 전체사회의 공동 자산은 전체사회가 보다 풍요로운 삶을 위해서 돈을 모아서 개발하는 사업이다. 하지만 국립공원에도 시장의 논리가 적용되어 입산료를 부과한다. 전체사회의 공동 재산을 국가의 임의대로 개인사업자에게 개발을 의뢰하고, 시장의 논리에 의해서 지배되고, 자연의 혜택이 특정인에게 보다 많이 전용되어 전체사회의 공동 재산의 가치가 변질된다. 자연적인 가치를 바라볼 때 이것은 전체사회의 공동 재산으로 인식될 것인지 아니면 특정 계층에 보다 많은 혜택을 누리도록 하여도 무방한지에 대한 개념이 없다. 국가를 구성하는 전체사회의 공동 재산과 그리고 정신은 어떠한 것인지에 대한 고찰이 필요하고, 그 고찰 속에서 구분되는 기준이 존재해야 한다. 그리고 그 기준도 환경의 변화에 따라서 변화되어야 한다. 그 변화를 전체사회가 인정해야 한다.

전체사회의 공동 재산은 특정지역에 거주하는 지역만을 위한 것도 아니고, 특정인의 사업적 목적도 아니고, 국가의 이익을 위한 것도 아니다. 곧 국가의 이익이 전체사회의 이익을 대변한다면 전체사회의 공동 재산을 관리하면서 발생되는 이익은 공동의 가치로 환산되어야 한다. 전체사회의 공동 재산을 어디까지로 한계를 설정할 것인가를 고찰하고 전체사회의 합리적인 결정에 의해서 국가는 관리해야 한다. 여기에는 전체사회가 인정할 수 있는 의식이 필요하다.

전체사회가 인정할 수 있는 의식은 자연적이고 객관적이어야 한다. 그러한 상태로 전체가 인정할 때 가능하다. 강제성과 주관적인 관점에서 그러한 경계가 설정되면 또 다른 인권과 자유의 구속이다. 이러한 의식은 전체사회의 독립된 객체로 작동되는 환경의 순환사이클의 작동과 그로 인해서 변화하는 변화의 시간 속에서 객관적이고 자연적인 의식으로 형성될 수 있다. 새로운 의식은 '이'와 '기'의 상호조화 속에서 소생하고 성장하고 소멸될 때 가장 자연스러운 것이다.

시장적인 개념과 공유적인 개념의 경계도 불변적인 것이기보다는 가변적인 것이다. 이러한 가변성의 자체도 의식적으로 인정되어야 한다. 생존의 기초 단위를 어디까지 보고 있으며 전체사회의 공동 자산도 어디까지인지는 가변성을 가지기에 확정적이지는 못하다. 그렇지만 전체사회가 공동으로 소유하는 공동 자산의 가치를 인정하는 의식이 전체사회에 존재한다는 것은 확정적이어야 한다. 그러한 확정적인 의식이 있는 것과 없는 것은 많은 차이를 가지게 된다. 그러한 의식이 존재함으로써 시장적인 개념과 공유적인 개념의 경계를 시대정신에 맞게 조절하여 운영될 수 있고 전체사회의 합의를 구할 수가 있다.

의식이 존재하지 않은 상태에서 경계의 설정은 경계선상에서의 이익 추구를 위한 또 다른 자유의 구속과 억압이 존재하게 됨으로 전체사회는 혼란스럽고, 서로 증오하고, 분노한다. 주자는 모든 인욕을 버리라고 했다. 하지만 인욕을 버리라고 해서 버려지는 것도 아니다. 인욕을 취하는 방향에 따라서 역사는 만들어지고 변화해 왔다. 인욕을 버리기를 바라는 마음을 바탕으로 이루어진 실행적인 사상은 하나의 희망일 뿐이다. 인욕을 인정하고, 그 인욕을 분배하고, 관리하고, 만족시키는 의식의 출현 속에서 실행적인 사상은 이루어져야 한다. 인욕을 다스림에 있어서 주관적인 관점보다는 순리적이고 객관적인 관점으로, 즉 '이'와 '기'의 상호조화 속에서 이루어져야 한다는 것이다.

조절된 자유는 시장의 경제를 만들고, 조절되지 않고 보장되는 자유는 전체사회가 함께 공유하는 공동의 경제를 만든다. 완전한 자유의 시장경제도 완전한 사회주의도 성공할 수 없음을 우리는 인지한다.

전체사회의 공동의 가치는 전체사회의 공동의 가치로 분배되어야 한다.

시장의 논리로 설정되어야 하는 것을 공동의 개념으로 설정되어도 안 되지만, 공동의 가치로 설정되어야 할 재산이나 정신이 시장의 논리로 설정되어도 안 된다. 이것은 전체사회가 합리적인 의사의 결정으로 설정될 문제이고, 항상 자기모순적인 문제점을 가지기에 환경과 시대적인 변화에 따라서 합리적으로 변화되어야 한다.

하지만 전체사회의 공동 자산이 무엇이고, 그리고 '전체사회의 공동 자산을 우리는 어떠한 관점으로 바라보고 관리해야 할 것인가?'에 대한 의식이 전체사회에 인식될 때, 그러한 인식의 부재로부터 발생되는 문제들은 해결될 것이다. 이러한 의식을 전체사회가 공유하고 인정한다면 전체사회의 공동의 자산을 관리하는 과정에서의 발생될 수 있는 이기심으로부터 오는 사회적인 갈등과 분열의 에너지는 축소될 것이다.

설정의 부조화는 문제를 만든다. 시장의 논리로 설정될 수 없는 것을 시장의 논리로 설정하면 결국은 불평등을 만들고 사회적인 에너지로 축적된다. 시장의 논리로 설정될 것을 공유의 개념으로 설정되면 또한 낭비적인 요소가 발생된다.

사회환경의 시간 속에 축적된 에너지를 일순간에 해소하기 위한 주관적인 행위는 또 다른 불평등과 자유의 구속을 받는다. 공유의 의식과 사유의 의식이 전체사회에 존재함은 이러한 잘못된 설정을 변경하거나 소멸시킬 때 발생될 수 있는 사회적인 갈등을 최소화시킬 것이다. 전체사회는 자기모순을 가지고 있기 때문에 항상 가변성을 가지고 있고, 그러한 의식의 경계도 가변성이 있음을 전체사회가 인정할 때 발생될 수 있는 갈등을 최소화시킬 수 있을 것이다.

인간이 존엄성을 갖는 가장 근본적인 이유는 최소한 도덕과 관습을 이해하고 인정하는 범위 내에서 가치 있는 활동을 통해서 생존을 유지한다는 것이다. 동물에게는 도덕과 관습을 이해하고 인내하는 의지가 없다. 오직 욕망과 희망에 따라서 행동한다. 하지만 인간은 전체사회의 질서를 이해하고 그 속에서 가치 있는 활동을 통해서 생존한다. 일하지 않는 자는 먹지도 말라고 하였다. 그래서 인간은 이성적으로 가치 있는 활동을 함으로써 존엄하고, 존엄성을 가지기에 최소한의 생존권은 보장되어야 한다. 그래서 인간은 존엄성을 가지는 존재이며 이러한 존엄성은 천부적인 것이다.

존엄성이란 무엇인가?

'특정 환경의 질서 속에서 가치 있는 활동을 하는 존재'가 존엄한 존재이고, 이를 귀하게 여기는 것이 존엄성을 보장하는 것이다.

전체사회가 독립된 객체로 환경의 순환사이클이 작동되어 만들어진 문화적인 가치를 이해하고, 가치 있는 활동을 할 수 있게 만들어 다른 동물과 구별케 하는 물질, 즉 인간의 모든 신계세포의 중추인 뇌의 신피질계 활동이 부당하게 방해받지 않고 정당하게 활동하는 것을 보장받는 것이 존엄성을 전체사회로부터 보장받는 것이다.

인간은 도덕적인 이성을 가진 존재이기에 존엄성을 가진다. 그래서 전체사회로부터 인간은 동물을 관리하는 것과 다르게 관리되고 보호되어 정당한 활동을 보장하고 부당하게 방해받거나, 부당하게 행동했던 부당성의 이상으로 신체적인 압력을 받아서 신피질계의 영역 이상의 다른 물질에게 자극되어 고통을 당하지 말아야 한다. 그래서 인권은 자유를 보장받기 위해서 국가에 자유를 귀속시킴으로써 구속을 승인한 자유와 허용된 자유와의 상관관계 속에서 설정된다. 그리고 전체사회는 이러한 상관관계를 인정할 수 있는 과정을 통해서 상대적인 인권을 보장받고, 설정된 실행적인 사상이 부당하게 행사되지 않도록 절대적인 인권은 보호되어야 한다.

제5장 제3의 자유

- 자유의 충돌
- 자유의 팽창
- 제3의 자유

제3의 자유

자유의 충돌

인간은 생존과 정신적인 안정을 찾기 위해 고민과 갈등 속에서 대상을 선정하고 그 대상으로부터 정신적인 안정을 찾는다. 인간에 의해서 창조되는 모든 정신적인 것, 물질적인 것은 생존 앞에서는 무의미한 것이다. 인간은 생존을 위해서 행동하고 사고한다. 생존의 절대적인 본능 앞에 모든 것은 무의미하다.

인간의 문화적인 가치는 생존 후의 것이다. 간혹 문화적인 가치를 지키기 위해서 자신의 생명도 던진다. 이것은 소수이고 전체사회의 모든 것을 대변하는 것은 아니다. 절대적인 힘을 지닌 물리적인 실행적 사상이 객관적인 실행적 사상을 제압할 수 없는 것도 결국은 전체사회가 생존하기 위해서 절대적인 힘에 저항하고 도전하는 것이다.

자유는 생존하기 위한 필수의 조건이다. 생존하기 위해서 고민과 갈등의 과정을 거쳐 자유를 선택한다. 인간이 자유를 전체사회에 귀속시키는 것도 자유의 안정성을 보장받기 위함이다. 자유의 안전성을 전체사회가 보장하지 못한다면 전체사회의 특수성도 사라지게 된다.

인간은 더 나은 자유를 위해서 갈망하고 희망한다. 이러한 인간의 욕망과 희망은 더 나은 자유를 위해서 전체사회는 팽창하고 충돌한다. 더 나은 자유는 인간 속에 잠재해 있는 '원형'적인 본능에 의해서 각각 발현되는 특색을 달리하지만 결국은 절대적인 본능인 생존을 위한 것이다.

무한한 자원을 공급해 줄 것으로 보였던 지구는 이제 그 한계를 드러낸다. 자연환경은 인간의 욕망과 희망을 채우고 발산된 수많은 오염의 물질로 인해서 파괴되고 있다.

인류의 전체사회는 단위별 전체사회(민족의 단위, 국가의 단위)의 생존권을 보장해야 한다. 생존할 수 없는 전체사회는 저항한다. 생존 앞에는 문화와 문명은 아무런 의미가 없다. 문화와 문명도 생존 앞에서만이 그 가치를 가진다. 자유의 특색은 생존하기에 발생되는 자연스런 현상이다. 생존할 수 없다면 자유는 충돌한다. 우리의 미래는 생존을 위한 자유의 충돌이다. 고갈된 자원과 식량의 확보를 위한 자유의 충돌이 발생할지도 모르는 일이다.

최소한의 생존을 위해서 자유는 왜곡된다. 자유는 생존을 위한 수단으로 해석되므로 서로 충돌한다. 자유의 충돌은 문화나 문명의 충돌과는 다르다. 생존을 위한 싸움이기에 더 크고 파괴력은 상상을 넘을 것이다. 지구 자원의 에너지는 언젠가는 고갈된다. 중국과 제3세계는 급속히 성장하고 자원의 소비는 성장과 더불어 늘어난다. 자원의 확보는 생존을 위한 투쟁으로 변한다. 자원뿐만 아니라 식량 문제도 마찬가지이다. 인간이 생존하기 위한 가장 기초적인 물질은 가진 자와 힘센 자의 것이 된다. 인류 전체는 국가 단위별로 생존을 위한 투쟁이 치열하게 전개된다. 자유는 생존을 위한 수단으로 변질되어 충돌의 명분을 제공한다. 자유의 충돌 앞에서 문화나 문명은 어쩌면 작아 보인다. 국가와 국가는 생존을 위해서 함께 모이고 흩어진다.

지금 우리의 현실은 조금씩 자유의 충돌이 진행되고 있다. 자유의 충돌은 자연으로부터 제공되는 자원의 유한성에 의해서 피할 수 없는 현실이 될지도 모른다. 그리고 파괴는 엄청난 화력과 과거 충돌의 성격과는 다른 목적성의 차이로 인한 충돌이기에 큰 파괴력을 지닌다. 상상을 초월하고도 남음이 있다. 생존 앞에서 세상의 모든 것은 충돌을 위한 명분에 지나지 않는다.

생존을 위해서 가장 근본적인 물질을 소유한 자에 의해서 세상은 지배된다. 그래서 그 소유를 위해 모든 것은 희생된다. 도덕적인 가치도 단지 거추장스런 존재일 뿐이다.

생존의 모든 근본적인 제공은 자연으로부터 온다. 자연은 인간을 생존하게 하는 모든 근원적인 요소를 제공한다. 이러한 근원적인 요소는 누구의 전유물도 아니고 인류 공동의 자산이어야 한다. 인류 공동의 자산과 단위별 전체사회의 독자적인 자산은 구별되어야 한다. 인류 공동의 자산은 인류의 전체사회 공동의 자산으로 인식되고, 단위별 전체사회의 자산은 단위별 전체사회의 자산이다.

태초에 땅이 있고 태양이 있어서 땅이 만물을 소생시켰다. 그리고 그 속에서 인간이 생기고 인간이 생김으로써 자연스럽게 환경의 순환사이클이 형성되었다. 자연이 모든 만물을 소생시키는 근본적인 물질을 제공한다면 환경의 순환사이클은 이러한 물질을 가공하여 만물을 창조하는 '도'의 실체다. 그래서 '도'

는 자연을 따르고 자연은 '도'의 실체를 포용해야 한다. '도'가 자연에 도전하면 그 도전도 자연이 인정하는 범위 내에서 이루어져야 한다. 인간은 자연으로부터 자연적인 존엄성을 인정받아야 한다.

자연이 순리적인 방향을 상실하면 인간은 존재할 수가 없다. 자연은 모든 인간과 생명체가 존재할 수 있는 근원적인 것을 제공하기에 자연은 인류 공동의 자산이자 존재하는 생명체의 공동 자산이기도 하다. 자연의 관점에서 바라본다면 인류도 수많은 생명체 중에 하나의 종에 불과하다. 그리고 인간도 모든 생명체도 그 속에서 존재하므로 다 평등하다. 자연의 존재 가치는 인류의 전유물로써 인정하기 위해서 생성된 것은 아니다. 결국 자연이 존재함은 모든 삼라만상의 생명체를 유지하고 존속시키기 위해서다. 그래서 자연의 순리는 항상 그대로이며 변함이 없다. 이러한 경계를 만드는 것은 인간의 욕망과 희망의 편리성에 의해서 설정됨으로써 그 자체가 자연스러움으로 인식하는 인식의 오류인지도 모른다.

인류가 생존하기 위한 기본적인 물질을 자연으로부터 취득하고 가공하여 사용함으로 인류는 생존할 수 있다. 가공의 방법과 기술을 선택함에 있어서 단위별 전체사회의 특징에 따라서 달라지므로 생산성도 달라지고 가치도 여러 가지의 형태로 나온다. 그러한 형태를 전체사회가 취하고 그 결과 발생된 결과물은 전체사회의 몫이다. 그러한 방법과 기술을 선택함은 전체사회의 가치를 결정하는 이성의 판단과 능력에 있어서 나오는 결과이므로 그것은 그것으로써 그들의 것이다. 하지만 가공하는 방법과 기술을 선택하는 형태 이전에 자연으로부터 제공되는 근본적인 물질은 인류 전체의 공동 자산이다.

자연적인 환경도 인류 전체의 공동 자산이고, 인류가 생존하기 위해서 제공되는 그 근본적인 물질도 인류 공동의 자산이다. 그 근본적인 물질을 가공하는 선택과 기술은 단위별 전체사회의 이성적인 가치에 따라서 다르기에 그 형태는 그들의 것이다. 인간 이성의 집합체가 전체사회의 이성의 특징을 결정한다. 인간은 이성을 가진 그 자체로 존엄성을 가진다. 그래서 인식하고 판단되는 가치가 전체사회 및 인류가 인정하는 보편적인 문화의 가치에 부합성을 가진다면 그 인식과 판단도 존엄성을 가진다. 그래서 이성적인 판단에 의해 선택된 기술과 방법에 의한 결과물도 결국은 존엄성을 가진다.

존엄성을 가지기에 결과물의 가치는 보호되고 보장되어야 한다. 이러한 의식의 바탕 위에서 인류의 시장의 질서가 확립되고 그리고 그 질서는 서로 존중되어야 한다. 따라서 존엄성을 가진 존재가 되기 위해서 제공되는 존엄성 이전의 물질, 즉 인류가 생존하기 위한 근본적인 물질은 인류 전체사회의 공동의 자산이다.

존엄성을 가진 존재는 모두 가치를 가진다. 존엄성을 가지지 못한 이성은 배척되고 물질에는 가치가 없다. 가치라는 것은 존엄성을 가지기에 생겨난 결과이다. 모든 물질과 정신에 존엄성이 부여되면 자연스럽게 가치가 발생한다. 발생된 가치는 존엄성을 가지므로 사람을 유혹하게 만든다. 정당한 유혹은 가치를 확산시키지만 부당한 유혹은 존엄성을 보호하고 유지시키기 위해서 배척되어야 하고, 정당한 그 존엄성에 대한 안전성은 보장되어야 한다.

여름의 푸른 바다 백사장에는 수많은 모래가 있다. 이러한 모래는 주인이 없다. 이 모래는 존엄성을 부여받지 못했다. 바다가 있고 백사장이 있어서 사람이 오게 하는 근본적인 원인은 제공되지만, 존엄성을 가진 이성에 의해서 존엄성을 가진 물질로 변화되지 못했기에 주인이 없다. 그래서 함께 공유하고 함께 즐긴다. 전체사회의 공동의 자산이다.

자유의 충돌은 유한한 지구의 자원에 의해서 발생된다. 과거 제국주의는 유한한 자원의 확보를 위해서 팽창을 시작했다. 인간의 욕망과 희망에 따라서 인간의 모든 지혜는 사용되어 더 많은 자원의 지배를 위해서 엄청난 화력을 만들어 냈다.

과거의 팽창은 팽창할 곳이 지구에 많이 있었다. 미지의 세계를 개척함으로써 자원은 확보되고 그리고 사용됐다. 하지만 지금의 자원의 확보를 위한 팽창은 설정된 유한성에 대한 불안과 두려움으로 인한 팽창이다. 과거의 자원의 확보를 위한 팽창과는 너무도 다르다. 생존을 위한 자유의 충돌은 이미 시작되었고 진행 중이다. 자원을 무기화 하고자 하는 일은 조금씩 가속화되고 있다.

2006년 새해 들어와서 러시아는 우크라이나에 가스 공급을 중단했다. 가스 공급을 중단한 이유는 표면적으로 러시아가 공급한 가스 가격에 대한 협상이 합의를 보지 못했기 때문이다. 무려 400% 이상 공급 가스 가격을 인상하는 것이다. 그러나 이것은 표면적인 이유이고, 더 중요한 것은 가스의 에너지원을 정치적으로 이용하겠다는 것이다.

러시아가 제시한 공급 가스 가격의 인상안은 여러 가지의 상황(가격, 지리적인 조건 등)을 고려할 때 합리적이지 못하다.

그것은 오렌지 혁명으로 탄생한 친서방 정부에 대해서 일종의 경고의 메시지를 담고 있다. 비록 조속히 철회되었지만, 유럽 등 직접적인 관련 국가는 러시아를 의심의 눈으로 바라보고 있다. 이것은 앞으로 우리 인류에게 닥칠 자유의 충돌을 예견하는 하나의 실례가 될지도 모른다.

만약 에너지가 유한적인 한계를 보인 상황에서 행한 러시아의 결정이었다면 과연 서방은 어떠한 방법으로 이를 응징하겠는가?

러시아는 소련의 붕괴로 약해진 힘을 키워서 슬라브민족의 부활을 생각한다. 슬라브민족은 유럽의 국가와는 이질적인 문화적 요소로 인해서 교류가 빈번하지 못했다. 그래서 항상 일정한 거리를 두고 혹은 배타적인 관계를 유지해 왔다. 그리고 유럽인들에게 무시되어 온 것도 사실이다.

인간의 생존을 위한 가장 기본적인 물질은 이미 국가 전체사회의 전유물로 인식되어 무기화되고 그리고 정치화한다. 그 에너지를 지키기 위해서 무기를 생산하고 에너지를 확보하기 위한 전략과 전술이 동원되어 세계의 군사 지형도가 변하고 있다. 힘을 가질 것으로 예견되는 국가는 에너지의 공급줄을 차단함으로써 그 힘의 한계를 경계한다. 지금은 생존을 위한 새로운 충돌의 지형도가 새롭게 설계되고 그 배치가 이루어지고 있다.

이제 우리는 새로운 의식을 필요로 한다. 기존의 의식으로는 생존을 위한 자유의 충돌을 피할 수가 없다. 그것은 수많은 국지적인 전쟁과 인간의 탐욕과 욕망의 대상으로 에너지를 인식한 정치적인 위정자들에 의해서 우리의 미래를 예견하고 남음이 있다.

자유의 팽창

❖ 제1의 자유

새로운 의식은 인류 전체의 공동의 자산과 단위별 전체사회의 소유의 자산에 대한 경계를 설정하는 것이다. 이러한 의식이 탄생되기 위해서는 태생적인 본능의 다양성을 추구해야 한다. 인간의 내면에 '원형'처럼 존재하는 '소속감'이 소속되어 있는 전체사회에서 문화적인 영향을 받아 인간의 내면에 태생적인 본능으로 자리를 잡게 된다.

이러한 태생적인 본능은 소통을 통해서 확장된다. 태생적인 본능이 '소속감'에서 옴으로 소속감은 확장될 수도 축소될 수도 있다.

과거의 태생적인 본능의 기초 단위는 가족과 가문이었다. 가문의 명예를 위해서 자신의 목숨을 바치고 가문의 명예를 위해서 공부하고 출세했다. 가문의 명예는 곧 자신의 위치이며, 인생의 성공 조건이다. 어느 가문에서 태어났고 소속되었는가에 따라서 귀족이 되고 노비가 되고 평민이 된다. 이러한 신분의 결정은 자기가 이 세상에 태어나면서부터 결정된다. 이미 태어나서부터 자신의 자유는 결정된다. 그래서 그 자유의 특색과 권한은 자신의 운명처럼 받아들이고 그 정해진 공간 내에서 활동할 수밖에 없다. 이러한 자유는 축시대부터 민주주의가 태동되기 이전까지 계속된다. 이 시대의 자유는 주어진 자유다. 자유를 선택할 수가 없다. 그래서 자유는 팽창되지 않는다.

자유의 팽창도 한계가 있으며, 주어진 자유의 범위에서 가능하다. 신분의 상승도 있지만 민주주의 시대처럼 무제한적이지 못하다. 대체로 전체사회는 그러한 자신의 위치를 인정하고 누릴 수 있는 자유로 살아간다. 이러한 자유를 제1의 자유라 한다.

제1의 자유의 시대는 스스로의 소통으로 새로운 의식이 성장하기에는 한계가 있다. 문화의 교류는 물리적인 힘인 전쟁을 통한 침략으로, 혹은 우연적인 문화 간의 조우로 인해서 발생했다.

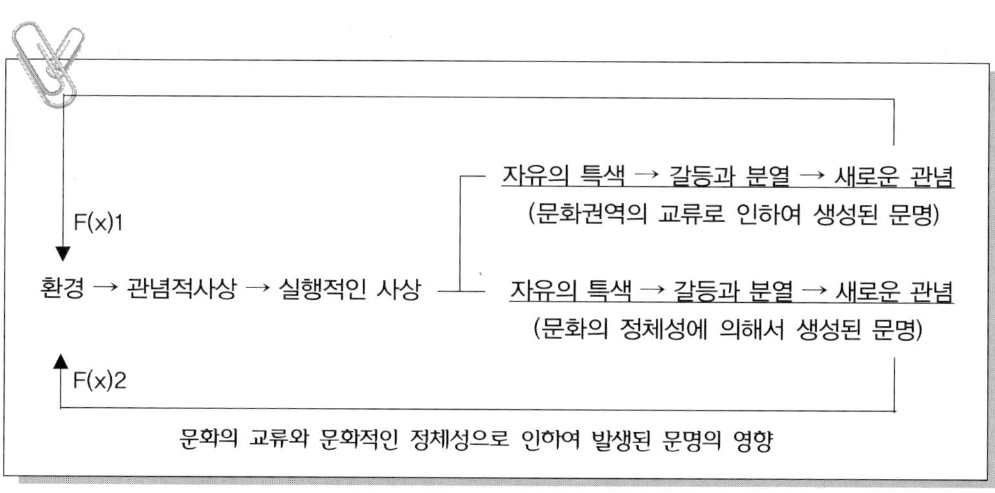

▲ 문화의 교류와 문화적인 정체성으로 인하여 발생된 문명의 영향

상업적으로 교류되는 문화적인 소통은 매우 제한적이다. 독립된 객체로 작동되는 환경의 순환사이클의 작동으로 발생되는 새로운 의식은 매개체(a)의 역동성의 부족으로 태동도 느리고 한 번 굳어진 문화적인 정체성의 변화도 어렵다. 제1의 자유의 시대에의 문화적인 정체성은 독립된 객체로 작동되는 환경의 순환사이클에 의해서 성장됨으로 단위별 전체사회(민족 간별로, 국가별로, 혹은 종교별로)의 정체성은 확연히 구분되고 다른 삶을 살아왔다. 이것은 문화적인 정체성에 중요한 역할을 하는 매개체(a)에 다른 문화적인 영향이 미미했기 때문이다. 매개체의 역할은 다른 어떠한 요소보다도 정체성을 확립하고 변화시키는 데 큰 역할을 한다.

자연적인 내재적 충돌로 인한 문화의 변화(메아리공식에서 f(x)2 값)보다는 외재적인 충돌로 인한 문화의 변화(f(x)1)가 역사적으로 훨씬 크게 영향을 미쳤다(f(x)2 〉 f(x)1 상태로 환경의 순환사이클이 작동됨). 이것은 태동된 관념의 값(x)이 크고, 그 유동성인 매개체(a)의 활동이 활발하고 역동적이다. 그래서 환경에 던진 충격이 훨씬 크므로 크게 변한다.

몽골의 팽창과 그들의 상업적인 교류를 활발히 하기 위한 역참제도는 유럽이 독립적인 객체로 환경의 순환사이클을 오랜 역사적인 시간 동안 작동시키면서 형성된 문화적인 정체성보다 더 크게 영향을 미쳤다. 그 결과 강성한 유럽을 만들어 유럽의 문화가 보편문화로 등장한 가장 큰 계기가 되었다. 이것은 문화권 단위별로 문화적인 접촉이 독립적으로 작동된 환경의 순환사이클에 의해서 형성된 문화적인 영향보다도 훨씬 크다는 것을 의미한다. 이것은 매개체(a)의 역동성 때문이다.

제1의 자유의 시대는 교류가 물리적인 힘에 의한 전쟁과 간헐적으로 이루어진 상업적인 교류로 인하여 이루어지므로 지속적이고 영속적이지는 못하다. 그래서 다시 독립적인 객체로 작동된 환경의 순환사이클의 영향을 받게 된다. 따라서 문화적인 정체성은 독특한 특색을 가지게 된다.

그래서 제1의 자유의 시대는 문화적인 정체성이 확립되는 시기이다. 민족과 민족 간의 특징이 구별되는 시기이다.

❖ 제2의 자유

제2의 자유의 시대는 자유의 팽창이다. 자유의 팽창은 소통을 가능하게 했다. 그래서 태생적인 본능의 느낌이 가족과 가문에서 국가의 단위로 팽창됐다. 이제는 가문별 계층별 속에서 느끼는 태생적인 본능은 확대되어서 국가와 민족 단위에서 함께 의식을 공유한다.

가문에서 느끼는 태생적인 본능은 전체사회에서는 거의 약화되어 느끼지 못한다. 이것은 태생적인 본능이 변화될 수 있다는 것을 의미한다. 국가 단위별로 느끼는 태생적인 본능은 이제는 지역적인 광역 단위별로 팽창시켜야 한다. 그래서 '나는 누구인가?'라는 물음에 나는 대한민국의 국민이면서 아시아인임을 느끼게 한다. 아시아인으로써 아시아적인 가치를 함께 공유한다. 그래서 태생적인 본능은 아시아의 문화권, 유럽 문화권, 아프리카 문화권 등으로 팽창이 이루어진다. '소속감'이라는 인간 내면의 '원형'이 문화적인 영향을 받으면 태생적인 본능으로 자리하게 된다.

국가 단위별로 태생적인 본능이 광역 단위의 지역으로 확장시킨다. 그래서 아시아의 통합을 이룬다. 유럽은 유럽의 통합을 이룬다. 유럽이 통합을 이루기 위해서는 그들의 태생적인 본능을 확장시켜야 한다. 영국인이면서 유럽적인 가치를 공유하는 태생적인 본능을 확대시키지 못한다면 영국은 결국 유럽의 연합에서 탈퇴할 것이다. 중국이 중국이라는 국가주의를 만들지 못함으로써 민족의 분규가 발생하여 팽창과 분열이 반복된 것처럼, 유럽의 연합도 그들의 태생적인 본능을 확대시키지 못하면 결국은 분열될 수 있다는 것이다. 미국의 영토는 거대하다. 그리고 유럽보다는 다양한 민족과 인종, 종교가 혼합되어 미국이라는 실체를 만들 듯이 태생적인 본능을 확대시키면 광역 단위로 태생적인 본능이 확대될 것이다.

미국은 참으로 우리에게 유익한 역사적인 검증 사실을 제공한다. 지구의 모든 인종과 문화와 민족으로 구성된 하나의 작은 세계이다. 이러한 작은 세계가 통합되어 하나의 실체로 형상화될 수 있던 것은 물리적인 힘이 아닌 자연적인 상태에서 자연스럽게 인간의 관념을 확대함으로써 가능하게 되었다. 작은 세계인 미국은 지구촌의 가능성을 함께 제공한다.

가족과 가문 단위의 태생적인 본능을 국가 단위로 팽창시킴으로써 가족과 가문 단위에서 느끼는 태생적인 본능이 사라지거나 약해지듯이, 국가 단위별로 느끼는 태생적인 본능의 확대는 광역 단위별로 태생적인 본능이 확대될 수 있음을 느끼게 한다.

유럽연합의 탄생은 그 가능성을 함께 제시한다. 유럽연합이 분열되지 않고 성공하기 위해서는 국가단위별로 느끼는 태생적인 본능의 요소들을 자연스러운 상태에서 환경의 순환사이클을 작동시켜 유럽연합으로 느낄 수 있도록 해야 한다. 그래서 나는 누구인가? 나는 어느 민족이고, 그리고 어느 국가의 국민으로써 유럽인이라는 의식을 도덕적이고 관습적으로 인식되어질 때 유럽이라는 실체는 완성된다.

태생적인 본능이 관습적으로 유럽인으로 확대되지 못한다면 그것은 단지 허상일 뿐이다. 터키가 유럽의 문화권으로 그들의 태생적인 본능을 이동시키고자 1920년부터 치밀한 계획으로 그들의 모든 문화를 버리고 유럽 문화권으로 이동을 준비했지만, 경제적, 문화적인 이질감으로 유럽 문화권으로 이동을 위한 정체성의 변화는 성공하지 못했다. 그들은 유럽문화의 접촉을 확대하고 그로부터 그들의 정체성의 변화를 시도했지만 그들의 문화 접촉은 오히려 반발심을 발생시켜 터키 사회에 이슬람의 문화를 심화시키는 계기가 되었다.

터키의 유럽 문화권으로의 편입은 문화적인 욕망과 희망보다는 물질적인 욕망과 희망에 의해서다. 그들이 외형적으로 정치 및 경제가 유럽의 문화권으로 진입했다 해도 그들의 정체성도 함께 진입하기란 오랜 세월이 걸린다. 그리고 문화적, 경제적인 이질감은 과거 그들이 유럽 지향적으로 정체성의 변화를 시도하다 실패한 것처럼 오히려 그들에게 정신적으로 편안한 이슬람 문화권으로의 회귀로 이어질 수 있다.

1차적인 태생적 본능을 가진 동독과 서독의 통합 과정에서 보듯, 물질적이고 문화적인 이질감은 과거에 그들이 느낀 정서적이고 정체성적인 향수로 인하여, 또 다른 분열과 이탈을 원하는 의식이 싹트는 것처럼 물질적인 욕망과 희망은 그 물질적인 것이 충족된 후, 혹은 충족되지 못한다면 항상 그들이 가장 편한 문화로의 복귀를 희망할 것이다.

물질적인 욕망과 희망의 원인으로 문화권의 이동이 결국은 문화적인 정체성까지도 이동되지 못한다면 결국은 또 다른 분열을 볼 수가 있다. 이러하다면 유럽의 연합은 경제적인 상관관계와 문화적인 상관관계를 동시에 만족시키는 새로운 의식, 즉 통합의 의식은 반드시 지속적이고 연속적으로 이루어져야 한다는 것이다.

유럽연합은 허상의 실체인 중국의 모습과 같다. 그래서 유럽에서의 진정한 역사의 발전과 전체사회의 의식의 방향성은 그들의 태생적인 본능이 유럽의 단위로 확대되는 의식의 팽창이 이루어지는 방향으로 설정되어야 한다는 것이다. 이것은 물리적이고 주관적인 상태에서의 의식의 팽창이 아니라, 객관적이고 자연적인 상태에서 도덕적이고 관습적으로 의식화되어야 한다는 것이다. 태생적인 본능이 확대되어도 그들의 국가 단위 혹은 민족 단위의 태생적인 본능은 사라지지 않는다. 서로 함께 광역 단위의 문화권의 정체성을 공유한다는 것이다. 2차적인 태생적인 본능이 그들의 내면에 자리하고 원척적인 태생적인 본능과 함께 공유하는 것이다.

세계는 광역 단위별로 의식의 팽창을 시도하고 준비한다. 그리고 광역 단위별로 의식의 팽창은 세계 단위로 팽창된다. 지구촌시대가 열리게 된다. 아시아 문화권, 중동 문화권, 북미아메리카 문화권, 남미아메리카 문화권, 아프리카 문화권, 인도 문화권으로 확장된 의식은 세계 통합의 의식으로 팽창된다.

러시아의 문화권은 유럽의 문화권으로 편입되기에는 옛 소련의 국가적인 역량에 대한 추억이 강하다. 그들은 새로운 슬라브의 민족성을 강화하고 정교의 문화권을 규합하려 한다. 하지만 옛 소련에서 탈퇴한 많은 국가는 유럽 쪽으로 향한다. 정교의 문화권을 부활하고 통합하기에는 경제적인 힘이 약하다. 모든 의식의 방향은 물질적인 욕망과 희망에 따라서 움직인다. 러시아는 이를 만족시킬 힘이 없다. 유럽과 평등한 관계에서 그들의 국가적인 정체성을 유지하면서 유럽과 일정한 관계를 가지려고 한다. 하지만 그들은 독자적인 문화권으로 성장하지 못하고 유럽의 문화권으로 이동하여 강력한 군사력, 거대한 영토, 인구, 가지고 있는 지하자원을 통해 유럽 문화권 속에서 세계 통합의 한 축을 담당하게 될 것이다.

인도 문화권은 경제적, 물질적으로는 빈약하다고 할지라도 거대한 인구의 구성, 지리적인 위치로 아시아권과는 다른 독자적인 문화권을 형성하게 될 것이다.

세계가 통합되기 위해서는 세계 단위의 의식이 필요하다. 이러한 세계 단위의 의식은 인류애라는 의식을 태동시킬 것이다. 민족 간, 국가 간에 나눔의 의식이 생겨난다. 국가와 민족의 경계가 축소되고, 서로는 나눔과 화합의 미덕이 생기고, 소통은 더욱 역동성을 갖게 된다. 인종적인 적대감과 우월감 등은 점차 약화되고 세계통합정부를 가지게 된다. 이러한 세계 통합의 의식을 가능하게 하는 것은 민주주의 출현으로 인간이 자유를 선택할 수 있게 되었기 때문이다. 자유를 선택할 수 있기 때문에 자유는 확산되고 그리고 소통할 수 있게 하여 세계의 통합 의식을 출현하게 한다.

그래서 제2의 자유는 선택할 수 있는 자유이다. 이러한 제2의 자유는 팽창하고 소통하게 하여 통합의 세계를 만든다. 이것이 인류에게 요구되는 새로운 의식이다.

제1의 자유가 주어진 자유로 인하여 민족의 정체성을 만들었다면, 제2의 자유는 선택하는 자유이기에 의식의 팽창과 소통의 역동성으로 통합의 문화를 만든다. 제2의 자유로 인하여 세계는 통합되고 세계통합정부를 탄생하게 된다. 세계통합정부로부터 만들어진 실행적인 사상에 의해서 조절된 자유가 제3의 자유이다.

제3의 자유

❖ 세계의 통합

제3의 자유는 유토피아의 세계를 창조할 수 있게 하는 자유이다. 민족과 인종과 종교와 국가의 경계가 약화되고 세계의 통합의 문화와 인류가 공유할 수 있는 새로운 정체성을 만들어 탄생되는 자유이다.

제3의 자유는 유럽의 통합으로 아시아는 통합하기 위한 제도적인 장치를 마련한다. 아시아는 가장 역동성을 가지고 성장한다. 한국, 일본 그리고 중국은 세계 경제의 한 축을 담당한다. 일본과 한국, 중국은 경제적으로 상호보완 관계를 가지고 서로의 필요성은 크게 증대한다. 서로 간의 물질의 이동이 없이는 경제의 역동성을 살릴 수가 없다. 역사적으로 아무리 증오하고 미워해도 어쩔 수가 없다.

거대한 중국은 아시아 문화권역에서 중추적인 역할을 담당하려 한다. 하지만 일본은 그들의 경제적인 역량과 지배적인 민족성은 그것을 허락하지 않는다. 유럽의 통합은 아시아 통합의 필요성을 강하게 느끼게 한다. 중국은 강력한 경제의 성장과 그리고 마련된 재원으로 서부 개발을 성공적으로 진행한다. 중국은 중화사상으로는 더 이상 실체를 복원할 수 없음을 인지하고 중화사상을 버린다. 중화사상을 버림으로써 그들의 실체가 어디까지인지를 심각하게 고민하게 되고, 드디어 그들의 실체의 경계를 확립한다. 중국은 역동적으로 성장한 경제를 바탕으로 마련된 재원으로 서부의 개발을 성공적으로 진행함으로써 국가주의를 완성하고 새로운 중국의 실체를 완성한다. 중국의 소수민족은 중국의 국가주의에 의해 하나가 되고, 역사적으로 처음으로 중국의 거대한 실체를 완성하고, 한반도의 안정을 희망한다. 중국은 더 이상 중화사상에 입각하지 않고 그들의 완전한 실체에서 아시아의 여러 국가들과 소통을 실시한다. 중국은 실체를 완성하였기에 분열에 대한 두려움도 더 이상 없다.

중국의 실체는 아시아뿐만 아니라 세계의 모든 국가들로부터 인정을 받고 국민은 중국 속에서 그들의 존재의 가치를 확인한다. 드디어 수천 년의 갈등과 방황을 끝내고 완전한 실체를 완성한다. 더 이상의 분노와 미움과 분열의 갈등은 사라진다. 완성된 하나가 된다. 모두는 이를 인정하고 환영한다. 그래서 그들은 오직 국가의 안정된 성장만이 있을 뿐이며, 이것을 위해서는 한반도의 절대적인 안정의 필요성을 느끼게 된다. 일본과 중국은 경제적인 안정에 절대적인 필요성을 느끼고 한반도의 완전한 실체를 갈망한다.

실체가 완성되지 않은 국가는 항상 불안하다. 코소보사태에서 보듯 안정되지 않은 국가는 언젠가 실체로 환원되기 위해서 분열과 혼란이 올지 아무도 예측할 수가 없다. 지역의 안정을 위해서 주변의 국가는 실체를 복원하여야 한다. 허상의 국가는 분열한다. 그것이 역사가 우리에게 가르치는 교훈이다. 실체로 복원하기 위해서 분열하고 그리고 진통을 겪는다. 그러한 사실을 아시아의 국가는 모두 공감하고 인지한다. 완성된 실체는 모두가 존중하고 서로의 상호의 관계 속에서 함께 성장하고 평화와 번영을 추구한다.

북한은 폐쇄적인 상태에서 경제를 발전시킬 수 없음을 인지한다. 실체가 완성된 중국은 더 이상 북한이 군사적으로 도움이 되지 못하기에 종래와 같은 필요성을 더 이상 느끼지 못한다. 남한과 일본 상호 간에 엄청난 물질의 교류에 방해만 될 뿐이다. 그들은 더 이상 폐쇄적인 상태에서 김정일의 종교적이고 교조적인 지도에 염증을 느끼고, 퍼주기식 경제적인 지원에 한계를 느끼고 그들의 개방과 개혁을 유도한다. 물리적인 상대적 인권이 비물리적인 상대적 인권으로 교착화되어 부당한 정당성을 가지는 것을 세계의 보편문화는 용납하지 않으므로, 내제적인 접근방식은 외제적인 접근방식으로 그들의 개방과 개혁을 유도한다. 김정일 정권은 시장경제를 도입하고 그리고 도입된 시장경제가 성공하도록 의식을 개혁하고 의식의 변화를 꾀하지만, 지금까지 북한 환경의 공간에 축적된 분열과 붕괴의 에너지는 폭발한다. 교조주의식 정치는 더 이상 존재할 근거와 가치를 상실하고 역사 속으로 사라진다.

한국은 북한에 자유민주주의와 시장의 경제가 도입될 수 있도록 정치적으로, 경제적으로 도움을 지원한다. 북한이 안정화되도록 일본과 중국도 지원을 실시한다. 북한은 빠른 시일에 안정을 이루고 남한과 북한은 하나의 실체로 복원하기 위해서 통일을 준비한다. 통일된 한반도는 완전한 실체를 복원하고 안정을 되찾는다.

실체가 형성된 국가는 분열할 수가 없다. 분열된 상태를 정치인들이 서로가 그 상태를 인정한다고 해도 서로의 내면에 있는 감정은 사라지지 않는다. 살아가는 동안에 미움이 생기고, 증오도 생긴다. 때로는 서로를 동경도 할 것이다. 때로는 자극적인 외부의 영향도 있을 것이다. 완성되지 못한 실체는 항상 불안하고 불안정하다. 그래서 결합하여 실체를 복원하여야 한다. 그것이 한반도의 운명이고 숙명인지도 모른다.

한반도는 외부의 지원과 그들의 역량으로 실체를 완성한다. 한반도의 안정적인 실체는 중국이 먼저 실체를 복원한 후에 한반도의 실체가 복원되는 것이 더 안정적이고 순리적인지도 모른다. 그 사이에 북한의 폐쇄적이고 교조적인 사회환경도 변화되고 개혁으로 의식의 변화가 진행되고, 그리고 실체로 복원하는 과정에 있는 중국도 이러한 북한의 개방과 개혁을 도울 것이다.

완전한 실체를 회복한 아시아는 더 이상 분열이 존재할 수가 없다. 완전한 실체가 형성됨은 서로가 그러한 상태를 인정하고 존중한다는 것이다. 완전한 실체가 형성되지 못하면 통합은 불가능하다. 인정할 수 없는 실체를 인정하고 통합을 실시할 수가 없기 때문이다. 그래서 역사 이래로 처음으로 완전한 실체를 형성한 아시아는 역동적인 소통을 이루어 유럽의 통합에 자극받아 지역의 통합을 위한 준비를 한다.

아시아는 서로 통합할 수 있는 계기를 마련하기 위해서 경제적, 역사적인 관계를 정립하기 위한 기구를 만든다. 그러한 기구는 문화와 문명의 역동성을 가지고 있고 중국과 일본의 힘의 균형을 조절하기 위해서 경제적, 문화적인 역량에서 중재자의 역할을 담당할 충분한 능력을 지닌 한국을 선택한다. 그리고 대한민국의 서울에 상시적인 토론과 조정을 위한 본부를 설치한다. 서울은 아시아의 문화 허브로 성장한다. 한국은 세계에서 가장 뛰어난 두뇌와 지혜를 가진 민족으로 아시아문화의 중심적인 위치를 차지하고 있는 그들은 그들의 역할이 어떤 것인지를 인지하고 충분한 조정자의 역할을 감당한다. 서로가 실체를 인정하고 존중하였기에 더 이상 걸림돌이 없다. 대화와 소통으로 모든 문제는 능히 해결된다.

드디어 서울에서 아시아 통합의 문명이 창조되기 시작한다. 이러한 문명은 아시아인 모두가 공감하고 공유한다. 이제는 통합의 의식을 도덕적이고 관습적으로 성장시키기 위한 자유의 조절과 의식 성장의 방향성을 위해서 아시아 연합정부를 서울에 설치한다.

설치된 연합정부는 통합 화폐를 마련하고 서로의 의식의 통합을 위한 다양한 문화와 문명의 창조에 역동성을 발휘한다. 서로의 경계는 약화되고 새로운 아시아권의 태생적인 본능이 태동한다. 태동된 태생적인 본능은 아시아 연합정부의 실행적인 사상에 의해서 합리적으로 조절되어 관습과 도덕으로 정착화되고, 인간 내면에 '원형'의 형태로 자리잡게 된다. 각국의 전체사회의 태생적인 본능은 확대되고 팽창되어 드디어 아시아는 하나의 거대한 광역 단위의 연합체로 그 실체를 완성한다.

세계의 거대한 경제권은 유럽연합의 경제권과 북미아메리카의 경제권 그리고 아시아의 경제권으로 3대 축이 형성된다. 호

주는 지역적인 위치와 경제의 역동성을 가지기 위해서 아시아의 문화권으로 이동을 성공적으로 이루어 아시아권으로 정착한다. 그들의 태생적인 본능은 아시아의 일원임을 확인케 할 것이다.

서울은 아시아의 모든 정치와 문화의 중심이 되고 세계는 이를 인정한다. 아시아의 통합에 자극받은 세계의 단일 문화권은 서로 통합을 서두르고 광역 단위의 문화권을 형성하고 광역 단위별 연합정부를 탄생시킨다. 중동의 이슬람의 문화권도 통합을 실시한다. 아프리카, 인도, 남미의 대륙도 각각 통합을 서두르고 연합정부를 탄생시킨다. 아시아권 이외의 다른 3세계는 아시아의 통합 과정에서 얻은 교육적인 지식으로 보다 쉽게 통합을 이룬다. 세계는 드디어 광역 문화권에 의해서 태동된 연합정부의 실행적인 사상에 의해서 새로운 역동적인 문명과 그로 인해서 문화적인 정체성의 변화가 통합으로 연결된다.

이러한 문화의 통합은 과거 제국주의 팽창으로 인한 물리적인 병합이 아니라 서로 간에 실체를 인정하고 존중함으로써 탄생된 관념적인 통합이다. 관념적인 통합이기에 개별적인 전체사회는 시대적으로 요구된 시대적인 정신을 알고 있고 인지한다. 이러한 시대정신은 그들의 문화적인 정체성의 변화에도 거부감이 없다. 인정되지 않은 시대정신은 혼란과 분열을 만든다. 물리적인 힘에 의한 통합은 사회적인 공간에 분열의 에너지만을 축적할 뿐이다.

통합은 전체사회의 객관적인 관점에서 이루어졌기에 아무런 장애 없이 도덕과 관습으로 정착되기도 쉽다. 의식 성장의 방향성만을 실행적인 사상이 유도하면 그 방향으로 성장할 것이다. 그 방향성은 통합을 위한 것이어야 한다.

연합정부의 실행적인 사상이 힘을 갖기 위해서는 반드시 문화적인 정체성이 뒷받침되어야 한다. 연합정부는 태생적인 본능이 국가 단위에서 느끼는 것처럼 단단하지는 못하다. 문화적인 정체성이 뒷받침되지 못하면 힘을 발휘하지 못한다. 균형을 잡기도 힘들다. 상징적인 위치에서 상징적인 존재로만 있게 된다. 그래서 연합정부는 문화적인 정체성에 절대적으로 의지하게 될 것이다. 하지만 연합정부에 속한 전체사회는 관념적으로 이러한 모든 것을 인지하였기에 새로운 문화적인 정체성이 소생되기를 바란다. 유럽연합의 탄생이 유럽의 보편문화를 유지하기 위한 목적적인 수단으로 탄생하였지만, 그들도 세계통합을 위한 하나의 과정 속에서 이루어지는 단계임을 인지하고 거기에 맞는 정책과 행동을 할 것이다.

통합된 광역 문화권은 세계의 단일정부를 탄생케 한다.

새로운 문명은 문화 간의 경계에서 태동되기 쉽다. 문화의 경계에서 수많은 뉴에이지 문명이 태어났기에 세계의 통합을 위해서 문화의 경계 지역에 세계의 단일정부의 설립을 추진할 것이다. 세계의 단일 연합정부의 탄생 목적은 세계 단일문화권의 확립을 목적으로 하기에 인류 전체사회는 보편적인 정부로 바라보게 될 것이다. 가장 강력한 국가에 단일정부의 설립에 대한 추진은 또 다른 의도적인 목적을 수반하게 될 것으로 세계의 전체사회는 의심하게 될 것이다. 그래서 세계 전체사회의 보편문화를 기본 바탕으로 설립될 세계연합정부는 세계 문화의 경계점과 문화의 역동성, 그리고 단일정부의 안전성을 보장할 수 있는 국가와 지역을 선택하게 될 것이다.

그들이 유럽과 제3세계 문화의 경계점은 아시아임을 인정하고 아시아의 문화와 정치의 중심지이자 문화적인 역동성을 가지고 있는 대한민국의 서울을 최적의 상태로 인정한다면, 대한민국은 그 장소의 안전성과 모든 문화의 교착점의 한 점인 문화의 허브로써 그 역할을 수행할 것이다. 이젠 세계의 모든 문화는 서울로 모이고 서울에서 퍼져 나가 새로운 문명을 창조할 것이다.

❖ 보편문화와 제3의 자유

세계연합정부는 문화의 정체성을 바탕으로 설립되고, 그 힘도 문화의 정체성에 의지하게 될 것이다. 주관적인 관점보다는 객관적인 실행적 사상에 의해서 세계의 전체사회는 하나가 될 것이다.

세계연합정부가 추구하는 문화의 정체성은 세계의 보편문화를 의미한다. 세계의 보편문화는 단위별(국가 단위, 민족 단위) 전체사회의 문화의 타당성을 판단하는 기초를 제공하게 될 것이다. 지금의 보편문화로 인정하는 유럽의 문화는 유럽을 대표하는 유럽식의 문화적 정체성이지 세계의 보편문화로 인정하기는 어렵다. 그래서 지금 세계의 보편문화는 보편문화로 인정할 가치의 기준이 존재하지 않는다. 그래서 비물리적인 상대적 인권도 어쩌면 주관적인 관점으로 해석되는 부분이 존재할 수도 있으며, 또한 논란의 소지도 존재한다.

인류의 보편문화는 세계의 단일연합정부로부터 탄생된 실행적 사상에 의존하여 합리적으로 조절되는 자유에 의해서 탄생되는 문화일 것이며, 이는 세계의 전체사회가 자연스럽게 인정하는 문화로 된다. 세계연합정부는 이러한 보편문화에 의해서 운영되므로 주관적인 실행적 사상보다는 객관적인 실행적 사상에 의해서 환경의 순환사이클을 작동하게 할 것이다.

세계연합정부에 의해서 탄생된 보편문화는 단위별 전체사회의 기준으로 작용되어 상대적인 인권의 기준으로 적용되고 정치적인 투명성이 보장될 것이다. 나눔의 세계가 자연스럽게 확대되고 국가, 인종, 종교, 민족 간의 편견은 축소될 것이다.

세계연합정부는 지구의 공동 운명체 의식을 만들고, 그리고 지구의 공동의 재산과 단위별 전체사회의 존엄성을 지닌 물질과 정신을 구별하는 의식을 소생시킬 것이다. 존엄성을 지닌 정신과 물질은 존엄성의 자체로써 가치를 가지기에 보호하고 보장할 것이다. 세계의 보편문화로부터 존엄성을 부여받은 물질과 정신은 세계 시장경제에 역동성을 부여하게 될 것이다.

세계연합정부는 인류로부터 인정받은 보편문화의 기준에 따라서 단위별 전체사회의 운영 지침을 마련하고, 그 운영의 지침에 따라서 단위별 전체사회의 관리의 감사권을 가지게 될 것이다. 이러한 권한은 보편문화에 의해서 탄생된 것이므로 모두가 인정하는 시대정신이 될 것이다. 그래서 상대적인 인권은 축소되고, 전체사회의 인권은 세계연합정부로부터 간접적인 보호를 받게 될 것이다.

단위별 전체사회의 자유의 안전성을 보장하기 위해서 가지는 군대는 중대한 결정으로 작전이 수행되는 군대의 이동에 대해서 세계연합정부에 보고 되고, 세계연합정부의 동의를 받아야 할 것이다. 세계연합정부는 불의의 사고로 태동된 파시즘적인 지도자에 의해서 관리되는 단위별 전체사회를 응징하기 위해, 단위별 전체사회의 연합군대의 결성을 명하고 그 작전권을 수행하게 될 것이다. 세계연합정부는 단위별 전체사회의 군대의 보유 한도를 정하고 그것을 관리하게 될 것이다. 단위별 전체사회의 질서유지를 위한 그 이상의 무기는 세계연합정부에서 관리하게 될 것이다. 그래서 모든 핵무기와 생화학무기 등의 대량 살상 무기는 세계연합정부에 인도되어 관리하게 될 것이다.

세계연합정부는 상시적인 군대를 최소화하여 명목적인 군대이지만 세계의 자유의 안전성을 보장하기 위해, 인류의 모든 곳에서 발생하는 불의의 중대한 사고에 대처하기 위해, 단위별 전체사회의 군대를 동원한다. 이 군대는 절대적인 힘을 가지는 군대로 단시간에 만들 수 있는 기동성을 가진 군사동원 시스템을 확정하고, 단위별 전체사회는 이를 인정하고 승인할 것이다. 세계연합정부의 모든 절대적인 힘은 인류의 보편문화로부터 나오기에 세계연합정부의 군대의 절대적인 힘과 그 권능은 참으로 위대할 것이다. 그 어떠한 군대의 힘보다도 세계의 보편문화로부터 위임받은 절대적인 군대의 힘과 권능 앞에 무력하게 될 것이다. 보편문화로부터 위임받지 못하면 어떠한 강력한 힘을 가진 군대도 무력하고 모래알처럼 흩어지게 될 것이다.

세계연합정부는 세계연합정부의 보편문화의 관리 상태를 확인하고, 광역 지역 전체사회의 정체성과 단위별 전체사회 정체성의 순환사이클을 확인하고, 인류의 공동체 의식에서부터 이

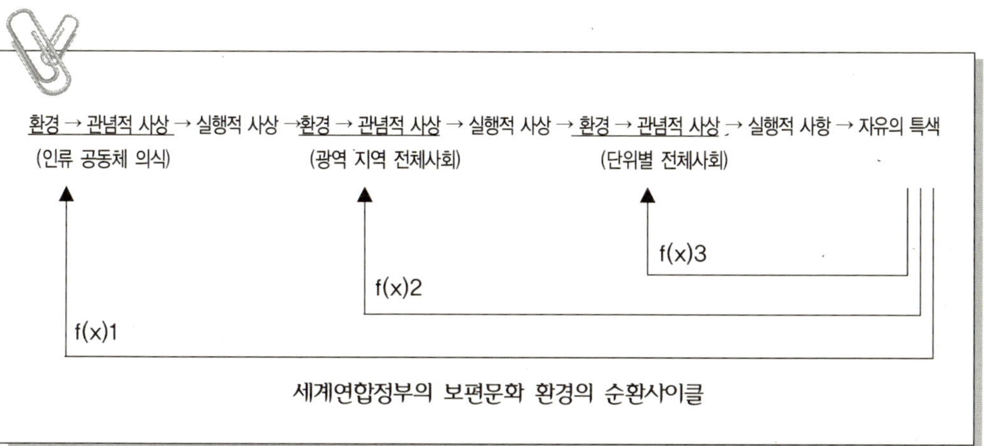

▲ 세계연합정부의 보편문화 환경의 순환사이클

탈을 방지하게 될 것이다.

세계의 운명 공동체 정신과 보편문화가 탄생된다고 해도 민족의 정체성과 국가적인 국가주의는 사라지지 않는다. 그것은 인간이 존재의 근원과 가치를 확인하는 가장 기초적인 것으로 자리를 하게 됨으로, 단위별 전체사회는 선의의 경쟁 속에서 상호보완 하는 사회를 만들 것이다. 원초적인 태생적 본능은 인간 내면의 '원형'과 같이 잠재하기 때문에, 인간의 존재의 근원과 가치를 다른 전체사회와 구별되고 확인하는 마지막 기초가 되기 때문이다.

인간은 태어나서 국가와 민족의 사회적인 환경 속에서 개성화를 진행시켜 가치관을 확립한다. 개성화가 진행되는 동안에 가장 많이 문화적인 영향을 받는 곳에서 자기의 원초적인 태생적 본능이 완성될 것이다. 그리고 인간의 내면에 '원형'처럼 자리 잡게 될 것이다. 하지만 이러한 '원형'에서 발현되는 태생적인 본능도 확대되고 팽창되어 세계의 공동체 의식을 가지게 됨으로 폐쇄성을 가지지 않으며, 개방적이고 열린 태생적인 본능이 될 것이다. 모든 전쟁과 전체사회의 사디즘적인 팽창은 민족의 폐쇄성에 기인한 것이므로 인류의 공동체 의식을 가진 태생적인 본능은 팽창보다는 포용으로 작용하고 성장하게 될 것이다.

세계의 공동 운명체 의식이 있는 것과 없는 것은 많은 차이가 있다. 세계연합정부의 가장 기초적인 힘은 보편문화와 세계의 공동체 의식으로 오게 될 것이다. 물리적인 힘에 의한 주관적인 실행적 사상보다는 객관적인 실행적 사상에 의해서 세계환경의 순환사이클이 작동됨으로 태동된 보편문화는 순리적이며 자연적인 것이 될 것이다. 도덕적이고 관습적으로 세계의 전체사회는 인지하게 될 것이다.

세계 공동의 자산과 존엄성을 가지는 물질과 정신을 구별하게 하여 세계의 공동 자산은 세계연합정부에 의해서 운영되고, 존엄성을 가지는 물질과 정신은 단위별 전체사회에서 운영하게 될 것이다. 그래서 존엄성을 지니는 정신과 물질은 시장경제를 만들고 인류 전체의 공동 자산은 사회주의적으로 운영되어 세계의 전체사회에게 환원될 것이다.

세계연합정부는 지구의 공동 자산을 운영하고 단위별 전체사회로부터 제공된 물질을 가지고 세계 여러 곳의 생존권의 위협에 대응하고, 단위별 전체사회의 생존권을 보호하게 될 것이다. 인류 공동의 자산을 효율적으로 운영함으로써 지구의 자연적인 환경을 보호하고 그 가치를 지속적으로 유지하여, 지구는 영원성을 가지며 자연의 절대적인 환경은 유지될 것이다. 세계연합정부는 반자연화 되는 한계를 정하고 그 범위 내에서 자연과 인간이 소통될 수 있도록 하여, 자연의 절대적인 환경은 그 순리성을 영원히 지키게 될 것이다.

지금 세계는 자유의 충돌을 준비하고 있다. 인간의 모든 의식은 욕망과 희망의 방향으로 흐르고 있고, 국가는 그 욕망과 희망에 따라서 물리적인 힘을 작용시키고 있다. 이것은 앞으로 닥칠 자유의 충돌에 대한 전체사회의 절대적인 본능인 생존권의 보장을 위한 것이며, 모든 단위별 전체사회는 그러한 방향으로 의식은 점점 고착화되고 있다. 이는 지구 에너지의 유한성에 대한 두려움과 공포 때문이다.

자연은 개발로 인해서 황폐화되고, 다양한 형태의 에너지는 고갈되고, 지구의 빈부의 격차는 점점 더 커지고 있다. 모든 세계의 전체사회는 산업화로 내달리고 보다 많은 물질적인 풍요를 위해서 더 많이 가지고자, 전쟁과 같은 법률들이 주관적인 관점에서 세상으로 내던져진다. 이러한 것들은 더욱더 자유의 충돌에 한 걸음씩 나아가는 계기가 된다. 하지만 우리의 단위별 전체사회는 인간의 욕망과 희망의 만족을 위해서 그러한 대열에서 이탈할 수가 없다. 이러한 의식으로는 자유의 충돌을 피할 수는 없다. 새로운 의식이 필요하다. 이는 세계의 공동체 의식이다.

이러한 의식으로 출범한 세계연합정부는 인류 공동의 자산과 존엄성을 지닌 물질과 정신을 구분하는 기준을 마련하고, 보편문화를 창조하여 새로운 자유를 창조하여야 한다.

존엄성을 가지는 물질과 정신은 시장의 경제적인 관점으로, 생존을 위한 기본적인 근원을 제공하는 자연의 산물은 인류 공동의 자산으로 하는 사회주의식 공유의 관점으로 보는 인류의 공동체 의식을 세계연합정부는 성장시키게 될 것이다. 세계연합정부는 인류의 보편문화를 기초로 해서 탄생된 정부이기에, 주관적인 실행적 사상보다는 객관적인 실행적 사상으로 인류의 전체사회를 합리적으로 조율하고 관리하는 환경의 순환사이클을 작동시키게 될 것이다. 그리고 이렇게 작동되는 환경의 순환사이클에 의해서 태동된 새로운 문명은 지속적으로 인류 전체사회의 환경의 공간에 투영되어 새로운 문화를 창조하게 될 것이다. 그리고 세계는 하나가 된다.

태생적인 본능은 확대되어 인간의 내면에 민족주의, 국가주의, 광역지역주의(아시아, 유럽, 아프리카 등의 광역 지역), 세계주의(인류애, 지구 공동운명체 의식, 보편문화에 의해 태동된 단일문명에 대한 공유)로 확대되고 팽창될 것이다. 그리고 이러한 의식은 세계 전체사회에 도덕적이고 관습적으로 인간의 내면에 자리하게 될 것이다.

이러한 의식으로부터 창조된 자유가 제3의 자유이다. 우리는 제3의 자유를 창조하여 더 나은 유토피아의 세계의 창조를 위하여 영원한 여행을 하게 될 것이다.

❖ 유토피아의 자유

유토피아의 세계로 점점 진보하게 하는 제3의 자유는 시장경제와 사회주의의 공유 개념의 의식이 인류 전체사회에 소생하여 도덕적이고 관습적으로 완성될 때 만들어진다. 이것은 인간은 인간의 물질적인 욕망과 희망을 만족시키고 최소한의 생존

을 보장하는 인류 공동체 의식으로부터 소생할 것이다.

절대적인 자연환경은 상대적인 인류 전체사회의 환경을 드디어 포용하고 그 순리 속에서 편안함을 느끼게 할 것이다. 절대적인 환경의 보편성을 이해하고, 상대적인 환경이 유토피아의 환경을 만들어가는 데 기본적인 기초를 제공할 것이다. 자연의 절대적인 환경은 항상 그렇게 있을 것이다.

제3의 자유가 성숙되어 인류의 주관적인 분별지가 사라지고 노자의 '무위' 정치가 실현되어 객관적인 실행적 사상만으로 유지되는 사회적인 환경을 만들고, 그 속에서 창조되는 자유의 특색이 제4의 자유이다.

제4의 자유는 분별지가 사라지므로 지배자도 없으면서도 있는 것이며, 주관적이면서도 객관적이며 객관적이면서도 주관적이다. 하지만 여전히 자기의 모순을 가지고 있다. 그래서 상대성을 가지는 환경이다. 그러함으로 그러한 상태가 유지되는 세계가 유토피아의 세계다. 인류 전체사회의 환경이 절대적인 환경에 도달되는 것이다. 인류의 전체사회의 환경에 완전히 자기모순이 제거됨으로 절대성을 가진다. 인류의 사회환경은 드디어 자연의 절대적인 환경과 하나가 된다.

자기의 모순에 의해서 작동되는 환경의 순환사이클은 이제 그 기능을 다하고 자연과 일치를 이룬다. 가을이 오면 가을로 변하고, 겨울이 오면 겨울로 변하고, 봄이 오면 봄으로 변하고, 여름이 오면 여름으로 변할 뿐이다. 자연의 질서와 순리가 환경의 순환사이클과 하나가 되고 그리고 인간도 하나가 된다.

자연의 순리인 '천심(天心)'과 인간 본성(性)은 하나가 된다. 이것은 모든 모순이 제거됨으로 선하다. 선하지 않고서는 모든 모순이 제거될 수가 없다. 그래서 드디어 인간은 자연과 하나가 되고 '본성(性)=천리(理)=선(善)'이 완성된다.

'선(善)'이란 외계의 보편적인 가치로 존엄성이 부여된 실체를 인정하고, 나와 너의 관계 속의 모순을 융합하려는 마음가짐이다.

석가모니께서 6년간의 모진 고행을 버리고 선정에 든 지 7일째 되는 날 새벽별을 보고 깨달은 진리, 그것은 무엇인가? 그것은 연기(緣起)*의 진리였다. 그리하여 새벽별이 반짝이는

---

*연기법: "생성과 소멸의 관계"을 말한다. 모든 존재하는 것은 원인이 있으며 원인을 근거로 생겨나고, 원인이 사라지면 소멸한다는 것이다. 이것을 부처님은 이렇게 설명하셨다.

이것이 있기 때문에 저것이 있고 이것이 생김으로써 저것이 생긴다.
이것이 없기 때문에 저것이 없고 이것이 사라짐으로써 저것이 사라진다.

연기법은 인연법(因緣法) 또는 인과법(因果法)이라고도 한다. 모든 만물은 독자적으로 존재하지 않고 상호 관계 속에서 존재한다는 진리이다. 세상의 모든 삼라만상의 존재는 원인이 결과가 되며, 다시 결과는 원인이 되어 서

순간 보살에게는 더할 나위 없는 눈부신 세계의 문이 열렸다고 한다.

경전에서는 '연기는 곧 중도(緣起卽中道)요, 중도는 곧 정도이다'라고 말한다. 이 중도는 나와 너, 옳음과 그름, 이것과 저것, 내 편과 네 편으로 나뉘어 대립하고 갈등하는 고통을 치유하는 바른 길이다. 중도는 어느 쪽으로도 치우치지 않는 마음의 상태를 말한다.

고승 성철 스님께서는 중도는 시비선악(是非善惡) 등과 같은 상대적인 대립의 양쪽을 버리고, 그의 모순, 갈등이 상통하여 융합하는 절대의 경지라고 말했습니다. 이것은 선한 마음이 절대적인 중도의 경지에 이르는 상태일 것이다.

중도의 실천으로 제시된 것이 팔정도이다. 팔정도*는 중도에 이르게 하는 여덟 가지 바른 수행의 길이다.

앞에서 '신'이란 '인간의 절대적인 양심의 상징적인 존재'로 표현함은 자연의 질서와 사회의 질서를 바라보고 관조함에 있

로 의존하며 생겨난다는 것이다.

*팔정도(八正道) : 중도에 이르는 수행법

(1) 정견(正見): 바른 견해로 편견이 없이 세상을 있는 그대로 보는 것
(2) 정사유(正思惟): 바른 생각
(3) 정어(正語): 바른 말
(4) 정업(正業): 바른 행동
(5) 정명(正命): 바른 생활 즉, 바른 직업
(6) 정정진(正精進): 깨달음을 향해 나아가는 쉼 없는 노력
(7) 정념(正念): 바른 마음 챙김이요, 바른 마음의 집중
(8) 정정(正定): 바른 선정. 마음 챙김과 마음 집중을 통하여 마음이 바른 삼매의 상태에 들어가 고요한 평정에 머무는 것.

어서 중도의 관점으로 바라보는 것을 말한다. 그래서 인간의 절대적인 양심의 상징적인 존재인 신은 중도에 이른 상태의 선한 마음이다.

그러한 '신'으로부터 인간은 자연의 조정자(관리자)로써 지위를 부여받게 된 것이다. 그래서 인간은 자연의 질서를 이해하고 존속시키기 위해서 자연적인 존엄성을 모든 자연의 생명에게 부여하고 스스로 부여받는다.

유토피아의 자유를 향해 가는 과정에서의 선함은 자신의 모든 것을 버리는 것이 아니라, 자신의 가치를 지키고 타인의 존재 가치를 인정하는 것이다. 그러함으로 모순적인 것을 긍정적이고 합리적으로 조절할 수가 있을 것이다. 타인의 가치를 존중하고 그 실체를 인정할 때 전체사회의 질서를 유지할 수 있다.

질서의 유지를 위해서는 근본적으로 타인의 가치를 인정함으로써 가능하다. 그래서 모순적인 상태에서의 합리적인 결과를 만들어내기 위한 성숙된 의식은 '선(善)'함으로써 가능한 것이다. 자연의 질서 속에서 자연적인 존엄성이 부여된 생명의 객체도 그 실체를 인정한 선(善)한 마음에서 비롯됨으로 자연의 생태계 속에서 역할을 하게 될 것이다.

인간 의식의 특징적 확장이 사회적인 환경의 특징을 나타낸다고 할 때, 그 특징은 문명과 문화의 특징들의 합으로 나타날 것이다. 문화적인 정체성이 문명적인 정체성의 실제적인 실체다. 그 실체의 순간적인 모순의 상태가 중도에 이르게 함은 도덕과 관습적으로 외제적인 보편성을 부여받은 실체로 인정하고 존중함으로써 가능할 것이다. '선(善)'함은 보편적으로 인정된 실체를 인정함으로써 시작되므로 불쌍한 사람을 불쌍히 여기고, 아름다운 사람은 아름답게 여길 것이고, 부자는 부자로 생각하게 할 것이다. 지위가 높은 사람은 지위가 높은 사람으로 여길 것이며, 지위가 낮은 사람은 지위가 낮은 사람으로 여기고, 서로 존재하는 실체를 인정하고 존중하게 할 것이다. 그리하여 사회의 질서는 유지되고 서로의 실체를 인정하고 존중함으로써 화합과 통합의 세계를 만들게 될 것이다.

세상이 선하게 되면 산은 산이 되고, 물은 물이 되고, 사람은 사람이 되고, 개는 개가 되고, 학생은 학생이 되고, 노동자는 노동자가 되고, 경영자는 경영자가 되고, 정치인은 정치인이 되어서 저마다 자신의 자태를 자랑하게 될 것이다. 자연의 모든 생명들의 객체의 실체를 자연의 질서와 조화 속에서 인정함으로 사랑하게 되고 자연적인 존엄성을 부여하게 될 것이다.

자연의 질서와 조화 속에서 이해되고 고려된 더 많은 사랑과 존엄성을 위해서, 신으로부터 부여된 자유의 조절은 타당성을 가지게 될 것이다. 그래서 선(善)함이 생활의 철학으로 되어질 때 우리는 더 나은 통합의 세계를 만들게 되고, 인간의 인식으로 만들어진 경계를 축소시키고 한계를 확장시킬 것이다. 실체를 인정하고 존중함으로써 소통을 가능하게 하고, 의식의 성장을 이루게 하여 소속감을 확대시키고, 태생적인 본능의 다양성을 이루게 할 것이다.

인간의 의식이 중도에 이르게 하는 수행과 실천의 방법이 팔정도라면, 보편적인 가치로 인정될 문화가 중도에 이르게 함은 선(善)을 바탕으로 하는 의식의 소통과 문화적인 조우일 것이다. 중도에 이르는 인간의 마음은 하늘의 마음과 하나가 되고 유토피아를 완성한다. 이러한 중도의 경지에 이르는 절대적인 사회환경으로부터 태동된 자유가 제5의 자유이다. 제5의 자유는 유토피아의 자유이다. 제3의 자유는 영원성이 될지도 모르는 유토피아의 자유로 향하는 첫걸음이 될 것이다.

인류 역사의 발전이란 무엇을 말하는가?

과학과 기술이 발전하는 것이 인류의 역사의 발전인가? 과학과 기술의 발전이 인류를 풍요롭게 하고 더 편안하게 하였지만, 인류는 그 과학과 기술에 의해서 더 많은 살상의 무기가 개발됨으로써 불안하고 두렵다. 과학의 발달은 절대적인 자연환경을 파괴하고 반자연화를 가속화시키고 자연은 그 대가를 우리에게 요구하고 있다. 인류가 자연에게 도전하면 할수록 인류의 생존의 한계는 점점 더 가까워진다. 과학과 기술의 발전은 더 많은 자연의 파괴를 요구하고 더 많은 에너지를 소모하게 할 것이다. 과학과 기술의 발전으로 영원성의 에너지와 무한한 산소를 공급하여 자연의 파괴로부터 인류를 보호할 수도 있지만, 자연의 순리는 바꿀 수가 없다. 인간이 아무리 기술이 발전한다고 해도 지구의 공전과 자전을 바꿀 수 없듯이 결국은 자연 앞에 순응하여야 한다.

지구의 공전과 자전으로 낮과 밤이 생기고, 그리고 봄, 여름, 가을, 겨울이 생기고, 모든 지구의 삼라만상이 태동되었다. 그리고 수십억 년의 영겁의 시간 속에서 형성된 자연의 모든 물질을, 인간은 욕망과 희망을 만족시키기 위한 반자연화가 진행되어 그 물질을 사용하고, 그리고 근 100년 만에 지구 물질의 유한성에 대한 두려움과 절망의 공포 속으로 빠져들고 있다.

언젠가는 과학과 기술의 발전으로 인류의 에너지와 자연환경은 파괴되고, 그 엄청난 과학과 기술의 파괴성은 모든 것을 태초의 상태로 만들지도 모른다.

과학과 기술의 발전이 결국은 인류를 파멸로 만들어, 결국은 태초의 원시 상태로 자연을 만들 것이다. 자연 앞에 순응하지 않는 자에게 결국 자연은 반드시 그에 대한 대가를 요구하고, 자연적인 존엄성을 박탈하게 될 것이다. 과학과 기술의 발전은 결국 인류의 역사를 원점으로 돌려서 그 오만과 욕망을 심판하게 될 것이다.

그렇다면 인류의 진정한 역사의 발전은 무엇인가? 그것은 세계 통합을 위한 의식의 소생과 성장일 것이다. 그러한 의식의 발전 단계가 역사의 발전 단계이어야 한다. 역사의 발전은 제5의 자유를 향한 영원한 여행이 되어야 한다.

이러한 여행의 일련의 영원성의 과정이 인류 역사의 발전이고 그리고 인류는 제2의 자유를 창조했다. 이제 인류의 역사는 제3의 자유를 향해서 나아가야 한다. 민주주의와 시장경제의 출현은 인류의 역사가 제3의 자유를 창조하기 위한 과정이 되어야 한다.

자유가 생존을 위한 수단으로 이용될 때 인류는 자유의 충돌을 피할 수가 없다. 그것은 필연인지도 모른다. 그래서 진정한 역사의 발전은 자유의 확산을 통해서 인류 전체의 통합으로 나아가야 한다.

제3의 자유의 창조를 위해서….

영원한 제국

의식의 희망과 욕망이
조용하고 어두운 대지를 깨치고
그대의 차디찬 욕정의 꽃씨를 뿌렸다
하늘과 대지의 신비스러운 축복과 조화는
그대의 사랑과 희망, 욕망과 증오와 섞이어
대지 위에 욕정의 꽃씨를 키웠다

그대의 욕정, 그대의 희망, 그대의 사랑
모든 그대의 의식이 세상에 던져지고
그 신비스런 조화의 결과가 기억 속으로 자취를 감출 때
그대의 욕망의 기억이 세상에 말을 하게 되리라
그로부터 잠시 후
세상은 그대에게 이렇게 말하리라
그대여! 세상을 말하려 할 때에는
세상의 소리를 들어라
세상의 소리가 들리지 않을 때에는
조심하고 두려워하라
또 세상은 그대에게 이렇게 말하리라
그대여! 세상이 너를 향해 증오와 분노를 보낼 때
슬퍼하거나 노여워 말라
그로 인해 그대의 가슴이 차디찬 노여움으로 가득 찰 때

세상은 한없이 슬퍼하리라
슬픔이 넘쳐 바다를 이룰 때 너의 분노를 거두리라

그대와 나 사이에 내린 수많은 소낙비가 바다를 이룰 때
우리는 하나가 되어 지나온 세월의 기억이
사랑과 희망의 꽃씨를 뿌려
행복의 나라에서 춤을 추리라
아! 드디어 저 앞에 보이는 유토피아의 무지개가
가슴 시리도록 눈부시다
하늘과 대지, 그대와 나 사이의 아름다운 질서와 조화로
영원한 제국이 되었구나.